Franz Josef Strauß

Gebote der Freiheit

Franz Josef Strauß

Gebote der Freiheit

Verlag Gruenwald.

Gesamtherstellung Mohndruck Graphische Betriebe GmbH, Gütersloh
Printed in Germany
ISBN 3-8207-0137-0

Inhaltsverzeichnis

Ein sehr persönliches Vorwort

Im Jahre 1915 geboren, habe ich das Ende des Ersten Weltkrieges und den Ausbruch der Revolution in meiner frühen Kindheit unbewußt miterlebt, bewußt aber schon die galoppierende Inflation, die Währungsreform im November 1923, den Hitler-Putsch, die Jahre des scheinbaren wirtschaftlichen Aufstiegs, den Ausbruch der langanhaltenden und tiefgreifenden Wirtschaftskrise, die Massenarbeitslosigkeit, den zunehmenden Radikalismus rechts und links, die systematische Zerstörung der Weimarer Demokratie durch beide Extreme, die Machtübernahme Hitlers – all das in meiner Heimatstadt München. Dann kamen die Jahre der Feste, Feiern, Fackelzüge, der zynische Abfall der deutschen Politik vom christlichen Sittengesetz, die Wolken des heraufziehenden Krieges, seine mutwillige Auslösung, seine Blitzsiege, seine Rückschläge und Katastrophen, das unvermeidliche Ende, die totale Niederlage. Dieser Krieg hatte mich als Wehrpflichtigen vom Lech zum Atlantik, vom Atlantik zum Don, vom Don wieder zum Lech geführt. Es folgten Fluch und Gnade der Stunde Null, das Bewußtsein, noch einmal davongekommen zu sein.

Ich habe nie beschlossen, Politiker zu werden, aber ich bin es unter dem Zwang der Stunde geworden und vielleicht in Erfüllung einer instinktiv verstandenen Pflicht, meinen Beitrag dafür zu leisten, daß die deutsche Politik nie wieder auf jene schrecklichen Irrwege kommt, wie wir sie erlebt haben, und daß eine dritte Katastrophe dem deutschen Volke, den Völkern Europas und der Welt im gleichen Jahrhundert und später erspart bleiben möge.

So habe ich den größten Teil der Nachkriegspolitik nicht nur in leidenschaftlicher Anteilnahme erlebt, sondern auch tätig mitgestaltet, zum Beispiel die Einführung und Durchsetzung der Marktwirtschaft als jüngster Abgeordneter des

Frankfurter Wirtschaftsrates und den Aufbau der Bundeswehr als Mitglied des Deutschen Bundestages und als Verteidigungsminister.

Die nunmehr dreißigjährige Geschichte der Bundesrepublik Deutschland kann man in drei Phasen einteilen. Da ist einmal die pragmatische Phase, in der alle Kräfte darauf gerichtet waren, den Wiederaufbau des zerstörten Landes so schnell wie möglich durchzuführen und mit dem Wiederaufbau einen gesellschaftlichen und politischen Neubau zu verbinden. Die Soziale Marktwirtschaft war das Instrument, mit dem in den fünfziger und sechziger Jahren, gegen viele Widerstände, vor allem gegen die sozialistischen Erbfeinde jeder freien Wirtschaft, das Werk vollendet werden mußte, ohne dessen Erfolg auch die Millionen Flüchtlinge und Heimatvertriebene nicht hätten eingegliedert werden können. Aus dem größten Trümmerhaufen der Weltgeschichte blühte bald neues Leben.

Die Bundesrepublik Deutschland, der staatliche Neubau des nicht unter sowjetische Besatzung geratenen Teiles Deutschlands, wurde so innerhalb weniger Jahre die stärkste Wirtschaftsmacht Europas, erhielt das bestausgebaute Sozialsystem unter den modernen Industrieländern, arbeitete sich zur zweitgrößten Welthandelsmacht empor, die zeitweise sogar die Vereinigten Staaten von Amerika von der Spitze verdrängt. Der Aufbau der Europäischen Wirtschaftsgemeinschaft und der Eintritt in das Atlantische Bündnis mit der Aufstellung einer modernen demokratischen Armee als wesentlichem Pfeiler der Verteidigungslinie vom Nordkap bis Sizilien waren die äußere Ergänzung des Werkes im Innern.

Die Sozialdemokraten in der Bundesrepublik Deutschland haben diese Doppelniederlage nie verkraftet, daß nämlich die beiden wesentlichsten politischen Entscheidungen der Nachkriegszeit gegen sie getroffen und durchgesetzt wurden: die Einführung der Sozialen Marktwirtschaft und der Eintritt in den Nordatlantikpakt mit dem gleichzeitigen Aufbau der Bundeswehr. Sie werden auch heute damit nicht fertig, und wesentliche Teile von ihnen versuchen, auch diese beiden Grundbestandteile deutscher Politik abzubauen und in kleinen Schritten wieder rückgängig zu machen. Aber die von uns geschaffenen Tatsachen, die berühmte normative Kraft des Faktischen, hindern sie an raschen Fortschritten.

Noch nie in der deutschen Geschichte hat es für die Bürger in allen Schichten und Ständen unseres Volkes soviel Wohlstand, soviel Freiheit, soviel soziale Sicherheit, soviel Recht gegeben wie in der Bundesrepublik Deutschland. Das war das Ergebnis unserer Politik, untrennbar verbunden mit den Namen Konrad Adenauer und Ludwig Erhard, und der Leistung eines trotz Krieg, Niederlage, Siegerwillkür und Vertreibung fleißig und lebensmutig gebliebenen Volkes. Seine Energien wurden im großen Rahmen einer verantwortungsbewußten Politik nicht mehr für kriegerische Zwecke der Zerstörung mißbraucht, sondern für die friedliche Aufgabe des Aufbaus einer neuen, besseren Welt gebraucht.

In der zweiten Hälfte der sechziger Jahre traten die Sendboten und Agitatoren einer neuen Phase der deutschen Nachkriegsgeschichte auf, die visionäre Phase begann, eine Reformgeschäftigkeit, die nicht danach fragte, was besser sei, sondern ob etwas anders sei und die sozialistische Gesellschaft vorbereiten helfe. Marktwirtschaft wurde als Kapitalismus, konservativ als reaktionär bis faschistisch, normale Jugenderziehung nach den Maßstäben menschlicher Vernunft und Erfahrung als autoritär und repressiv diffamiert. Bilderstürmer, Gesellschaftsveränderer, Systemsprenger verkündeten eine neue Gesellschaft: Der Mensch solle von allen Zwängen befreit, von seiner Vergangenheit emanzipiert, aus allen Bindungen gelöst einem neuen Heile sich zuwenden. Hinter der trügerischen Fahne einer neuen Freiheit predigte und betrieb man die Auflösung der alten Ordnungen.

Der Marxismus sollte die irdische Religion des neuen Reiches werden, die Utopie den Verstand ersetzen, die Ideologie die Weltanschauung verdrängen. Offen wagten die Priester der neuen Heilslehre sich noch nicht zum Marxismus zu bekennen, deshalb beschlossen sie, schrittweise vorzugehen,

Marx so lange zu verstecken, bis er als Folge ihrer Strategie gesellschaftsfähig geworden sein sollte.

Diese visionäre Phase ging offiziell mit dem Sturz Willy Brandts zu Ende. Die Mißerfolge waren zu groß, die Widersprüche zu offenkundig geworden. Helmut Schmidt wurde an die Spitze geholt. Damit begann dann die dritte, die labile Phase. Der Marsch nach links geht weiter, aber langsamer. Es ist die Zeit der Verdrängung der Probleme durch forsche Redensarten oder vereinfachte bis falsche Sachdarstellungen. Das geht vom Bereich der in ihren wesentlichen Zielsetzungen gescheiterten Ostpolitik über die Verwendung inhaltsleerer Formeln für die Mittelost- und Afrikapolitik bis zu der Ableierung nichtssagender Gemeinplätze zur europäischen Einigung und atlantischen Verteidigung. Das wiederholt sich in der Innenpolitik mit der trügerischen Verharmlosung der Probleme, wie Auflösung der Familie, Gefährdung des Rentensystems, Überschuldung der öffentlichen Finanzen, bürokratische Bevormundung aller Lebensbereiche, Lähmung des Willens zur Selbständigkeit und Selbstverantwortung. Das äußert sich auch in einer verantwortungslosen Doppelzüngigkeit in der Energiepolitik.

Diese Phase kann nur eine Übergangsphase sein. Sie muß abgelöst werden durch eine solide Phase der deutschen Politik, die sich an den Maßstäben der geschichtlichen Erfahrungen in der Außenpolitik, an den Lehren der Vernunft in der Wirtschafts- und Finanzpolitik, an den Kriterien des Notwendigen und Möglichen in der Sozial- und Bildungspolitik orientiert. Wir brauchen die Wiedergewinnung einer Politik, die den Freiheits- und Rechtsraum des Bürgers gegen die Allgewalt des Staates und seine bürokratische Bevormundung schützt, seine Eigenverantwortung stärkt, den Willen zur Selbständigkeit ermutigt. Wir brauchen eine Politik, die die Furcht vor der Zukunft nimmt, die Hoffnung gibt. Deutsche Politik der achtziger Jahre muß wieder geprägt sein vom nüchternen Sinn für das Notwendige und Mögliche. Sie muß wieder auf klare Grundsätze gestellt werden, damit sie die Freiheit sichern und den Frieden wahren kann. Deutsche Politik muß vor allem wieder durch eine Mißverständnisse und Fehldeutungen ausschließende Sprache für unsere Freunde und Vertragspartner glaubwürdig und zuverlässig werden.

Wir stehen vor einem Berg von Problemen. Wir müssen ein gesundes Wirtschaftswachstum ebenso sichern wie eine ausreichende Versorgung mit bezahlbarer Energie und lebenswichtigen Rohstoffen. Wir müssen unsere Umwelt bewahren und unsere Bürger von bürokratischer Bevormundung und finanzieller Überforderung durch den Staat befreien. Wir müssen das soziale Netz festigen und die Familien stärken. In der Außenpolitik brauchen wir wieder die Verankerung im Atlantischen Bündnis mit der vollen Erfüllung unserer Sicherheitsverpflichtungen. Die freie Welt insgesamt, Europa und mit ihm die Bundesrepublik Deutschland müssen bereit sein, zu ihrer eigenen Sicherheit und aus historisch gewachsener weltpolitischer Verpflichtung heraus ein größeres Maß an Verantwortung zu übernehmen. Der sowjetische Einfall in Afghanistan hat die Wirklichkeit der machtpolitischen Verhältnisse und Entwicklungen mit einem Schlage bloßgelegt und den Vorhang der Illusionen, Selbsttäuschungen, Irreführungen zerrissen, denen man seit dem Einmarsch in Prag nachgelaufen war.

Die Leitlinie dieser politischen Neubesinnung zu Beginn des achten Jahrzehnts unseres Jahrhunderts muß die Idee der Freiheit sein – die Freiheit, auf die jeder Mensch und jedes Volk Anspruch hat, die unteilbar ist und die zusammen mit Sicherheit und Frieden den politischen Dreiklang schafft, der allein das Überleben sichert. Freiheitliche Politik braucht Grundlinien, Markierungspunkte, Gebote. Darum geht es in diesem Buch.

München, Februar 1980 FRANZ JOSEF STRAUSS

I

Zuerst die Freiheit

Sicherung nach außen und nach innen · Freiheit als Forderung und Herausforderung · Mit Marx kommt die Unfreiheit · Das linksmanipulierte Bewußtsein · Entmündigung durch »Mitbestimmung« · Abschaffung der Marktwirtschaft · Gegen die Diktatur der Bürokratie · Der Kampf um die Freiheit hat begonnen

Die Erhaltung der Freiheit dort, wo sie gegeben, die Sicherung der Freiheit dort, wo sie gefährdet, die Wiedergewinnung der Freiheit dort, wo sie verloren ist – in diesem Dreiklang liegen an erster Stelle Auftrag und Herausforderung der Politik, wie ich sie verstehe und in verschiedenen Positionen seit mehr als drei Jahrzehnten in konkrete Wirklichkeit umzusetzen suche.

Freiheit ist nicht Anarchie im staatlichen, ist nicht Schrankenlosigkeit im persönlichen Bereich. In Dostojewskijs »Dämonen« ist zu lesen: »Ausgehend von schrankenloser Freiheit ende ich in unumschränktem Despotismus.« Freiheit ist nicht Bindungslosigkeit und bedeutet nicht, daß der Mensch das Maß aller Dinge ist. Freiheit ist nicht nur Fehlen von Zwang und anderem Übel, Freiheit ist immer auch Bindung an sittliche Normen, deren stärkste Quelle die Religion ist. Goethe schreibt in seinem Gedicht »Wahrer Genuß«: »Man kann in wahrer Freiheit leben, und doch nicht ungebunden sein.«

Der Vorrang der Freiheit bestimmt Maßstäbe und Wirklichkeit einer Politik, die sich ihrer Verantwortung vor Gott und ihrer Verantwortung gegenüber dem Mitmenschen jederzeit bewußt ist. Der Mensch, von seinem Wesen her zur Freiheit bestimmt, hat gegenüber dem Staat und der Gesellschaft Anspruch auf einen gesicherten Freiraum zur Entfaltung und Behauptung seiner Persönlichkeit. Darum bin ich ein überzeugter Anhänger und Verfechter der parlamentarischen Demokratie. Sie gewährleistet trotz aller Schwächen und Schwerfälligkeiten noch immer die beste Synthese und den besten Ausgleich zwischen dem Rechts- und Freiheitsanspruch des Individuums einerseits und dem Macht- und Gestaltungsanspruch des Staates andererseits.

Wir Deutsche wissen aus unseren jüngeren geschichtlichen Erfahrungen, wohin eine Politik führt, die im Gefolge eines zynischen Abfalls vom christlichen Sittengesetz die Freiheit der Bürger bedroht, eingeschränkt und vernichtet hat. Wir wissen, wie groß und wichtig das Gut der Freiheit ist, wir wissen, daß es ständig verteidigt, ständig neu erkämpft werden muß – und wir Deutsche im freien Teil unseres Vaterlandes wissen dies um so mehr, da diese Freiheit Millionen anderer Deutscher und Europäer seit Kriegsende vorenthalten ist.

Die Gefährdung und die Verweigerung der Freiheit ist kein deutsches Problem, auch wenn es in einem gespaltenen Land besonders sichtbar wird. Die Grenzlinie zwischen Freiheit und Unfreiheit verläuft mitten durch Europa und trennt, was aufgrund einer gemeinsamen Geschichte, einer gemeinsamen kulturellen Entwicklung, eines gemeinsamen zivilisatorischen Erbes als Ergebnis eines jahrtausendealten geistig-moralischen Ringens zusammengehört. Die Unterdrückung der Freiheit aber ist weltweit – die Zahl funktionierender Demokratien rund um den Erdball nimmt nicht zu, sondern ab. Die Freiheit und der Anspruch des einzelnen Menschen auf Freiheit sind unteilbar, beide enden nicht an den Grenzen von Ländern oder Erdteilen. Deshalb ist auch die politische Verantwortung für die Freiheit nicht teilbar, jedenfalls nicht für eine Politik, die auf dem Boden der Verantwortung des Christenmenschen, auf liberalen, auf sozialen und auf konservativen Grundelementen sich aufbaut.

Die Väter der Verfassung der Bundesrepublik Deutschland verfügten über den gemeinsamen schmerzlichen Erfahrungsschatz der verlorenen Freiheit. Deshalb räumten sie, übereinstimmend und ungeachtet der jeweiligen parteipolitischen Heimat, der Freiheit in unserem Grundgesetz ihren Sonderrang ein. Carlo Schmid, einer der großen alten Männer der deutschen Sozialdemokratie, formulierte, daß erst die Freiheit eine Verfassung nötig und möglich macht, daß sodann die Verfassung die Freiheit ermöglichen muß. Tut sie das nicht, dann ist sie ebenso schädlich wie heuchlerisch – das Maß der gewährten und gesicherten Freiheit ist der Maßstab für die Qualität einer Verfassung schlechthin. Dabei entscheidet aber nicht der geschriebene Buchstabe, sondern die politische Wirklichkeit.

Auch in der Verfassung der – um beim deutschen Beispiel zu bleiben – »Deutschen Demokratischen Republik« ist vom Stellenwert der Freiheit die Rede. Es hört sich freilich wie eine zynische Verhöhnung der Deutschen im unfreien Teil unseres Vaterlandes an, wenn es in der Verfassung der DDR beispielsweise im Artikel 19 heißt: »Achtung und Schutz der Würde und Freiheit der Persönlichkeit sind Gebot für alle staatlichen Organe, alle gesellschaftlichen Kräfte und jeden einzelnen Bürger.« Oder im Artikel 20: »Jeder Bürger der Deutschen Demokratischen Republik hat unabhängig von seiner Nationalität, seiner Rasse, seinem weltanschaulichen und religiösen Bekenntnis, seiner sozialen Herkunft und Stellung die gleichen Rechte und Pflichten. Alle Bürger sind vor dem Gesetz gleich.« Wie wenig das dort herrschende politische und ideologische System mit Begriff und Inhalt des Wortes Freiheit vereinbar ist, wissen die kommunistischen Machthaber in Mittel- und Osteuropa sehr genau, besser jedenfalls als manche Propheten und Gutgläubige im Westen und keineswegs nur im Westen Deutschlands. Weil die Freiheit mit dem kommunistischen Programm und mit der kommunistischen Wirklichkeit grundsätzlich nicht vereinbar ist, haben die Gewaltherrscher im unfreien Teil Europas den Eisernen Vorhang heruntergelassen, haben aus ihrem »Staat« ein Lager gemacht und hohe Zäune darum errichtet. Deshalb wollen und müssen sie mit immer neuen Manövern, Schikanen und Zwangsmaßnahmen den »Westwind der Freiheit« bremsen, die »Ansteckungsgefahr der Freiheit« verhindern.

Konrad Adenauer, Theodor Heuss und Carlo Schmid waren Mitglieder des Parlamentarischen Rates, also der Verfassung gebenden Versammlung unseres Staates. Das Wort von der verfassungsbestimmenden Rolle der Freiheit hätte von jedem der drei Männer stammen können, obwohl jeder von ihnen für eine andere Partei stand. Denn damals, vor mehr als drei Jahrzehnten, war die Freiheit noch wirklich das höchste Gut aller, der Stempel menschlicher Würde für die Überlebenden des Krieges und des Naziterrors ebenso wie für die durch Glück, Zufall, Geographie oder Geschichte dem Zugriff der kommunistischen Machthaber entzogenen oder entronnenen Bürger der jungen Bundesrepublik Deutschland.

Sicherung nach außen und nach innen

Die Freiheit als erster und entscheidender Auftrag der Politik bedarf der Sicherung nach außen und nach innen. Da nur in freien Staaten freie Völker und freie Bürger leben können, ist die Verteidigung der Freiheit nach außen und eine in friedlicher Ordnung gesicherte Freiheit im Innern die große politische Aufgabe schlechthin. Denn der Freiheit drohen auch Gefahren von innen. Die Naivität, die Freiheit für selbstverständlich hält, der Stumpfsinn, der ihre Gefährdungen nicht wahrhaben will, der Überdruß an der bestehenden freiheitlichen Ordnung, die betrübliche Erfahrung, daß der freiheitliche Rechtsstaat nach Ablauf einer politischen Generation seine Faszinationskraft zu verlieren droht, das Verlangen nach Änderung der bestehenden freiheitlichen Werte bis zu ihrem Umsturz, das Streben, an die Stelle der Freiheit oder über sie Gleichheit zu setzen, das rigorose Eifern nach endzeitlichen Glückszuständen, die freiheitsfeindliche Hetze gegen einen »Volksfeind«, ob er Rassen- oder Klassenfeind ist – all das und andere Gefahren zwingen zu einer ständigen Wachsamkeit und Bereitschaft, die Freiheit zu sichern und zu verteidigen als tägliche und immer neu sich stellende Aufgabe: »Das ist der Weisheit letzter Schluß, nur der verdient sich Freiheit wie das Leben, der täglich sie erobern muß« (Goethe, Faust II).

Es gehört aber auch zu den Erfahrungen der Systeme hochtechnisierter Industrie- und Massengesellschaften, wie sie die Staaten der freien Welt und somit auch die Bundesrepublik Deutschland kennzeichnen, daß ihnen durch immer schwieriger und undurchschaubarer werdende Lebensvorgänge, Verhaltensweisen und Prozesse der Drang zu zunehmender Beschneidung individueller Freiheiten bei gleichzeitiger Ausweitung des staatlichen oder gesellschaftlichen Einfluß- und Befehlsbereichs innewohnt. Hinzu kommt, daß mit der Zunahme des Bruttosozialprodukts die Staatsausgaben immer mehr anwachsen, darunter besonders jene für den öffentlichen Dienst. Der Kathedersozialist Adolf Wagner hatte 1864 erstmals das »Gesetz der wachsenden Ausgaben der öffentlichen und speziell der Staatstätigkeit« formuliert. Er hatte offensichtlich nicht nur an eine Zunahme der öffentlichen Ausgaben proportional zum Wachstum des Bruttosozialprodukts gedacht, sondern auch im Anteil am Bruttosozialprodukt, das heißt an eine wachsende Staatsquote. Das war zwar nicht im 19. Jahrhundert, wohl aber um die Wende zum 20. Jahrhundert eingetreten. Sein Gesetz der zunehmenden Staatstätigkeit, absolut und relativ gemessen, verstärkt durch die großen Kriege und ihre Folgen, ist aber kein Naturgesetz und darf deshalb auch nicht zum Alibi für ständige Vermehrung der öffentlichen Ausgaben und damit zum Vorwand für ständig steigende Steuern werden.

Tatbestände, die in der Bundesrepublik Deutschland seit 1969 eingetreten sind, seit Sozialisten die Regierungsverantwortung übernommen haben, sprechen ihre eigene Sprache. In einem Jahrzehnt ist die Staatsquote von 37 Prozent auf 47 Prozent angewachsen, was ein alarmierendes Signal für den Marsch in den Steuern- und Abgabenstaat darstellt. Und im gleichen Zeitraum ist die Verschuldung des Bundes von 14 Milliarden DM auf über 200 Milliarden DM angestiegen – geht diese Entwicklung so weiter, werden die Zinszahlungen bald die neue Kreditaufnahme übersteigen. Hand in Hand damit geht eine Zunahme der bürokratischen Bevormundung durch eine Überschwemmung mit einer immer gewaltiger werdenden Flut von Rechtsnormen.

Der wachsenden staatlichen Zuständigkeit auf der einen Seite entspricht nun ein Anstrengungs- und Verantwortungsverzicht nichtstaatlicher Kräfte auf der anderen Seite. Dieser Vorgang beruht einmal auf dem Aberglauben, daß man alles tun könne, was man wolle, daß alles machbar sei, daß man alles tun dürfe, was man könne, daß nicht nur die Chance für alle gleich sein müsse, sondern auch das Ergebnis, daß Gleichheit nicht Gerechtigkeit, sondern Einebnung aller Unterschiede sein müsse. Dazu soll eine neue Heilsordnung dienen, in der der Staat die Gegenkirche darstellt und die Gesellschaft als ihre Priesterin auftritt.

Mit dem Schlagwort der »Demokratisierung«, einem der schillerndsten Begriffe in der systemverändernden Argumentation von links, das auf alle gesellschaftlichen und staatlichen Einrichtungen angewendet werden soll, kommt es zu einer Lähmung von Entscheidungsfreiheit und Verantwortungsbewußtsein, zur Erzeugung von Machtfunktionen ohne Kompetenz, zur Trennung von Entscheidung und Haftung, von Leistung und Erfolg, zu einer falschen Mitbestimmung in Staat und Gesellschaft. Hier Zeichen zu setzen, hier Nein zu sagen, hier einen Prozeß der Umkehr in Gang zu setzen – darin sehe ich die Jahrhundertaufgabe einer echten und überzeugenden liberalen, sozialen und konservativen Politik.

Ich glaube daran, daß das dem Menschen angeborene ewige Streben nach Freiheit, Würde und Recht unauslöschbar ist. Ich glaube daran, daß die Entscheidung über die Welt von morgen durch die Kraft der Freiheit, ihren geistigen und moralischen Rückhalt, der hinter dieser Kraft steckt, getroffen werden muß. Deshalb habe ich schon vor Jahren und losgelöst von jeder Wahlkampfatmosphäre die Einsicht gewonnen und seither nachdrücklich vertreten, daß die Schlacht für das Überleben des Menschen in Freiheit, Würde und Recht in der Alternative zwischen einer Politik der Freiheit oder des Kollektivs geschlagen und entschieden wird. Heute ist es notwendiger denn je, daß in der Öffentlichkeit, in der nationalen wie in der internationalen Öffentlichkeit, die Klärung zwischen dem sozialistischen und dem freiheitlichen Begriff von Staat und Gesellschaft weitergetrieben wird. Ich glaube an die Notwendigkeit, diese geistesgeschichtlichen Auseinandersetzungen bis in die Tiefe unseres Volkes hinein führen und den Instinkt für die freiheitlichen Chancen, aber auch für die der Freiheit drohenden Gefahren schaffen und schärfen zu müssen. Daß eine freiheitliche Gesellschaftsordnung sein kann – das ist meine Überzeugung. Diese Überzeugung beruht auf den geschichtlichen Erfahrungen, die bisher mit dem Kollektivismus, unter welchem Vorzeichen, in welcher Variante und mit welcher Benennung auch immer er praktiziert wurde oder praktiziert wird, nachdrücklich und für die jeweils Betroffenen schmerzlich gewonnen worden sind. Freiheit verträgt sich mit Kollektivismus wie Feuer mit Wasser.

Deshalb auch ist die Frage, wo es kollektivistische und totalitäre Gedankengänge und Verhaltensweisen gibt und gab, ebenso von geschichtlichem wie von aktuellem politischem Interesse. Kollektivistische Erscheinungsformen haben Marxismus und Kommunismus. Kollektivistische Erscheinungsformen haben auch Faschismus und Nationalsozialismus. Ich wundere und frage mich, warum die Sozialdemokraten nicht jeden Tag lautstark und mit größter Heftigkeit dagegen protestieren, daß der ihnen heilige Begriff Sozialismus von den kommunistischen Machthabern ständig verwendet und als realer Sozialismus, im Sinne einer selbstverständlichen Formel, in der Öffentlichkeit vertreten wird. Es war der aus dem anderen Deutschland in das freie Deutschland gekommene Marxist Rudolf Bahro, der das Wort gesprochen hat, daß ein Kommunist sich genausogut Sozialist nennen kann. All das führt zu der zwingenden Notwendigkeit, den Begriff »demokratischer Sozialismus« einmal verbindlich zu klären und zu definieren.

Ebenso wie die ideologische Untermauerung des Sozialismus weltweit ist – nicht ohne Grund haben sich die sozialistischen Parteien in einer Internationale organisiert –, ebenso lassen jeweils auf nationaler Ebene mit dem Sozialismus gemachte Erfahrungen internationale Schlußfolgerungen zu. So sind die Erkenntnisse, die in der Bundesrepublik Deutschland seit 1969 mit einer Politik gewonnen werden, die unter einem sozialistischen Vorzeichen angekündigt wurde, von mahnend-alarmierender Bedeutung für die Vertreter einer freiheitlichen Politik nicht nur innerhalb der Grenzen unseres Landes. Hier eingetretenen bedenklichen Entwicklungen entspricht die zunehmende Bereitschaft, mit Feinden der Freiheit zusammenzuarbeiten, sie aufzuwerten, mit ihnen Gemeinsamkeiten zu entdecken ebenso wie die geistig-politische Selbstneutralisierung gegen die äußeren Bedrohungen unserer Freiheit.

Freiheit als Forderung und Herausforderung

Die Qualität einer Gesellschaft mißt sich daran, in welchem Maße sie im Stande ist, die Freiheit des einzelnen Menschen zu gewährleisten. Freiheit für den Menschen – ist das nicht eine Selbstverständlichkeit, jedem Bürger der Bundesrepublik Deutschland garantiert? In den ersten Jahrzehnten unserer Republik hätte diese Frage bejaht werden müssen. Wenn man jedoch die Veränderungen prüft, die in der Bundesrepublik im Laufe des letzten Jahrzehnts vor sich gegangen sind – dabei ist weniger an die materiellen Veränderungen als an die psychologischen und geistigen Veränderungen und an die, die man versucht hat und die noch geplant sind, zu denken –, dann zeigt sich die brennende Aktualität der Frage nach dem Zustand unserer Gesellschaft und nach der Position, die die Freiheit des einzelnen in ihr einnimmt.

Die Freiheit ist jene große Forderung und Herausforderung, aber auch jene trügerische Parole, die die Menschheit von ihren Anfängen an bewegt hat. Unter dem Panier der Freiheit standen die großen Bewegungen unserer abendländischen Geschichte, die Griechen haben als erste diesen Begriff mit Leben erfüllt. Unter diesem Panier stand die Reformation, stand die Aufklärung, stand die Französische Revolution, standen die Freiheitskriege, standen die Kämpfe um staatliche Unabhängigkeit, stand der Kampf gegen Fürsten und Tyrannen. »Freiheit, Gleichheit, Brüderlichkeit« war das Losungswort der Französischen Revolution – ein Losungswort, das auch am Beginn der kommunistischen Internationale steht. Nicht minder aber haben auch die Nationalsozialisten ihre Propaganda unter das Zeichen des Freiheitskampfes gestellt, eines Kampfes für die Nation – bis hin zu der Parole von der »Befreiung von der Zinsknechtschaft«, ein Schlagwort, zu dem es heute, freilich aus der entgegengesetzten und doch so verwandten Ecke, der linksradikalen, bestürzende Parallelen gibt. Gesicherte Freiheit des Menschen im politischen Bezug ist jene Freiheit, die unser Grundgesetz in seinem zweiten Artikel definiert und garantiert.

Im Wertsystem der Grundrechte ist die Freiheit als primärer Wert der Menschenwürde gemeint – das Recht des Menschen auf freie Entfaltung seiner Persönlichkeit fließt nach der grundsätzlichen Ordnung unmittelbar aus dem Bekenntnis zur freien menschlichen Persönlichkeit. Das Recht des Menschen auf freie Entfaltung seiner Persönlichkeit hat Vorrang vor dem Gleichheitsrecht, das Gleichheitsrecht ist eine Folge dieses Freiheitsrechtes, weil es verhindert, daß die auf Grund der Freiheit notwendig auftretenden Ungleichheiten zur Ungleichheit der Bürger im Staat führen. Diese Rangordnung wurde nicht nur in der systematischen Ordnung des Grundgesetzes festgelegt, sie ergibt sich vor allen Dingen auch daraus, daß einer Entfaltung der Freiheit begrifflich nicht eine Zustandsgleichheit, sondern nur eine Entfaltungsgleichheit entsprechen kann. Deshalb gehört es auch zu den großen Irreführungsthesen unserer Zeit, von einer objektiven Chancengleichheit zu sprechen. Man sollte ehrlicherweise von der Chance für jedermann sprechen, von der gerechten Chance, vom »suum cuique«, jedem das Seine – ein »Jedem das Gleiche« entspringt verblendetem sozialistischem Utopismus.

Sozialisten wollen mit dem Schlagwort der Chancengleichheit vor allem eine Gleichheit der Ergebnisse herbeiführen. Die jeweils veränderte Ausgangslage des Menschen

– der eine ist fleißig, der andere weniger, der eine ist gescheit, der andere weniger, der eine mit mehr, der andere mit weniger guten Eigenschaften ausgestattet, wenn ich nur lobende Begriffe wähle – wollen Sozialisten nicht zur Kenntnis nehmen. Durch staatlichen Eingriff soll dann trotzdem für jedermann wenigstens das materielle Ergebnis gleich gestaltet werden. Alle bisher praktizierten Versuche, durch Zwang und Gleichschaltung zu solchem Ergebnis zu kommen, erwiesen sich indessen nicht als der Weg zum Paradies, sondern als der Weg zum irdischen Inferno. Das sozialistische Traumland aller Gesellschaftsveränderer, die Sowjetunion, ist seit mehr als sechs Jahrzehnten augenscheinlichstes Beispiel dafür.

Eine alles nivellierende Gleichheit, wie sie der Sozialismus will, und als irdisches Ideal, als Stück höherer, vom Staat zu garantierender, notfalls mit Zwang durchzusetzender Lebensqualität verheißt, würde die Freiheit des Menschen sinnlos machen. Sie vernichtet jedes individuelle Streben nach Fortkommen, Aufstieg und Besitz. Sie zerstört aber auch den stärksten Motor gesellschaftlicher Leistungsfähigkeit, das so viel geschmähte Leistungsprinzip.

Die radikale Gleichheit ist der Natur des Menschen zuwider. Unsere Rechtsordnung geht von der grundsätzlichen Freiheit der Person und einer freien Persönlichkeitsentfaltung im Rahmen der rechtsstaatlichen Ordnung aus. Damit ist auch bereits gesagt, daß diese Freiheit nur in Einklang und Übereinstimmung mit der Verfassung interpretiert werden kann, wenn man dieses Bekenntnis zum Recht jedes Menschen auf freie Entfaltung seiner Persönlichkeit beachtet. Die Freiheit des Menschen, wie sie im Grundgesetz geschützt ist, bestimmt das rechtliche Verhältnis des einzelnen zum Staat, aber auch im Verhältnis zu Mitbürger und Allgemeinheit. Diese Freiheit wird, auch nach meiner politischen Überzeugung, nicht durch die Verfassung oder durch das Grundgesetz verliehen, sondern durch sie nur geschützt. Diese Freiheit des Menschen nämlich gehört zu den Rechten, die über einer Verfassung stehen, die vom Staat nicht gegeben und vom Staat nicht genommen werden können, die auch dann Gültigkeit hätten, wenn sie im Grundgesetz nicht ausdrücklich aufgeführt wären.

Dieses Grundrecht schützt vor einer alles gleichmachenden Herrschaftsausübung, indem es die bei der Entfaltung der Freiheit auftretenden Ungleichheiten unter den Menschen als notwendige Folgen dieser Freiheit auch anerkennt. Nicht die Robinson-Freiheit, sondern die des Menschen als »zoon politikon«, als Wesen, das sich seiner Verantwortung gegenüber dem Gemeinwesen bewußt ist, muß garantiert sein. Gleichzeitig wird sie begrenzt durch den Gemeinschaftswert der verfassungsmäßigen Ordnung, durch den ethischen Wert des Sittengesetzes. Als weitere Schranke sind die Rechte des Mitmenschen hinzuzufügen, die aber auch schon in den beiden erstgenannten Begrenzungen enthalten sind. Mit der Gemeinschaftsbezogenheit der Freiheit, die die gleiche Freiheit des Mitmenschen anerkennt, wird die Antinomie zwischen Freiheit und Gleichheit aufgehoben und eine »Gleichheit der Freien« und eine »Freiheit der Gleichen« gefordert. Keine Ordnung menschlichen Zusammenlebens aber kann auf unbegrenzter Freiheit aufgebaut werden. Eine solche Freiheit ist in der mitmenschlichen Gemeinschaft deshalb nicht möglich, weil sie gleichzeitig das Recht zur Unterjochung und zu unbeschränktem Freiheitsentzug bis zur Vernichtung des Mitmenschen einschließen würde. »Denn Freiheit ist nie wirklich als Freiheit bloß einzelner. Jeder einzelne ist frei in dem Maße, als die anderen frei sind«, schrieb Karl Jaspers in »Rechenschaft und Ausblick – Möglichkeiten eines neuen Humanismus«.

Die Freiheit des Menschen steht in einem Spannungsverhältnis zum geordneten Gemeinwesen. Auf jeder Stufe der menschlichen Entwicklung stellt sich die Frage neu, wieviel Freiheit das gesellschaftliche Ganze dem einzelnen überlassen kann, ohne sich und die anderen einzelnen zu gefährden. Andererseits: Auf wieviel Freiheit kann der einzelne verzichten, ohne sein Menschsein zu gefährden?

Das Zeitalter der sogenannten bürgerlichen Gesellschaft war bestimmt durch das Zusammenwirken zweier Entwicklungen: Auf der einen Seite trat das Individuum immer stärker hervor, auf der anderen zeigte sich eine zunehmende Rationalisierung aller Verhältnisse und Prozesse. Die beherrschende Position des Individuums, der Person, stand dabei außer Frage. Die Tatsache, daß immer mehr Menschen auf gleichbleibend kleinem Raum, unter zunehmend schwierigeren technischen Anforderungen und Bedingungen und gleichzeitig unter gesteigerten Lebensansprüchen miteinander auskommen und untereinander leben müssen, stellt dieses Problem »Freiheit der Person und Anspruch der Gemeinschaft«, das Problem des Anspruchs des Mitmenschen in dieser Gemeinschaft, als eine immer wieder neue Aufgabe.

An die Stelle der im eigentlichen Sinne führenden Personen traten im Laufe der gesellschaftlichen und staatlichen Entwicklung autonome Institutionen mit ihrem Verwaltungscharakter. Die Auswirkungen für den einzelnen blieben nicht aus: Die Eigeninitiative, der Unternehmungsgeist und der Wagemut finden immer weniger Spielraum. Aber auch die Möglichkeit, ethischen Anforderungen zu genügen, wird immer begrenzter, weil es angesichts der überall herrschenden »Verapparatung« immer schwieriger wird, persönliche Verantwortung zu tragen.

Der Parlamentarische Rat, der das Grundgesetz der Bundesrepublik Deutschland ausgearbeitet hat, hat die Grund- und Freiheitsrechte an die erste Stelle gesetzt, weil die Väter der Verfassung Unfreiheit und Tyrannei in einer Weise erlebt hatten, wie es in früheren Zeiten kaum erdacht werden konnte. Dabei geht das Grundgesetz von einer bestimmten Anthropologie aus, die den Menschen von vornherein in seiner wertmäßigen Hinordnung auf das »Du« des anderen und das »Wir« der Gemeinschaft sieht. Es besteht ein wertmäßiger Vorrang der Freiheit im Verhältnis zu anderen Grundrechten. Es besteht eine Freiheitssubstanzgarantie, die bei jedem Einzelfreiheitsrecht eine Denaturierung verhindern soll. Es gibt nicht die absolute Bindung ohne Freiheit oder die absolute Freiheit ohne Bindung. Das Freiheitsrecht unserer verfassungsmäßigen Ordnung setzt eine »wehrhafte Demokratie« voraus und beruht auf der Erkenntnis, daß der Freiheitswert letztlich verfassungsrechtlich nur zu sichern und zu realisieren ist, wenn Abstriche bei der individuellen und konkreten Grundrechtsausübung gemacht werden.

Den Vätern des Grundgesetzes erschien aus ihrer erlebten oder gerade noch überlebten geschichtlichen Vergangenheit der Staat damals als der einzig gefährliche potentielle Feind der Freiheit. Damals trat ein Gesichtspunkt in den Hintergrund, der sich in der Zwischenzeit immer mehr aufdrängt und der vielleicht auch einmal zu verfassungsrechtlichen Konsequenzen führen muß, wenn das Grundgesetz überdacht wird – nämlich die Frage, wie weit heute der Staat die letzte Garantie für die Freiheit des Menschen gegen gesellschaftlichen Zwang und Terror übernehmen muß.

An der Antwort auf diese Frage muß aus deutscher Sicht gemessen werden, welche Bilanz an freiheitlicher Politik die SPD/FDP-Koalition in Bonn seit 1969 aufzuweisen hat. Ist der Lebens- und Spielraum des einzelnen Menschen gleichgeblieben, ist er größer geworden, hat er abgenommen? Diese Fragestellung drängt sich doppelt bei einer Regierung auf, die mit gewaltigem Anspruch angetreten ist, die den Menschen mehr Freiheit, mehr Gerechtigkeit, mehr Demokratie versprochen hat. Die Antwort: Die Freiheit des einzelnen, in der Politik verstanden vor allem als die Möglichkeit, sein Leben autonom, nach eigenen Entschlüssen gestalten zu können, die Freiheit von staatlichem und gesellschaftlichem Zwang also, hat abgenommen, die Zwänge, seien sie staatlicher oder gesellschaftlicher Herkunft, sind gewachsen. Der Staat zeigte sich nicht in der Lage, das Individuum vor weiterer massiver Einflußnahme durch gesellschaftliche Entwicklungen zu schützen, schon deshalb nicht, weil zwischen denen, die sich auf gesellschaftlicher Basis aufgemacht haben, den Spielraum des einzelnen immer mehr einzuschränken, und denen, die auf staatlicher Ebene seit 1969 Verantwortung tragen, weitgehende personelle und politische Identität besteht. Der Bürger ist in den doppelten Würgegriff von sozialistischen Gesellschaftsveränderern und von sozialistischen Staatsveränderern geraten.

Einer der Gründe dafür, wenn nicht der entscheidende Grund überhaupt, ist die Wiederkehr des Marxismus – die Beschäftigung mit Karl Marx ist in der Bundesrepublik nicht mehr nur wissenschaftliche Betätigung; die Ideen des Begründers der kommunistischen Idee und Ideologie sind nicht länger lediglich Programm von linksextremistischen Splittergruppen sowie von DKP oder KPD – die Marxismus-Renaissance findet offiziell in der SPD statt. Durch das ständig fadenscheiniger werdende bürgerliche Tarngewand von Godesberg schimmert immer deutlicher der alte marxistische Adam der SPD. Wehners Ankündigung, daß sich die SPD durch kein Programm davon abhalten lassen werde, Sozialismus in die Tat umzusetzen, wenn die Möglichkeiten der Macht dies zuließen, wird verwirklicht. Jungsozialisten und Altmarxisten demonstrieren in freimütiger Eintracht, daß die 1959 von Wehner erzwungene Phase sozialdemokratischer Mitte und Bürgerlichkeit nicht mehr als eine wahltaktische Variante war – ein Täuschungsmanöver allerdings, dem Erfolg beschieden war und dem es die SPD zu danken hat, daß sie seit 1969 in Bonn den Bundeskanzler stellt.

Brandt, der erste gescheiterte SPD-Kanzler der Bundesrepublik, enttarnte sich selbst als einer der ersten Genossen – aus dem militanten Antikommunisten der Berliner Zeit, militanter als viele, viele Politiker aus den Reihen der Unionsparteien, wurde unversehens wieder der eifernde Sozialist. Die SPD, die über Jahre hin eine Anwendung des Begriffes Sozialismus auf sich weit von sich gewiesen hatte, verstand sich plötzlich wieder als Linkspartei, als sozialistische Partei. Die Reverenz vor Karl Marx wurde zu sozialdemokratischer Pflichtübung. Brandt eilte zur Feier des 150. Geburtstages des ideologischen Ziehvaters nach Trier und hielt die Festrede.

Die These von Marx, daß die gesamte Geschichte von einer Auseinandersetzung verschiedener Klassen bestimmt werde, daß also der Klassenkampf das einzig bestimmende Prinzip sei, wurde und wird für immer größere Teile der SPD wieder politischer Leitgedanke Nummer eins. Die Marxismus-Renaissance in der SPD traf seit 1969 mit einer politischen Stimmung zusammen, die von utopischen Glückseligkeitsverheißungen getragen wurde. Brandt wurde zu einem sozialistischen Messias hochstilisiert, der Erwartungshorizont wurde immer weiter gestellt, der Anbruch einer neuen Ära gefeiert.

In diesem Treibhausklima einer Versprechensinflation – deren Kehrseite die Verdammung all dessen war, was seit 1945 in unserem Staat auf wirtschaftlichem, sozialem und staatlichem Gebiet geschaffen worden war – blühte die Marxismus-Nostalgie. Unberührt von der Tatsache, daß keine politische und wirtschaftliche Theorie von der historischen Entwicklung so gründlich und in allen Punkten widerlegt worden war und ständig widerlegt wird wie die marxistische Theorie, kam Marx in Mode nicht nur bei irrlichternden politischen Außenseitern, sondern bei einer Partei, die seit 1969 in Bonn den Bundeskanzler stellt. Immerhin hat Brandt die SPD ausdrücklich als die einzig mögliche politische Heimat für Marxisten in der Bundesrepublik Deutschland definiert.

Diese Entwicklung setzte trotz des allgemein bekannten Sachverhaltes ein, daß überall dort in den kommunistischen Staaten, wo der Marxismus praktiziert wird, zum Teil, wie in der Sowjetunion, schon im siebten Jahrzehnt praktiziert wird, die makabre Perversion dessen eingetreten ist, was Karl Marx prognostiziert hat. Gerade dort, wo Marx und seine interpretierenden Nachfahren – wie Lenin – den Rang von Staatsgöttern haben, gerade dort ist das menschliche Dasein von den erhofften und als sicher kommend eingeschätzten Zielen – Ende jeder staatlichen oder sonstigen Herrschaft, Beendigung der Selbstentfremdung, Verwirklichung allumfassender und totaler Freiheit – so weit entfernt wie nirgendwo sonst auf der Welt. Hinweise auf diese Wirklichkeit verfangen bei den marxistischen Veränderern und sozialistischen Umgestaltern unserer staatlichen, gesellschaftlichen und wirtschaftlichen Ordnung dennoch nicht.

Dazu gehört, daß die Begeisterung für den demokratischen Rechtsstaat nach 30 Jahren abzunehmen beginnt, eine

Folge des Zusammenwirkens von abstumpfender Gewöhnung und aufwiegelnder Neuerungssucht. Dazu gehört auch, wegen der unüberbrückbaren Unterschiede zwischen Verheißung und Erfüllung, zwischen Erwartung und Verwirklichung, die kulturrevolutionäre Änderung des Geschichtsbildes und deshalb die Notwendigkeit, die Völker über die »Bildungsreformen« von einem kontinuierlichen Geschichtsbewußtsein zu trennen und sie zur Geschichtslosigkeit zu erziehen.

Das unwiderlegbare Argument marxistischer und sozialistischer Wirklichkeit in den kommunistischen Ländern wird mit der Ausflucht abgetan, daß es sich bei den dort gegebenen Verhältnissen um Auswüchse und vermeidbare Fehler handle, die aber die prinzipielle Richtigkeit der marxistischen Theorie nicht in Frage stellen könnten. Auf die offensichtliche Diskrepanz zwischen marxistischer Theorie und marxistischer Praxis aber ist es zurückzuführen, daß hierzulande die Überwinder unserer demokratisch-marktwirtschaftlichen Ordnung präzise Antworten auf die Frage, wie die neue sozialistische Gesellschaft denn nun aussehen solle, schuldig bleiben. Dazu kommt als neue Variante deutschen Größenwahns, der sich gelegentlich mit faustischem Urtrieb schmückt – »Am deutschen Wesen kann die Welt genesen« –, die Behauptung, die anderen seien nicht fähig, den wahren Sozialismus zu praktizieren, den demokratischen Weg zum marxistischen Staat und seiner Gesellschaft zu bahnen, aber wenn die Deutschen den Sozialismus in die Hand nähmen, dann würden sich seine wahren Tugenden und Segenskräfte erschließen.

Es wird nach dem Grundsatz verfahren, daß es zunächst einmal darum gehe, das Bestehende zu zerschlagen – das weitere werde sich dann schon finden. Mit der Behauptung, gegebene Strukturen und Institutionen seien überholt, verkrustet, undemokratisch, wird mit dem Abbau begonnen, ohne daß gesagt wird, was an die Stelle des Abgeschafften treten soll. Nicht überprüfbare Ziele, nebulose Utopien werden angestrebt. »An die Stelle konkreter Ziele tritt die Methode, das Bestehende zu verflüssigen – nämlich die Demokratisierung –, und an die Stelle einer Theorie tritt die Mobilisierung von Glaubenskräften durch die Erregung utopischer Hoffnungen. Der Marxismus setzt sich daher in einer völlig verwandelten Gestalt und nach einer neuen Logik durch. Das, was ihn stark macht, ist die Tatsache, daß sein Monopol auf die Interpretation der Gesellschaft bislang ohne Konkurrenz ist. Selbst die ihn bekämpfen, haben insofern kapituliert, als sie eine neue Grundvoraussetzung akzeptieren, daß die Gesellschaft die neue Gestalt des Absoluten geworden ist. Das geistig-ethische Vakuum, das sich in der ersten Aufbauphase nach dem Krieg gebildet hat, ist zu einem Sog geworden, das den Marxismus magnetisch an- und in sich hineinzieht«, analysiert der Soziologe Günter Rohrmoser.

Das links-manipulierte Bewußtsein

Dieser Sog ist überall dort zuerst festzustellen, wo es darum geht, den Entfaltungsraum des Menschen einzuengen – wobei es zur klassischen propagandistischen Vorbereitung solchen Vorgehens gehört, mit der Fahne der Freiheit zu winken, während in Wirklichkeit diese Freiheit abgebaut werden soll. Neben dem Locken mit mehr Freiheit steht das Versprechen größerer sozialer Sicherung. Damit jedoch die Menschen in unserem Lande in die für grundsätzliche Veränderung wichtige und richtige Grundstimmung versetzt weden, wird ihnen pausenlos eingehämmert, wie schlecht es gesellschaftspolitisch um sie steht: wie sehr sie durch die Zwänge einer inhumanen kapitalistischen Leistungsgesellschaft sich selbst enfremdet seien, wie hoffnungslos sie im notwendigen Klassenkampf den Herrschenden unterlegen seien, welch himmelschreiender sozialer Ungerechtigkeit sie ausgeliefert seien, wie – vor allem – unterentwickelt ihr Bewußtsein sei, diese trostlose Situation auch erkennen und die notwendigen – systemüberwindenden – Schlüsse daraus ziehen zu können.

So geht es zuallererst darum, bei den Menschen die richtige Bewußtseinslage zu entwickeln: Kleinkindern muß beigebracht werden, wie schädlich und verhängnisvoll der Zustand des Ausgeliefertseins an die Autorität der Eltern ist, Schüler müssen begreifen, daß Lehrer in aller Regel willenlose Handlanger des kapitalistischen Systems sind, Lehrlingen – im neudeutsch-sozialistischen Sprachgebrauch: Auszubildenden – muß deutlich gemacht werden, daß sie die rechtlosen Kulis ausbeuterischer Betriebsinhaber sind, Arbeitnehmer müssen einsehen, daß Unternehmer von Haus aus den Beschäftigten übelwollen und daß Gewinne grundsätzlich überflüssig und verwerflich sind, weil sie Profit und im übrigen den Arbeitern weggenommener Mehrwert seien. Wohlüberlegt geschürter Neid und systematisch angeheizte Klassenkampfstimmung sind die Grundkomponenten einer Kampagne, mit der das sozialistische Zeitalter vorbereitet werden soll.

Diese Kampagne beginnt in der Schule. Mit dem ständig früher kommenden Griff des Staates nach den Kindern soll die Möglichkeit der Prägung durch das Elternhaus immer weiter abgebaut werden. Der Staatsapparat maßt sich an, den Eltern das Recht auf die Erziehung ihrer Kinder zu nehmen. Wohin diese Erziehung führen soll, zeigen als erschrekkende Beispiele die Richtlinien für den Schulunterricht in SPD-regierten Bundesländern wie Nordrhein-Westfalen, Hessen oder Bremen. Hessen, von der SPD seit eh und je als rotes Paradepferd aufgezäumt, zeigt, wohin die Reise geht, wenn die sozialistischen »Macher« am Werk sind: In aller Offenheit wird der Schule eine neue Rolle als vorrevolutionärer sozialistischer Übungsplatz zugewiesen. Nicht mehr Wissen, Lernen und Erziehen stehen im Vordergrund, entscheidend ist die einseitige politische Indoktrination der Kinder – und wenn dies noch, wie in Hessen geschehen, in enger Anlehnung an oder gar in der Übernahme von Lehrplanmaterialien der »DDR« geschieht, herrscht im vielgestaltigen sozialistischen Lager besondere Zufriedenheit. Wie wenig das Mitbestimmungsrecht der Betroffenen, in diesem Falle der hessischen Eltern, in sozialistischen Augen gilt, zeigte sich darin, daß die SPD-Regierung die massiven Proteste der Eltern ungerührt zu übergehen suchte. Allerdings ist das längst nicht das einzige Beispiel dafür, was es mit der sozialistischen Wirklichkeit des Schlagwortes Mitbestimmung auf sich hat. Nicht selten sind gerade jene, die die Forderung nach Mitbestimmung im Munde führen, darauf aus, dem Bürger ein weiteres Stück echter Mitbestimmungsmöglichkeiten zu nehmen und sie einer anonymen Apparatur zu übertragen.

Im Griff nach dem Bewußtsein unserer Kinder liegt der entscheidende Ansatzpunkt für die kulturrevolutionäre Umwälzung in unserem Land. Worum ist es denn im Grunde bei den ganzen Diskussionen um die Struktur des deutschen Schulwesens gegangen? Doch nicht um Fragen der Pädagogik und Didaktik! Es ging und es geht um die Veränderung unserer Gesellschaft in Richtung Sozialismus. Es ging und es geht um eine ideologische und politische Strategie, bei der den Massenmedien, den Schulen und den Hochschulen eine besondere Rolle zugedacht worden ist. So wird die Jugend systematisch seit Jahren einer kulturrevolutionären Umwertung aller Werte ausgesetzt: Sogenannte »Sekundärwerte« wie Wahrhaftigkeit, Zuverlässigkeit, Partnerschaft, Leistung, Disziplin werden abgewertet, von religiös und ethisch begründeten Werten ganz zu schweigen. Dabei handelt es sich jedoch um Werte, die für das Zusammenwirken aller in einer freiheitlichen, offenen Industriegesellschaft unentbehrlich sind. Die Offenheit, die Freiheitlichkeit einer Gesellschaft bedeutet ja nicht Wertfreiheit, völlige Permissivität.

Der Soziologe Friedrich Heinrich Tenbruck schreibt in seiner Untersuchung »Alltagsnormen und Lebensgefühle in der Bundesrepublik Deutschland«: »Überall herrscht Verwirrung, die der Demagogie und Schwarmgeisterei die Tore öffnet. Keine Institution, keine Norm, keine Idee scheint mehr sicher. Sprache und Bewußtsein zerfasern in einem Babel der Diskussion, die sich in Formen und Inhalten an nichts mehr halten kann. Gewalt ist Gegengewalt; Recht Unterdrückung; Wahrheit Klassenlüge; Revolution Befreiung; Erziehung Vergewaltigung; Leistung Repression; Bildung

Inhumanität, Demokratie Ausbeutung, Diktatur Freiheit, Verrat Befreiung, Religion Revolution, Dienst Verrat, Gehorsam Feigheit, Angeklagte Kläger, Kompetenz Anmaßung. Da ist nichts, was nicht doppelbödig geworden wäre, nicht mit zwei Namen genannt werden könnte, und der Bürger gewöhnt sich an zweigleisiges Denken, für das alles bis auf Abruf auch sein Gegenteil sein darf, ja mancher genießt es wie ein lustiges Spiel, die Sachen bald so bald anders nennen zu dürfen.«

Die Berufsausbildung ist nur ein Beispiel dafür. Das duale System der beruflichen Bildung, bei uns seit langem Tradition und, was wichtiger ist, seit langem bewährt und weltweit anerkannt, mißfällt den Systemveränderern. Grund dieses Mißfallens ist, daß die Mitwirkung der privaten Wirtschaft an der Ausbildung einer politischen Haltung entgegenläuft, die in ideologischem Eifer alles und jedes vergesellschaften und verstaatlichen will. Der Stimmungsmache gegen die Mitwirkung der Unternehmer und Betriebe in der Berufsausbildung parallel läuft die »Bewußtseinsschärfung bei den Auszubildenden«: Bedauerliche Einzelfälle werden verallgemeinert, Lehrlinge aufgehetzt, einzelne Betriebe verleumdet, die gesamte ausbildende Wirtschaft in den Zustand der Unsicherheit versetzt. Ist die Atmosphäre genügend aufgeladen, kann der Staatsapparat zugreifen und einen Bereich, der bisher weitgehend in persönlicher Eigenverantwortung bewältigt wurde, in seine anonyme Zuständigkeit ziehen. Die Privatwirtschaft ist hinausgedrängt, der betroffene Lehrling erhält weder eine bessere Ausbildung noch wird der ihm vom Grundgesetz garantierte Freiraum zur Entfaltung seiner Persönlichkeit erweitert – im Gegenteil, sein Partner ist nicht mehr eine identifizierbare Einzelperson, sondern der anonyme Apparat.

Noch nie zuvor wurde soviel vom mündigen Bürger geredet wie seit 1969. Gipfelpunkt einschlägiger verbaler Exzesse war die Verleihung eines Preises an den mündigen Bürger schlechthin, eine Auszeichnung, die sich dieser, so die Preisverleiher, durch konformes, liberalsozialistisches Wahlverhalten bei den Bundestagswahlen verdient habe. Die

Wirklichkeit ist, daß der mündige Bürger noch nie so wenig gefragt war wie seit 1969, daß kritische Mündigkeit mit unkritischer Zustimmung zu liberalsozialistischer Regierungspolitik gleichgesetzt wird.

Entmündigung durch »Mitbestimmung«

Auch die Art, wie Sozialisten die Diskussion um die Mitbestimmung geführt haben und weiter führen, beweist dies. Mitbestimmung entspricht dem demokratischen Grundverständnis – Mitbestimmung durch Leistung, Kompetenz, Verantwortung muß selbstverständlich und abgesichert sein. Ich sage ja zu jeder funktionsgerechten Mitbestimmung, ich sage aber nein zu einer funktionärsgesteuerten Mitbestimmung. Deshalb sind die Formen der Anwendung und Ausgestaltung der Mitbestimmung in Staat und Gesellschaft sorgfältig zu unterscheiden – nach der Funktion, die der Staat hat, und nach der Funktion, die die gesellschaftlichen Institutionen haben. Jahrelanges propagandistisches Trommelfeuer durch die Wortführer einer sozialistischen Gesellschaftsveränderung, ob in der SPD oder im DGB, war notwendig, die Mitbestimmung überhaupt erst zu einem wirtschafts- und gesellschaftspolitischen Thema, mühsam genug, werden zu lassen. Die Vertretung der Arbeitnehmer im Aufsichtsrat von Großunternehmen nämlich, und das ist für sozialistische Funktionäre der greifbare Kernpunkt der Mitbestimmung, hat die große Zahl unserer Arbeitnehmer noch nie brennend beschäftigt, tut es auch heute noch nicht sonderlich. Ein angebliches Bedürfnis wurde von einer Funktionärsschicht in Gewerkschaften und SPD herbeigeredet, während vom gleichen Personenkreis die dringendsten Anliegen der Arbeitnehmer – stabiles Geld und sicherer Arbeitsplatz, der Zugang zu echtem Eigentum und soziale Langzeitsicherung – nur allzu gerne als zweitrangig behandelt oder gar als überflüssig abgetan wurden.

Obwohl wir in der Bundesrepublik Deutschland eine Mitbestimmungsregelung haben, die so weit geht wie sonst in keinem anderen Land, wissen wir, warum diese Thematik auch weiterhin linke Funktionäre gar so sehr bewegt. Es ging und geht nicht darum, daß der einzelne Arbeitnehmer mehr Mitbestimmungsrechte erhält, sondern um eine gewaltige Mehrung gesellschaftlicher, wirtschaftlicher und politischer Macht. Der sonst so gern als mündig beschworene Arbeitnehmer soll weitgehend unmündig sein, wenn es um die Mitbestimmung geht – Gewerkschaftsfunktionäre nehmen ihm das Denken und das Entscheiden ab. Nicht in der Einheitsgewerkschaft organisierte Arbeitnehmer sollen keine Chance haben, selbst aktiv in der Mitbestimmung mitzuwirken. Die Funktionäre, die zu bestimmen haben, werden von der Gewerkschaftszentrale entsandt. Die Idee der Mitbestimmung als Mitkontrolle durch die Arbeitnehmer wird auf den Kopf gestellt: Wer ist noch in der Lage, die Kontrolleure zu kontrollieren? Die Gewerkschaften wollen auf dem Wege der paritätischen Mitbestimmung eine wirtschaftliche und politische Machtstellung, die weder ihrer Rolle als Arbeitnehmerorganisation noch der Zahl der in ihnen organisierten Arbeitnehmer – nur jeder dritte Arbeitnehmer ist Mitglied einer DGB-Gewerkschaft – entspricht. So brächte die von SPD und DGB nach wie vor verlangte paritätische Mitbestimmungslösung auf der einen Seite einen entscheidenden Eingriff in unsere verfassungsmäßige Ordnung, auf der anderen Seite zöge daraus der Arbeitnehmer als Individuum keinen Nutzen. Gestärkt würde nur die Macht des Apparates. Dazu muß auch in aller Deutlichkeit gesagt werden, daß die in den Aufsichtsrat gewählten Arbeitnehmer, ob aus dem Unternehmen selbst oder von außen delegiert, sich für das Wohl des Unternehmens verantwortlich zu fühlen haben. Sie sind nicht befugt, Interninformationen an Verbandszentralen zu liefern, auch wenn es von dort verlangt wird, oder die Interessen des Verbandes vor die Interessen des Unternehmens zu setzen.

Das Eigentum, grundsätzlich gewährleistet, mußte im Zeichen eines aufblühenden Marxismus zwangsläufig in die Schußlinie der Überwinder unserer Gesellschaftsordnung geraten. Vorgetragen wurde und wird der Angriff gegen das

Privateigentum im Bereich von Grund und Boden. Niemand wird sich der Notwendigkeit eines sozial geordneten Bodenrechts verschließen, steuerliche Maßnahmen sind ein wichtiger Weg dazu. Was aber soll man davon halten, wenn die SPD – schrecklicher Mißbrauch der Sprache! – von »Nutzungseigentum« spricht. Es gibt ein Nutzungsrecht, aber es gibt kein Nutzungseigentum. Das Nutzungsrecht an Grund und Boden ist kein Eigentum, das »Nutzungseigentum« an Grund und Boden nach sozialistischer Art schafft nicht Freiheit, sondern Abhängigkeit von Mehrheiten, von bürokratischen Apparaturen, von Funktionären. Man stelle sich einmal vor, daß im kommunalen Bereich, der sich ja immer mehr ausdehnen wird, der gesamte Grund und Boden in Verfügungseigentum der Kommunen genommen wird. Der Bürger, der hier einen Antrag stellen muß, um ein zeitlich begrenztes Nutzungsrecht – im SPD-Sprachgebrauch »Nutzungseigentum« – zu bekommen, hat aufgehört, ein freier Bürger zu sein, weil er mit seinen Wünschen nach Wohneigentum, Berufsausübung und Existenzsicherung dann von einem Genehmigungsverfahren abhängig ist, das wiederum vom anonymen Apparat abgewickelt wird und vom Bürger nicht durchschaut werden kann und in dem nichtsachdienliche und -sachgerechte Entscheidungskriterien nach partei- oder verbandspolitischen Präferenzen nicht auszuschließen sind.

Aber genau dieses steht in Einklang mit sozialistischen Zielprojektionen. Nur so ist zu erklären, warum sich die SPD jahrelang um die Frage der Vermögensbildung in Arbeitnehmerhand, wenn überhaupt, nur unwillig und nebenbei gekümmert hat. Hier verhielt man sich umgekehrt wie bei der Mitbestimmung: Ein Thema, das in der Rangliste des arbeitenden Menschen ganz weit oben steht, wurde bewußt vernachlässigt und heruntergespielt. In sozialistischer Sicht ist solches Verhalten begreiflich: Warum soll man sich für die abgelehnte, zumindest aber beargwöhnte Institution des Privateigentums bemühen, wo doch damit keinerlei Stärkung der eigenen Macht und des eigenen Einflusses verbunden ist? Im Gegenteil, da das Recht auf Eigentum und die

Verfügungsgewalt über dieses Eigentum eine wesentliche Stärkung der unabhängigen Position des einzelnen Menschen ist und seinen Freiraum fördert, wäre es gegen jedes sozialistische Selbstverständnis, von dieser Seite eine ernsthafte und entschlossene Förderung individueller Vermögensbildung in Arbeitnehmerhand zu erwarten. Die Sozialisten verfielen auf einen bei ihnen naheliegenden Ausweg: Vermögensbildung ja, aber so, daß nicht der einzelne Arbeitnehmer, sondern von den Gewerkschaften kontrollierte anonyme Fonds, womöglich noch bei einer den Gewerkschaften gehörenden Bank angelegt, das Arbeitnehmervermögen erhalten und kontrollieren sollen. Wieder soll der einzelne entmündigt, sein Spielraum eingeengt, seine Abhängigkeit vergrößert werden.

Abschaffung der Marktwirtschaft

Mehr als zwei Jahrzehnte hat das System der Sozialen Marktwirtschaft in der Bundesrepublik nicht nur funktioniert, sondern unserem Land einen wirtschaftlichen Aufstieg ohne Beispiel gebracht – einen Aufstieg, an dem alle Bürger, vor allem aber die Arbeitnehmer teilgenommen haben. Obwohl es nirgendwo sonst eine in der Praxis besser bewährte Wirtschaftsordnung gibt, ist unter dem Vorwand der Reform eifernder Sozialismus auch hier dabei, die marktwirtschaftliche Freiheit, untrennbar zu parlamentarischer Demokratie und demokratischem Rechtsstaat gehörend, Stück für Stück zu untergraben. Pläne und Überlegungen der SPD zeigen, wo zunächst angesetzt werden soll. Soziale Marktwirtschaft heißt auch Freiheit der Investition – zahlreiche Gremien der SPD wollen diese Freiheit abschaffen, durch staatliche Lenkung ersetzen. Greuelmärchen von verantwortungslosen und willkürlichen Unternehmerentscheidungen sollen die Notwendigkeit staatlichen Eingreifens begründen – wobei zudem geflissentlich übersehen wird, daß es eine absolut freie Investitionsentscheidung sowieso schon längst nicht mehr gibt: Der enge Raum, die Notwendigkeiten der Landesplanung, der Raumordnung, des Umweltschutzes sowie eine sinnvolle Nutzung unserer Ressourcen führen ganz selbstverständlich zu einer Einschränkung der Investitionsfreiheit. Dieses Beispiel zeigt aber, daß es den Systemveränderern nicht um sachliche Probleme geht, sondern einzig und allein darum, sozialistischer Ideologie zum Durchbruch zu verhelfen.

Zur Sozialen Marktwirtschaft gehört auch die Freiheit der Konsumwahl. Die früher üblichen Gegensätze zwischen oben und unten in der Lebenshaltung, »Klassengegensätze«, wurden in unserer marktwirtschaftlichen Ordnung weitgehend abgebaut. Das Prinzip der freien Konsumwahl ermöglichte es vor allem den Arbeitnehmern, einen Lebensstandard zu entwickeln, der alles Gerede von den schreienden sozialen Mißständen in der Bundesrepublik als durchsichtige Agitation erweist. Doch auch dies paßt dem Sozialismus nicht. Schon arbeiten SPD-Unterbezirke Pläne aus, deren Ziel es ist, durch die Schaffung wirtschaftspolitischer und strafrechtlicher Instrumente »gesellschaftsschädliche oder gesellschaftlich unerwünschte Produktion« zu unterdrücken. Hierher gehören auch Pläne, die Freiheit der Werbung abzuschaffen, von Staats wegen zu bestimmen, wofür, wann und wie geworben werden darf. Sozialistischer Phantasie sind auf der Suche nach immer neuen Praktiken der Bevormundung und Entmündigung des Bürgers offensichtlich keine Grenzen gesetzt. Vielleicht aber muß es gerade im Bereich der freien Konsumwahl für die bundesrepublikanischen Anhänger von Karl Marx unerträglich sein zu sehen, daß jenseits der Elbe, wo Marxismus praktiziert wird, sich dieses Problem deshalb nicht stellt, weil das Warenangebot den Begriff der freien Konsumwahl zu einem Begriff von einem anderen Stern werden läßt.

Der freiheitliche Rechtsstaat, wie wir ihn sehen und wollen, darf nicht zur immer perfekteren Verwaltungsmaschine werden, die ihren Untertanen zwar eine möglichst umfassende Lebensgarantie verspricht, sie jedoch dabei immer mehr der Übermacht, ja Allmacht einer wuchernden Bürokratie ausliefert. Selbstverständlich kann sich die Tätigkeit des Staates im Industriezeitalter, der als Rechtsstaat auch Sozialstaat sein muß und zu sein hat, nicht auf die bloße Hoheitsverwaltung des liberalen konstitutionellen Staates des 19. Jahrhunderts beschränken. Aber das bedeutet noch lange nicht, daß der Weg in den bürokratischen Wohlfahrtsstaat ein unausweichliches Naturgesetz ist. Dies bedeutet vor allem nicht, daß die Bürger diesen Weg, er mag zunächst durchaus manche Annehmlichkeiten mit sich bringen, immer weiter gehen wollen. Ich erinnere nur daran, wie in Schweden und in Großbritannien der Bürger nein sagte zum endgültigen Marsch in den bürokratischen Wohlfahrtsstaat und mit seinem Stimmzettel für eine Umkehr sorgte. In diesem Problem eines immer mächtiger werdenden und den einzelnen Bürger entmündigenden Staates liegt einer der entscheidenden Unterschiede in den politischen Zielsetzungen einer freiheitlichen Politik, wie ich sie vertrete, und den Vorstellungen eines Sozialismus, der sein Verhältnis zur Demokratie nur klären kann, wenn er sich von Marx trennt, aber dann aufhört Sozialismus zu sein.

Die Wiedergewinnung größerer Freiheitsräume für den einzelnen Menschen hängt entscheidend davon ab, ob und wie es gelingt, eine überbordende Bürokratie zurückzudrängen, bürokratischen Wildwuchs zu beschneiden, die Bürokratien zu Dienern des Bürgers zu reformieren, nicht zu seinen Herrschern entarten zu lassen. Der Hebel zur Beseitigung des den Bürger immer mehr belastenden Bürokratisierungsdrucks muß in Bonn und in Brüssel – die Ausuferung der europäischen Bürokratie ist längst zu einem eigenständigen Skandal geworden – angesetzt werden. Obwohl es unter sozialistischer Regierungsverantwortung in Bonn nicht an

Lippenbekenntnissen zu weniger Bürokratie, zu weniger Gesetzesperfektionismus, zu mehr Bürgerfreundlichkeit fehlt, geschieht nichts. Es kann auch nichts geschehen – es sei denn, die Sozialisten nähmen selbst Abschied von ihren politischen Zielen, änderten ihr Denken, ihre angestammten Denkkategorien, ihr Selbstverständnis, schlüpften aus ihrer bürokratisch-obrigkeitsstaatlichen Haut.

Auch in diesem Punkt sieht sich sozialistische Politik zusätzlich in selbst gestellten Fallen gefangen. Die Erweckung irrationaler Erwartungen beim Bürger, die Erregung von Reformeuphorien und eine bis heute ungebremste Subventions- und Anspruchsmentalität sind wesentliche Ursachen für Gesetzesperfektionismus, Verwaltungsübertreibung und Bürokratisierung. Dieses überzogene Anspruchsdenken wurde von den Sozialisten bewußt genährt, damit tragen sie auch die Verantwortung für eingetretene Fehlentwicklungen. Die Aufgabe liberal-konservativer Politik muß es sein, hier Ursachen und Wirkungen zu bekämpfen, wenn wir nicht durch einen schleichenden, schließlich unumkehrbar gewordenen Prozeß unsere Freiheit selbst zerstören wollen. Freiheitliches Staatsbewußtsein kann sich nicht kraftvoll entfalten, wenn der Bürger den Staat nur als Verwaltungsmaschinerie erlebt.

Der Kampf um die Freiheit hat begonnen

Wachsender Wohlstand, Überwindung wirtschaftlicher Not, ein hohes Maß an sozialer Sicherheit haben in unserem Staate eine Freiheit des einzelnen geschaffen, die bisher undenkbar war. Die Generation, die diese Leistung erbracht hat, verschwindet allmählich aus den Führungspositionen von Politik, Wirtschaft und Gesellschaft. Es ist eine Generation nachgewachsen, die den durch diese Leistung erreichten Wohlstand und die mit diesem Wohlstand erkämpfte Freiheit als so selbstverständlich betrachtet, daß sie glaubt, sie sei ein gesichertes Dauergut und könne durch keinerlei gesellschaftliche Änderungen mehr gefährdet werden. Es würde ein mit einem hohen Preis zu bezahlender Irrtum sein, wenn zum dritten Mal in einem Jahrhundert eine große Fehlentwicklung dazu führen würde, daß abermals eine Generation alle Fehler wiederholt, die früher gemacht worden sind.

Leider verführt die Freiheit dazu, nur allzu leicht das Augenmaß für das Mögliche zu verlieren. Die Freiheit des Menschen ist heute am stärksten bedroht durch die Forderung nach einer klassenlosen, einheitlich formierten, gleichgerichteten und letzten Endes gleichgeschalteten Gesellschaft. Das Umsetzen dieser Forderung in die Wirklichkeit ist überall gescheitert, wo es versucht wurde, es muß auch bei uns scheitern. Am Ende stand stets nicht mehr, sondern weniger Freiheit für den Menschen. Der Schein der schönen Worte trügt: nicht die Gesellschaft der Befreier, die Gesellschaft der Unterdrücker will unsere Ordnung stürzen.

Der Kampf um die Freiheit als politischer Auftrag ist also kein theoretisches Gebot, dessen Verwirklichung irgendeines fernen Tages aktuell würde, der Kampf um die Freiheit jedes einzelnen Menschen hat begonnen, er ist in vollem Gang. Er spielt sich auch und zunächst in den Köpfen ab. Begriffsverschiebungen und Sprachverwirrungen haben dem geistigen Angriff auf unsere freiheitliche Ordnung bereits gefährlich den Boden bereitet. Ideologische Verwirrung, dialektische Umwertung von Werten und Worten haben Begriffe, deren Inhalte früher übereinstimmend beurteilt und in ihrer Wertaussage übereinstimmend anerkannt wurden, in mehrdeutiges Zwielicht geraten lassen. Der Kampf um die Freiheit setzt also an mit dem Kampf um die Begriffe und um die Wertinhalte, mit dem Kampf gegen deren ideologische Umdeutung und kulturrevolutionäre Umwertung.

Letztere wird auch nicht von Neumarxisten betrieben, die es gar nicht gibt, sondern von den sich immer gleichbleibenden Spätmarxisten. Richard F. Behrendt schrieb schon 1972 über die Faszination des Spätmarxismus: »Die Spätmarxisten haben sich durch ihre Handlungen und Illusionen von dem großen Auftrag unserer Zeit abgemeldet, für die Erhaltung der Freiheit und der Demokratie in unserer Zeit noch ein vertrauenswürdiges Zeugnis abzulegen. Wenn wir nicht die Herausforderung des Sozialismus in der heutigen Zeit annehmen, dann werden in wenigen Jahrzehnten die Inseln der Freiheit in unserer Welt verschwunden sein.«

Freiheit, wie ich sie von meinem weltanschaulichen Standort und aus meiner politischen Verantwortung heraus verstehe, ist nicht die Freiheit der Willkür des Tuns und Lassens, des Freiseins von allen Bindungen oder der rücksichtslosen Durchsetzung persönlicher Ziele gegen andere, rechtverstandene Freiheit ist die Freiheit der selbständigen Wahl zwischen verantwortbaren Zielen und möglichen Wegen – eine Freiheit also, die sich ihrer Verantwortung vor Gott, vor dem Nächsten und vor sich selbst bewußt ist. Auf dem Boden des Grundgesetzes ist die Bundesrepublik Deutschland der freieste Staat der Welt geworden. Er wird es nur bleiben können, wenn der Mut zur Freiheit wieder stärker, das Nein zum Kollektivismus wieder lauter und das Ja zur selbstverantwortlichen Lebensführung wieder entschiedener wird.

II

Ja zur Geschichte

Die Souveränität des Konservativen · Warum Marxisten gegen Geschichte sind · Die Geschichte als Kompaß · Gegen Verengung und Einseitigkeit · Deutsche Geschichte nicht nur Untaten, Fehler und Versäumnisse · Hätte der Erste Weltkrieg verhindert werden können? · Legenden haben ein zähes Leben · Hitler wäre nicht an die Macht gekommen ... Gegen Klassengeschichtsschreibung · Die deutsche Entwicklung · Wir stehen im Strom der Geschichte

Die Frage, ob Politik aus der Geschichte lernen kann, wird seit langem gestellt. Die Antwort läßt sich nicht nach einem einfachen Schwarz-Weiß-Muster geben, sie verlangt differenziertes Denken, lautet ebenso ja wie nein. Geschichte ist kein Lehr- oder Rezeptbuch, kein Anwendungsformular für den Einzelfall, keine Anleitung für konkrete Verhaltensweisen. Historische Epochen wiederholen sich nicht. Geschichte vollzieht sich nicht wie eine Serie vorherbestimmter und geordneter Zyklen, sie läuft nicht ab wie das klassische Drama des antiken Griechenlands. Das ist das eine.

Das andere: Der Mensch steht nun einmal in einer sozialen und natürlichen Kontinuität, in Familie und Verwandtschaft, in Volk, Umwelt und Heimat. Der Mensch ist ein geschichtlich eingebundenes und politisch abhängiges Wesen, er steht in der Antinomie von geschichtlich-politischer Geworfenheit und geistig-autonomer Freiheit als seinem ureigensten Spannungsfeld der Bewährung. Geschichte weist viele Aspekte auf. Zu ihr gehört die geographische Gegebenheit als der bleibende Teil der Bühne, zu ihr gehört die politische Umwelt, aus deutscher Sicht also zumindest das europäische Umfeld, da nationale Begrenzungen längst nicht mehr ausreichen. Zur Geschichte gehören die wirtschaftlichen und sozialen Faktoren, gehört der geistige Werdegang eines Volkes und aller Völker, gehören die Ergebnisse der naturwissenschaftlichen Forschung, der technischen Entwicklung und der industriellen Anwendung. Zur Geschichte gehört vor allem aber die Einordnung der eigenen Nation in die weltpolitische Gesamtlage.

Wer in unserer Zeit über Geschichte nachdenkt und über Geschichte spricht, muß zwangsläufig in einem Punkt auf einen bedeutsamen Unterschied zu allen ähnlichen Überlegungen und Äußerungen in früheren Generationen, gar Jahrhunderten hinweisen: Die Generation, der ich angehöre, ist die erste, in deren zeitlichem Ablauf die Geschichte sich atemberaubend beschleunigt hat. Zeitliche Meßspannen werden relativ: Vom 2. bis zum 8. Jahrzehnt unseres Jahrhunderts sind mehr naturwissenschaftliche Erkenntnisse und technische Entwicklungen gewonnen und verwirklicht worden als in den Jahrtausenden vorher, gerechnet von den primitivsten Anfängen menschlichen Denkens bis in die schon außerordentlich hoch entwickelte Industriewelt zu Beginn des 20. Jahrhunderts. In 50 bis 60 Jahren ist es zu einer Verdoppelung des menschlichen Wissens gekommen. Diese Periode der Verdoppelung dürfte sich in ständig kürzer werdenden Abständen wiederholen. Aus diesem Beschleunigungsfaktor ergeben sich immer neue und andersgeartete Anforderungen an den Menschen im allgemeinen und an jene, die das Lebensumfeld des Menschen gestalten und bestimmen, an die Politiker, im besonderen.

Ein Ende dieser Entwicklung ist noch lange nicht abzusehen. Jedenfalls gibt es auf unserem Planeten so gut wie keine Grenzen mehr für die Nachrichtentechnik, für die Verkehrstechnik, aber auch für die Zerstörungstechnik. Das heißt beispielsweise, daß man von jedem Fleck der Erde bis in den letzten Winkel der Erde Nachrichten in Wort und Bild in Sekundenschnelle verbreiten kann, sofern die nötigen technischen Einrichtungen und ihr Bedienungspersonal vorhanden sind. Welche politischen und psychologischen Folgen hatte die Fernsehberichterstattung über den Krieg in Vietnam innerhalb der Vereinigten Staaten von Amerika und in der ganzen Welt! Und wie wenig nimmt man heute Kenntnis von den Vorgängen innerhalb Vietnams, in Laos und Kambodscha, seit die politischen Verhältnisse eine freie Berichterstattung oder gar eine für das dort herrschende Regime abträgliche Berichterstattung nicht mehr ermöglichen!

In unserer Jugend las man Zukunftsromane – im heutigen Sprachgebrauch »science fiction« – von Jules Verne – »In 80 Tagen um die Welt« – oder von Hans Dominik über Reisen zum Mond mit wohligem Schauer und in der Gewißheit, daß die eine Möglichkeit noch lange nicht und die andere nie Wirklichkeit werden würde. Die Reise um die Erde in wenigen Tagen mit Überschallflugzeugen ist längst kein technisches Problem mehr – und die Reise um die Erde innerhalb weniger Stunden, mit einer Transportrakete, auch nicht mehr auszuschließen. Und die Reise zum Mond ist längst Geschichte geworden.

Der Krieg als Mittel der Politik hat ganz andere Größenordnungen bekommen. Die Unbegrenztheit der Zerstörungsmittel malt eine andere Art der Apokalypse an die Wand. Andererseits wird der Griff zum Schwert immer schwieriger, es sitzt nicht mehr so locker in der Scheide. An die Stelle des »großen Krieges« treten Revolutionen, Bürgerkriege, subversive Operationen und »Befreiungskriege« in immer größerer Zahl. Die Mächtigen werden gelähmt, zum einen durch fehlenden innenpolitischen Spielraum, zum anderen durch die sittliche Wertordnung ihres politischen Weltbildes, zum dritten durch die Furcht vor unkalkulierbaren Folgen eines Rückgriffs auf die Gewalt. Gleichzeitig werden die Ruchlosen und die Wahnwitzigen immer frecher und treiben ihr schauriges Spiel am Rande des Abgrunds. Die Ereignisse zu Beginn der achtziger Jahre demonstrierten diese Entwicklung, wenn man Carter und Khomeini als Begriffspaar nimmt und ins Symbolische erhebt.

Alle politische Weisheit und alle politische Kunst stehen vor dem Hintergrund des Unglückscharakters des menschlichen Lebens und des Verhängnischarakters der Geschichte. Die Einsichten der vollkommensten Wissenschaft, die Errungenschaften der modernsten Technik, die Hilfen der umfassendsten Sozialpolitik können dem Menschen keine absolute Sicherheit gewähren. Auch aus dem Zusammenhang von geschichtlicher Erfahrung und politischer Weisheit kann nicht vollkommene Sicherheit, sondern nur ein Höchstmaß an Sicherheit gegen geschichtliche Katastrophen gewonnen werden.

Zu den politischen Gegensätzlichkeiten unserer Zeit gehört auch ganz besonders, daß auf der einen Seite die Vertreter einer ideologieverhafteten Politik stehen, auf der anderen Vertreter einer Politik aus geschichtlicher Erfahrung und aus geschichtlicher Verantwortung. Die Bereitschaft, zur Geschichte ja zu sagen, sie kennenzulernen und Lehren aus ihr zu ziehen, gehört zum Wesenselement eines konservativen Politikers, weil er nicht von einem dogmatischen Ideal, einer ideologisch untermauerten Utopie oder vom Glauben an einen vorherbestimmten Ablauf der Geschichte gelenkt wird, sondern auf der Grundlage seiner Weltanschauung und gebunden an eine überzeitliche Weltordnung befähigt ist, die Symbiose von geschichtlicher Erfahrung und sich wandelndem Weltbild ständig zu vollziehen. Denn Geschichte ist nicht Lehrmeisterin, das nächste Mal gerissener, sondern für immer weise zu sein. Oder, um mit Theodor Lessing zu reden: »Die Geschichte soll nicht das Gedächtnis beschweren, sondern den Verstand erleuchten.« Die Geschichte als Maß zu begreifen, an dem die Bewegung in die Zukunft gemessen wird, so hat es Jacob Burckhardt vor mehr als 100 Jahren formuliert – ein verzerrter ideologischer Blickwinkel macht es unmöglich, dieses Maß zu sehen. Hierzu bedarf es anderer Einsichten, im besten Sinne des Wortes konservativer Einsichten. Denn nicht der Konservative ist der Reaktionär unserer Zeit, sondern, wenn man den Gegenpol nehmen und nennen will, der Sozialist. Ein Konservativer des Jahres 1980 ist ein anderer als der Konservative des Jahres 1880, aber der Sozialist des Jahres 1980 ist der gleiche Sozialist wie jener des Jahres 1880. Sozialistisches Denken ist rückwärts gewandt, will mit Rezepten von gestern die Aufgaben von heute verstehen und so die Herausforderungen des Morgen bestehen – eine Kombination, die in die Irre führen muß. Sozialisten tragen ein im vergangenen Jahrhundert entstandenes ideologisches Weltbild vor sich her und sind dadurch nicht in der Lage, das tatsächliche Bild der Welt wahrzunehmen. Deshalb sind Sozialisten zu echter Wandlung und angemessener Weiterentwicklung unfähig. Darum bemüht sich auch sozialistische Bildungspolitik, die Jugend vom Geschichtsbewußtsein fernzuhalten und Geschichte durch sozialkritische Konfliktkunde zu ersetzen. So soll es leichter fallen, den unüberbrückbaren Unterschied zwischen Verheißung und Erfüllung, zwischen Versprechen und Wirklichkeit durch ideologische Nebelkerzen zu verschleiern.

Der Marxismus als Lehre entstand, bevor es die großen und umwälzenden wissenschaftlichen Erfindungen und technischen Entwicklungen gab mitsamt ihren epochalen Konsequenzen. Als der Marxismus entstand, gab es weder den Verbrennungsmotor, noch war die elektrische Energie im Einsatz, es gab weder die moderne Nachrichtentechnik noch die moderne Chemie; Kernspaltung und Kernverschmelzung, Luft- und Raumfahrt, Radartechnik und Kybernetik, elektronische Datenverarbeitung und Mikroprozessoren waren unbekannt. Keinem Zeitgenossen würde es einfallen, sich ein Haus von einem Architekten bauen zu lassen, der 1847, im Erscheinungsjahr des Kommunistischen Manifests, seine Ausbildung abgeschlossen hätte, kein Zeitgenosse würde sich auch von einem Chirurgen operieren lassen, der mit seinem Wissen und Können über den Stand von 1847 nicht hinausgekommen wäre!

Die Souveränität des Konservativen

Im Gegensatz zu der reaktionären Erstarrung des Marxismus hat sich der moderne Konservative gelöst von dem inneren Zwang, alles und jedes konservieren zu müssen. Er steht nicht unter einem ideologischen Druck, unkritisch und wahllos Vergangenes und Überholtes um jeden Preis in die Zukunft hinein bewahren zu müssen. Der Konservative hat die intellektuelle Souveränität, den sich ständig ergebenden technischen und sozialen Wandel zu erkennen und zu verarbeiten, er sucht sich aus Vergangenem und Gegenwärtigem das Bewahrenswerte kritisch wählend aus. »Was alt ist und gut, soll bleiben; was alt ist und gleichgültig, mag bleiben; was alt ist und schlecht, will ich stürzen, und wenn es tausend Jahre bestünde«, war ein Grundsatz von Bayerns wohl bedeutendstem König Ludwig I. Deshalb will der moderne Konservative die Welt nicht zerschlagen, um eine neue, bessere zu gestalten, sondern er nimmt sie, wie sie ist, und versucht das Beste aus ihr zu machen. Der moderne Konservative hängt auch nicht an allem, was gestern war, sondern er steht für ein Leben aus dem, was immer gilt, wenn ich sinngemäß Ernst Jünger zitieren darf.

Ideologische Scheuklappen, wie sie zum Wesen eines zwangsläufig rückwärts gewandten Sozialismus als muffiger Denkart eines vergangenen Jahrhunderts gehören, verhindern, das zu tun, was im Gegensatz dazu den Konservativen auszeichnet: Dieser ist fähig, den dynamischen Gesamtprozeß von Zeit und Geschichte zu begreifen und zu bewältigen. Der Konservative verharrt nicht in steriler Unbeweglichkeit, er hat sich vom statischen Denken gelöst, hat die Herausforderung der Zukunft auf dem Boden der Gegenwart und im Verständnis der Vergangenheit angenommen. Hierzu kommt, daß sich das frühere Gegensatzpaar konservativ-liberal nicht nur aufgelöst hat, sondern daß dieses Begriffspaar heute die zwei Seiten ein- und derselben geistigen, menschlichen und politischen Verhaltens- und Denkweise darstellt. Ein echter Konservativer ist liberal, ein echter Liberaler ist konservativ. Nur der moderne Konservative ist mit der geistigen Weite der Liberalität für Neues empfänglich und zu Neuem fähig. Nur dieser Zusammenklang von modern-konservativ und echt-liberal ergibt die geistige Weite für ein wesentliches Kriterium politischen Handelns: für die Fähigkeit, zwischen besser und anders sowie zwischen gut und neu unterscheiden zu können.

In diese Zusammenhänge ist die Frage nach Sinn und Nutzen der Geschichte für den Menschen und für die Politik zu stellen. Geschichtsverständnis und Geschichtsbewußtsein habe ich stets als eine Kernfrage unseres Gemeinschaftslebens überhaupt angesehen. Immer wieder habe ich von der Notwendigkeit gesprochen und alle politisch Handelnden beschworen, in geschichtlichen Maßstäben zu denken. Kein Mensch und kein Volk kann seiner Geschichte davonlaufen. Wer aus der Geschichte emigrieren will, wird von ihr eingeholt, im Falle der Katastrophe auch erschlagen werden. Man kann deshalb die eigene Geschichte auch nicht einfach bewältigen, wie man etwa eine schwierige Mathematikaufgabe bewältigt. Die Geschichte ist keine Summe von Rechenexempeln oder moralischen Lehrstücken. Sie zeigt immer nur im Guten wie im Bösen – bis hin zum satanisch Zerstörerischen – die Möglichkeiten, die der Mensch in all seiner Gebrochenheit, Verführbarkeit und Angefochtenheit besitzt. Der Geschichte wohnt eben ein gewisser Verhängnischarakter inne, dessen Vorliegen in der Vergangenheit so wenig geleugnet wie für die Zukunft ausgeschlossen werden kann.

Hier kann man nur mit Besorgnis das Wetterleuchten beobachten, das zu Beginn der achtziger Jahre unseres Jahrhunderts die Krisenherde der Weltpolitik in grelles und bedrohliches Licht taucht.

Fehlende geschichtliche Kenntnisse und mangelndes geschichtliches Bewußtsein, von den sozialistischen Kräften betrieben und von den freiheitlichen Kräften beklagt, sind kein zufälliges Ergebnis gesellschaftlicher Entwicklungen. Sie sind weithin gezieltes Produkt, und sozialistisch indoktrinierte Schulen sind die Produktionsstätten. Mittlerweile habe ich Gesellschaft von vielen Seiten bekommen – aber jahrelang stand ich in der politischen Landschaft der Bundesrepublik Deutschland weitgehend einsam, als ich immer wieder dafür eintrat, unseren Kindern geschichtliches Wissen und geschichtliche Zusammenhänge zu vermitteln. Gerade die nachwachsende Generation muß wissen, daß nicht – wie es sozialistische Einseitigkeit sehen will – Konflikte allein die Wahrheit der Geschichte sind, sie muß Geschichte als Ganzes sehen, sie muß die Geschichte ihres Volkes einordnen können in den europäischen, in den Weltzusammenhang.

Warum Marxisten gegen Geschichte sind

Ich bin ein leidenschaftlicher Gegner von Geschichtsklitterungen, im Positiven wie im Negativen. Warum denn wollen die Marxisten die Geschichte, den Geschichtsunterricht abschaffen und durch »Gesellschaftskunde« ersetzen? Weil der Marxismus vor der sondierenden Urteilskraft der Geschichte nicht bestehen kann, weil er weder eine Geschichtslehre ist, die tragfähig ist, noch eine ökonomische Lehre, die einen Schuß Pulver wert ist. Auch als soziologische Disziplin mag der Marxismus bestenfalls noch gewissen Denkkategorien aus der ersten Hälfte des 19. Jahrhunderts entsprechen, keinesfalls aber modernen Maßstäben. Da also der geschichtlich Kundige und Wissende den Marxismus als längst widerlegte, in Theorie und noch augenfälliger in der Praxis widerlegte Ideologie erkennen muß, brauchen die reaktionären Nachfahren des Karl Marx im schillernden Mantel eines vieldeutigen Sozialismus den Hintergrund geschichtlicher Un-, Halb- und Verbildung, um bei ihren politischen Verführungskünsten Erfolg zu haben, um hinter der falschen Flagge vermeintlichen Fortschritts den Marsch in den Rückschritt formieren zu können.

Auch wenn manche Anzeichen der Besserung nicht zu übersehen sind, es bedarf noch harter Arbeit, Rang und Bedeutung der Geschichte für den einzelnen wie für die Politik wieder verständlich zu machen. Der Historiker Theodor Schieder schrieb dazu in einem Aufsatz mit dem Titel »Vom Sinn der Geschichte«: »Man scheint nicht den Geist der Zeit für sich zu haben, wenn man ein Plädoyer für Geschichte hält. Vielmehr stehen überall die Warner, die Kritiker, ja die offenen Gegner auf, die der Geschichte nicht nur ihren Bildungswert abstreiten, sondern in ihr geradezu die große Verweigerung fortschrittlichen Denkens und fortschrittlicher Lebensgestaltung sehen, gleich was man nun darunter versteht. Dieser antihistorische Affekt, der im gegenwärtigen Zeitbewußtsein eine überall erkennbare wirksame Kraft darstellt, ist nun keine simple und aus einheitlichen Wurzeln erwachsene Erscheinung, sondern ein vielgestaltiges Phänomen, das sich auf verschiedene Motive zurückführen läßt und auch in sehr verschiedenen Formen auftritt.« Dabei ist sich die ernsthafte Geschichtswissenschaft einig über die Notwendigkeit eines geschichtlichen Bewußtseins. Nur wer weiß, woher er kommt, weiß, wo er steht und wohin er gehen will und gehen kann. Wer über den Einfall der Russen in Afghanistan überrascht und deshalb empört ist, beweist doch nur, daß er geschichtliches Denken nie gelernt oder abgelegt hat, um sich eine schönere Traumwelt aus dem Werkstoff der Entspannungsillusionen zu basteln.

Geschichte gäbe uns – um noch einmal Schieder zu zitieren – die Möglichkeit, unsere eigene Zeit nach dem Maße des Menschen zu messen: »Sie liefert das ungeheure, alle Zeiten umfassende Erfahrungsmaterial für den Nachweis alles dessen, was der Mensch zu leisten vermag, wieviel von ihm erwartet werden kann und was seine Kraft übersteigt. Sie kann ein Heilmittel gegen mutlose Resignation sein angesichts der Beispiele der Unermüdlichkeit menschlicher Bemühungen und menschlichen Strebens, die die Menschheitsgeschichte bietet. Sie bleibt aber auch gegenüber utopischen Hoffnungen auf eine vollkommene Welt eine heilsame Macht der kritischen Skepsis, indem sie den Menschen daran erinnert, daß er sich niemals aus der Wirklichkeit der Geschichte in die reine Utopie flüchten kann. Dies bedeutet aber auch, Verzicht zu leisten auf jede Art von Vergangenheitsutopie: die Welt in der Vergangenheit war kein Paradies, kein goldenes Zeitalter; weder zurück in die Geschichte noch vorwärts in die Zukunft kann die Flucht angetreten werden. Nicht nur als bewahrende Kraft der Kontinuität, sondern in erster Linie als Wandel, als Bewegung, läßt sich die Geschichte verstehen. Damit ist sie für uns ein Orientierungsmittel für die bewegenden Kräfte geworden, die aus der Vergangenheit in unsere Gegenwart herüberreichen, ein Kompaß, mit dem wir den Weg aus dem Gestern in ein Morgen zu finden suchen.«

Die Geschichte als Kompaß: dazu ist notwendig, wenn man keine Mißweisung auftreten lassen will, die Geschichte als Ganzes, als Unteilbares zu sehen und zu verstehen. Gerade wenn Geschichte als prinzipielle Orientierungshilfe für die Politik dienlich sein soll, muß die ganze geschichtliche Wahrheit gesehen werden. Vor allem aus der geschichtlichen Situation Deutschlands heraus muß dies gesagt werden. Geschichte muß sich gegen jede Einseitigkeit wenden, die in aller Regel nur dazu gedacht ist, sie als Waffe im politischen Kampf der Gegenwart einzusetzen. Die Forderung nach der ganzen geschichtlichen Wahrheit schließt selbstverständlich ein, daß kein Kapitel der deutschen Geschichte, und sei es noch so düster, verschwiegen wird. Ich bin der entschiedenste Feind jeder Einseitigkeit – das heißt aber auch, daß ich gegen eine einseitige Geschichtsdarstellung bin, die eindeutig und allein zu Lasten des deutschen Volkes, seiner Lebensrechte, seiner geschichtlichen Würde und seiner zukünftigen Daseinsansprüche geht. »Geschichte ist ihrer Natur nach universell«, sagte Leopold von Ranke.

Deutsche politische Führung hat im Laufe der Jahrhunderte – und im Laufe der von meiner Generation erlebten Jahrzehnte – Versäumnisse, Fehler und auch Verbrechen begangen. Daraus aber den Rückschluß zu ziehen, daß solches nur und ausschließlich den Deutschen anzulasten sei, ist eine unzulässige historische Verengung. Nicht nur, daß wir im freien Teil Deutschlands, die Bürger und die Politiker dieses Landes, faktisch, moralisch und politisch wiedergutzumachen versuchten, was nur irgendwie in menschlicher Unvollkommenheit gutzumachen ist – wir haben vor allem mit dem Auf- und Ausbau einer funktionierenden und stabilen Demokratie praktische Konsequenzen aus der Lehre unserer Geschichte gezogen. Wir tragen an dem, was im deutschen Namen verschuldet wurde. Die historische Wahrheit aber erlaubt es nicht nur, sie gebietet es zu sagen: Auch andere haben Versäumnisse begangen, auch andere haben Fehler gemacht – und auch an dem deutschen Volk und seinen

Verbündeten sind während des Krieges und nach dem Kriege Verbrechen in großer Zahl und Scheußlichkeit begangen worden.

Hier muß an das Schicksal von 12 Millionen vertriebenen Deutschen erinnert werden, hier muß die geschichtliche Leistung der Eingliederung gewürdigt, hier muß für den Beitrag zum wirtschaftlichen, sozialen und politischen Aufbau, den die Vertriebenen geleistet haben, gedankt werden. Die Rechnung Stalins ist nicht aufgegangen. Die Millionen vertriebener, entwurzelter, verarmter, gedemütigter Deutscher aus dem Osten sind nicht der weltgeschichtliche Sprengstoff geworden, dessen Explosion ganz Deutschland und damit schließlich ganz Europa in die soziale und politische Revolution treiben und damit zur leichten Beute des Kommunismus hätte machen sollen. Die Flüchtlinge und Heimatvertriebenen sind aber auch nicht zur geheimen Reservearmee eines neuen deutschen Nationalismus oder zur Speerspitze einer neuen antidemokratischen totalitären Bewegung in Deutschland geworden.

Ehrliche Geschichtsbetrachtung – und dies ist nicht nur ein Appell an die historische Wissenschaft in der Bundesrepublik Deutschland, sondern auch in anderen Ländern – darf nicht zurechtgebogene Einseitigkeiten schaffen und zu Knüppeln politischer Propaganda degradieren. So ist es beispielsweise eine grobe sowjetische Geschichtsfälschung, zu behaupten, daß die Teilung Europas und die Spaltung Deutschlands nichts anderes seien als das »natürliche Ergebnis« des Zweiten Weltkrieges und der durch ihn geschaffenen »Realitäten«, ganz abgesehen davon, daß der von Ribbentrop und Molotow unterschriebene Hitler-Stalin-Pakt einen letzten Anstoß zum Ausbruch des Weltkrieges bedeutete – auch das gehört zur ganzen geschichtlichen Wahrheit. Ich habe nie einen Zweifel daran gelassen, daß ich für die Schuldigen am Ausbruch des Zweiten Weltkrieges diejenigen gehalten habe, die damals den Namen Deutschlands für sich und ihre unsinnigen und verbrecherischen Ziele mißbraucht haben. Hitler und die Kriegstreiber um ihn mußten wissen, daß es nicht möglich ist, einen begrenzten Krieg gegen Polen zu führen, ohne die Ausweitung auf einen europäischen Krieg und seine Ausdehnung zu einem Weltkrieg zu bewirken.

Aber das deutsche Volk hat gelitten, hat gebüßt, hat Wiedergutmachung geleistet und ist bereit, das auch weiterhin zu tun. Nur kann und darf deutsche Politik nicht bereit sein, mit der Freiheit der Menschen und mit der Einheit unseres Landes zu bezahlen, denn das ist uns von Verfassung und Völkerrecht her nicht erlaubt. Wer das Unrecht, das im Namen deutscher Politik begangen worden ist, wiedergutmachen will – und das ist ein historischer Prozeß –, der kann es nicht dadurch tun, daß er nun seinerseits anderen hilft, das Selbstbestimmungsrecht, menschliche Freiheit und Würde von Panzerketten oder Knobelbechern zermalmen zu helfen. Wer vorher, während oder danach zu Hitler nein gesagt hat, der muß auch mit gleicher Entschiedenheit nein zum Kommunismus sagen, weil er dieselbe kollektivistische, unfreiheitliche und gewaltsame Geisteshaltung vertritt.

Wir können nur – und dies gehört ebenso zu meinem Verständnis von Geschichte, wie es Moral, intellektuelle Ehrlichkeit und nationale Selbstachtung von uns fordern – offen, schonungslos und mit der gebotenen wissenschaftlichen Genauigkeit uns darum bemühen, auch die dunklen, die verhängnisvollen Zeiten unserer Geschichte unverkürzt und unverstellt darzustellen. Kein Jota deutscher Schuld und deutschen Versagens kann oder darf weggeredet oder beschönigt werden.

Aber ich hielte es für verhängnisvoll, wenn sich deutsches Geschichtsverständnis und -bewußtsein vorrangig oder gar ausschließlich auf die Auseinandersetzung mit dem Dritten Reich und dem Nationalsozialismus beschränken würden. Es wäre menschlich unzumutbar, moralisch unerträglich und politisch für das deutsche Volk wie für alle europäischen Völker verderblich, wenn es zu dieser einseitigen Verzerrung des geschichtlichen Blickwinkels käme.

Die Deutschen würden nicht nur unfähig, in geschichtlichen Zusammenhängen zu denken. Sie wären auf Generationen hinaus moralisch und politisch erpreßbar. Dazu kommt:

Die Illusion, das weltgeschichtlich Böse sei gewissermaßen in Nationalsozialismus und Faschismus ein für allemal dingfest gemacht worden, macht unfähig zur echten Auseinandersetzung mit den gegenwärtigen freiheitsbedrohenden und menschenverachtenden Ideologien, deren gefährlichste in unseren Tagen ohne Zweifel der totalitäre Marxismus ist. Ich erinnere nur an ein Wort des großen alten Mannes freiheitlicher politischer Theorie, des Nobelpreisträgers Friedrich August von Hayek, der in seinem Buch »Der Weg zur Knechtschaft« schon während des Zweiten Weltkrieges schrieb: »Sozialismus und Nationalsozialismus standen in Deutschland von Anfang an in enger Verbindung. Bezeichnenderweise sind die wichtigsten Vorläufer des Nationalsozialismus – Fichte, Rodbertus und Lasalle – gleichzeitig anerkannte Ahnen des Sozialismus.«

Gegen Verengung und Einseitigkeit

Gerade um der Verengung und der Einseitigkeit entgegenzutreten, muß ein deutscher Politiker, der sich seiner geschichtlichen Verantwortung bewußt ist, den Blick zurückwenden auf jene Jahre der jüngsten Vergangenheit, deren Ablauf von anderen bewußt zum politischen Werkzeug für heute umgefälscht werden soll. »Über Geschichte kann niemand urteilen, als wer an sich selbst Geschichte erlebt hat. So geht es ganzen Nationen«, sagte Goethe in seinen Maximen und Reflexionen. Am 1. September 1939 hatte der Zweite Weltkrieg mit dem Einmarsch der Deutschen Wehrmacht in Polen begonnen. Nur 20 Jahre hatte der Friede von Versailles gehalten.

War der Ablauf von 1914 bis 1945 unabwendbares Schicksal, oder lassen sich Ursachen und Wirkungen erkennen? Das Ergebnis ist klar: 1914 begann mit dem Ersten Weltkrieg der Abstieg Europas von der glanzvollen Höhe seiner politischen, militärischen, wirtschaftlichen, kulturellen Spitzenstellung. Er erreichte seinen tragischen Tiefstpunkt mit dem Ausgang des Zweiten Weltkrieges, als Ende April 1945 bei

Torgau an der Elbe sich amerikanische und russische Truppen die Hand reichten.

Am 1. August 1914 sagte der damalige englische Außenminister Sir Edward Grey: »In Europa gehen die Lichter aus. Wir werden sie in unserem Leben nicht mehr leuchten sehen.« Im Mai 1945 stellte sich die Frage, ob die Geschichte Deutschlands und mit ihr die Geschichte Europas nicht ihr Ende erreicht habe, ob Europa ein Verschiebebahnhof der machtpolitischen Interessen nichteuropäischer Großmächte geworden war, ein blutender, brennender, rauchender, hungernder, verzweifelter Kontinent, der sein Selbstbestimmungsrecht verloren und seine Zukunft in die Hände der Amerikaner und Russen gelegt zu haben schien.

Die Frage, was dieser Ablauf für Bismarcks Schöpfung, das Deutsche Reich von 1871, bedeutet, ist nicht nur für die deutsche, sondern für die ganze europäische, ja für die Weltgeschichte von Bedeutung. Jene Deutung, daß die obrigkeitsstaatliche Struktur des Deutschen Reiches, das Versagen des Bürgertums, die Schuld der »Rechten«, die Schwäche des Liberalismus, seine mangelnde Zusammenarbeit mit der Arbeiterbewegung, der administrative Zwang gegen die Sozialdemokratie durch die Sozialistengesetze diesen Ablauf zwangsläufig herbeigeführt haben, ist eine entweder auf Unwissenheit oder auf Absicht beruhende Geschichtsklitterung. Sie entspricht einem vorgezeichneten Feindbild, verrät eine Schwarz-Weiß-Denkweise und stellt wahrscheinlich auch eine Alibitheorie dar, die auf gewissen Zwangsvorstellungen beruht. Ihre Anhänger glauben, in den Konservativen, die sie irrtümlich mit der politischen Rechten schlechthin gleichsetzen, den Bösewicht der deutschen Geschichte ausfindig gemacht zu haben, der für alle Fehler, Versäumnisse, auch Verbrechen der deutschen Geschichte verantwortlich gemacht werden könne. Das ist ebenso unsinnig wie ungeschichtlich.

Es ist müßiger Zeitvertreib, heute über Ernst Moritz Arndts Vaterlandsbegriff »So weit die deutsche Zunge reicht« sich überheblich und hintersinnig zu verbreiten. Die Deutschen hatten Napoleons Herrschaft nicht nur als äußere Knechtschaft mit harten Lasten, sondern auch als innenpolitische Unterdrückung kennengelernt und erlebten zum ersten Mal »die Nation«. Aber der Wiener Kongreß führte nicht zum deutschen Nationalstaat, für den die Zeit nicht reif war, sondern zum klassischen Staatensystem der Pentarchie, der Herrschaft der Fünf in Europa, einer ausgeklügelten Gleichgewichtskonstruktion. Sie entsprach der Statik der machtpolitischen Gesetze, wie sie sich aus der Geschichte Europas nach dem Mittelalter ergeben hatte, und stand natürlich im Widerspruch zu den liberalen und nationalen Ideen, die sich um ein großes deutsches Vaterland bewegten. Das Europa des 19. Jahrhunderts war beherrscht von dem Staatensystem der fünf Mächte: England, Frankreich, Preußen (später Deutsches Reich), Österreich/Ungarn, Rußland.

Die Tragik der Deutschen war ihre Mittellage in Europa. England war auf der Seite Preußens gegen Frankreich zu Beginn des Krieges von 1870/71, es war auf der Seite Frankreichs zum Ende des Krieges, als die Deutschen den Krieg gewonnen hatten und das deutsche Kaiserreich proklamiert wurde. Bismarck wußte, daß er das Reich den widerstrebenden Nachbarn sozusagen aus den Zähnen ziehen mußte. Die Haltung Preußens beim polnischen Aufstand 1863, der siegreiche Feldzug gegen Dänemark, der noch ein Unternehmen des Deutschen Bundes gewesen war, die Mäßigung Bismarcks gegenüber dem besiegten Österreich 1866/67, das gerissene Spiel mit der »Emser Depesche« gegen den französischen Usurpator Napoleon III. sind die aus Zielsetzung und Zufallsnutzung sich ergebenden Stationen des Weges zur Kaiserproklamation von Versailles. Der deutsche Bund von 1815 konnte genauso wenig deutscher Nationalstaat werden wie das Frankfurter Paulskirchen-Parlament 1848/49 es vermochte – mit seinen romantischen Vorstellungen und Plänen vom Reichsverweser in Gestalt des Habsburger Erzherzogs Johann und seinem Scheinkabinett bis hin zur wirklichkeitsfremden Offerte an den preußischen König Friedrich Wilhelm IV., die Kaiserkrone einer deutschen Erbmonarchie anzunehmen, die Wirklichkeit des monarchischen Staatensystems zu beseitigen. In diesem Parlament saßen die Träger großer Namen wie Grimm, Arndt, Jahn, Uhland. Sie zeigten guten Willen und Begeisterung, aber sie standen der Wirklichkeit fern.

Deutsche Geschichte nicht nur Untaten, Fehler und Versäumnisse

Es ist abwegig, es ist einfach eine Geschichtsfälschung, die deutsche Geschichte jener Zeit nur als endlose Kette von Fehlern und Versäumnissen zu sehen, begangen von den monarchischen Machthabern und ihren Dienern, bejubelt vom versagenden Bürgertum, bekämpft nur von der Arbeiterbewegung und ihren Führern. Es ist auch nicht richtig, daß sie zu einer steigenden Entfremdung gegenüber dem westlichen Ausland führte, das die deutsche Entwicklung nur mit Schaudern zur Kenntnis genommen habe. Diese Darstellungen passen besser in ein Geschichtsbuch der DDR. Auch die französische Geschichte des 19. Jahrhunderts weist kriegslüsterne Perioden auf, wie unter Napoleon III., und die Behandlung der Iren gehört auch nicht zu den lichtvollen Ruhmesseiten der englischen Geschichte jener Zeit.

Immerhin scheint Bismarck in späterer Zeit begriffen zu haben, daß er zumindest mit der vom Generalstab erzwungenen Abtretung des Elsaß, vor allem aber Lothringens, zu weit gegangen war. Er wußte, daß die Zukunft des Deutschen Reiches mit seinen militärgeographisch ungünstigen Grenzen nicht auf Gebietserweiterungen oder Hegemonialpolitik abgestellt werden konnte, auch nicht auf große Kolonial- und Flottenpolitik. Das politisch-militärische Problem des Bismarck-Reiches bestand in der doppelten Fragestellung: Wie kann eine Ost-West-Koalition, ein Bündnis Rußlands und Frankreichs, verhindert werden – sein berühmter »cauchemar des coalitions«? Wie kann andererseits das Deutsche Reich militärisch stark genug werden, einen Zweifrontenkrieg zu bestehen, ohne durch die dafür notwendige

Rüstung ein solches Bündnis geradezu heraufzubeschwören? Bismarck war sich nicht im unklaren darüber, daß ein verlorener Krieg die Ost-West-Sieger in die Versuchung führen und in die Lage versetzen würde, den unbequemen Eindringling in die Familie der Großmächte in Gestalt des Deutschen Reiches der Mitte wieder in seine Bestandteile zu zerlegen. Denn Preußen war eine überschaubare, als Bundesgenosse wertvolle, als Gegner ernstzunehmende Macht gewesen, aber es hatte nicht die Größe, als Hegemonialmacht aufzutreten. Das Deutsche Reich hatte diese Größenordnung überschritten. Deshalb glaubte Bismarck auch, es sei seine oberste politische Aufgabe, die widerstrebenden Nachbarn mit der Tatsache des Deutschen Reiches zu versöhnen.

Zu dieser meiner Bewertung der Politik Bismarcks darf ich, um keinen Zweifel aufkommen zu lassen, ein persönliches Wort einfügen: Meine Vorfahren, einschließlich meiner Eltern, waren weder Anhänger Bismarcks, noch standen sie der Alldeutschen Bewegung nahe, noch hegten sie freundliche Gefühle für Preußen. Sie waren dem Hause Wittelsbach verbunden, traditionstreue bayerische Bürger und strenge Katholiken, Kleinbauern und Handwerker, einfache Leute.

Die Nachfolger Bismarcks haben das schwierige Spiel seiner Bündnisdiplomatie weder verstanden noch beherrscht, also auch nicht fortgesetzt. Ohne Zweifel haben das Säbelrasseln Wilhelms II., seine undiplomatische Instinktlosigkeit, das eindeutige Übergewicht des militärischen Denkens und seiner Träger, die Unfähigkeit der Nachfolger Bismarcks im Amt des Reichskanzlers den Ausbruch des Ersten Weltkrieges psychologisch und praktisch erleichtert. Man kann aber an den Tatsachen auch dann nicht vorbeigehen, wenn sie nicht ins Vorurteil passen.

Mit Recht bringt man den Ausbruch des Ersten Weltkrieges mit dem Attentat von Sarajewo am 28. Juni 1914 in Verbindung, als der österreichisch-ungarische Thronfolger Erzherzog Franz Ferdinand mit seiner Frau von einem serbischen Nationalisten erschossen wurde. Aber wie alle großen Kriege hatte auch der Erste Weltkrieg eine lange Vorlaufzeit.

Die Zeitgenossen merken meistens nicht oder wollen es nicht merken, wenn die Entwicklungen und Ereignisse einem großen Krieg zutreiben. Die einen sind blind und denken, daß nicht sein kann, was nicht sein darf. Die anderen sind verblendet, zum Teil aus nationalistischer Borniertheit, und klatschen noch Beifall, wenn die Dinge sich Mars zuwenden. Die meisten leben vor sich hin, von den Politikern durch schöne und beruhigende Redensarten beschwichtigt, zu immer mehr Ansprüchen vor den Wahlen ermuntert, aber ja nicht zu Opfern für die Erhaltung des Friedens aufgefordert. Manche warnen, aber mit wenig Gehör – wie Churchill vor dem Zweiten Weltkrieg –, ja sogar noch beschimpft und verlästert, als ob sie das wollten, wovor sie warnen. Es hat noch immer lange vor dem sichtbaren Anlaß und dem äußeren Ausbruch eines Krieges einen Bruchpunkt im Ablauf der Geschichte gegeben, von dem aus die Entwicklung auf einen Krieg zutrieb. Aber auch diese Entwicklung war nicht schicksalhaft, d.h. nicht unaufhaltbar, es hätte immer noch Möglichkeiten gegeben, durch Vermeidung von Fehlern und Versäumnissen das Unheil zu verhindern. So war es auch in der Vorgeschichte des Ersten Weltkrieges. Nur hat niemand den Bruchpunkt gesehen, niemand hat den Marsch ins Unheil abgebrochen.

Hätte der Erste Weltkrieg verhindert werden können?

Auch nach dem 28. Juni 1914 hätte der große Krieg noch verhindert werden können. Aber auch damals ging ein törichtes stumpfsinniges Schlagwort um: So geht es nicht mehr weiter, es muß anders werden! Ein Schlagwort, das häufig dazu dient, erträgliche und sicherlich noch verbesserungsfähige Lebensverhältnisse der Menschen und durchaus erhaltungsfähige Beziehungen zwischen den Staaten mit dem Schwerte ändern zu wollen.

Noch immer hat es vor einem Kriege weniger und leichter lösbare Probleme gegeben als nachher. Das gilt für beide

Weltkriege. Der serbische Nationalismus hatte die von innen her bedrohte, durch das Selbständigkeitsstreben der Nationalitäten gefährdete österreichisch-ungarische Monarchie herausgefordert. Wien glaubte, den Zusammenhalt des Reiches und die Wiederherstellung seiner Ehre nur durch einen Krieg sichern zu können. Es ging in seinen Forderungen an Serbien, das seinerseits die Unterstützung Rußlands zu verzeichnen hatte, zu weit, es überzog den Bogen. Berlin beging eine riesige Torheit, als es der Wiener Politik freie Hand gab, sie noch ermunterte und volle Unterstützung in jedem Fall zusicherte. Die Kriegspartei in Petersburg witterte Morgenluft, Paris, zwischen Kriegsangst und Hoffnung auf Rückgewinn von Elsaß-Lothringen, sagte Bündnistreue zu, und England hielt sich zu lange abseits, um Berlin wissen zu lassen, wo die Grenzen für Krieg und Frieden für die englische Politik liegen würden. Das Unheil nahm seinen Lauf. Es ist deshalb Unsinn, die Dinge so darzustellen, wie dies von Tendenzschreibern geschieht, als ob nur die Großmannssucht Kaiser Wilhelms, das deutsche Bürgertum der Rechten entgegen den Warnungen und den Widerständen der Sozialisten, die Alldeutschen mit ihren Kriegszielen Deutschland in den Ersten Weltkrieg geführt hätten. Berlin trug Mitschuld, das Schwert saß zu locker in der Scheide, der brausende Kampfruf von der »Wacht am Rhein« ersetzte den kühlen, nüchternen Verstand.

Hätten damals an der Spitze Rußlands, Deutschlands, Frankreichs, Englands wirkliche Staatsmänner gestanden, dieser Krieg wäre trotz allem nicht gekommen. Es gehört aber auch zur geschichtlichen Wahrheit, daß Deutschland militärisch geschlagen und nicht »im Felde unbesiegt, von der Heimat verraten« wurde. Die anderen waren stärker, die Fronten brachen zusammen, zuerst bei den Verbündeten, dann auch bei den Deutschen. Diese Dolchstoßlegende hat die Innenpolitik der Weimarer Republik vergiftet, hat zu den Fememorden rechtsradikaler Nationalisten geführt, hat ein nationalistisches Klima erzeugt, das nicht nur bei der deutschen Rechten angesiedelt war.

Ist nicht die Dolchstoßlegende vergleichbar mit der Versäumnislegende in den Anfangsjahren der Bundesrepublik Deutschland, Adenauer habe durch seine Westpolitik, durch den Aufbau der Bundeswehr und durch die Ablehnung sowjetischer Angebote die Spaltung herbeigeführt? Wer das behauptet, kann kaum lesen, geschweige denn denken. Der Sinn der sowjetischen »Angebote« war es, die Bundesrepublik Deutschland vom Anschluß an den Westen fernzuhalten, als »Niemandsland« zu erhalten, aber doch nicht auf der Grundlage demokratischer Wahlen die Wiederherstellung eines – wenn auch neutralisierten – schwach bewaffneten deutschen Staates innerhalb der Grenzen der vier Besatzungszonen einzuleiten. Diese Versäumnislegende hat die Innenpolitik über lange Zeit vergiftet, sie tut es heute noch. Wer aber die Dolchstoßlegende in der Weimarer Republik verdammt, der ist nicht glaubwürdig, wenn er die Versäumnislegende aus der Zeit nach 1945 aufrechterhält.

Die Niederlage 1918 beschleunigte den Weg vom monarchistischen Obrigkeitsstaat zur parlamentarischen Demokratie. Aber es ist keine Rechtfertigung des wilhelminischen Systems, wenn man sagt, daß der Erste Weltkrieg und sein Ausgang ein zu hoher Preis für dieses Ergebnis waren, das nämlich auch ohne Krieg und Niederlage, wenn auch etwas später, eingetreten wäre. Man soll die Darstellung des Ablaufs der Geschichte von ideologisch infizierten Legenden freihalten, daß etwa das deutsche Bürgertum die Freiheit an den Militarismus verkauft, sich kritiklos Bismarck und Wilhelm II. unterworfen, das Militär benutzt habe, um seine Privilegien aus der Ausbeuterklasse gegen die Forderungen der Sozialdemokratie zu verteidigen, während die Arbeiterklasse, selbstverständlich vertreten durch die sozialdemokratischen Führer, mutig, aber alleingelassen gegen den preußischen Militarismus und den heraufziehenden Krieg sowie für die politische und soziale Demokratie gekämpft habe. Allein mit Kasernenhofdrill und obrigkeitsstaatlicher Unterdrückung lassen sich die Leistungen, Leiden und Opfer des Deutschen Heeres und der Deutschen Wehrmacht nicht erklären.

Legenden haben ein zähes Leben, aber sie werden durch Langlebigkeit nicht wahrer. Wer diese Legenden pflegt, der leugnet den nationalen Konsensus, der im Jahre 1914 durch das deutsche Volk ging – sicherlich von den nationalistischen Schreiern und Hetzern mißbraucht. Aber diese Schwarz-Weiß-Malerei, diese Teufel-Engel-Phraseologie entspricht einfach nicht dem wirklichen Ablauf, genausowenig wie man aus den törichten Kriegszielen der Sieg-Frieden-Politiker darauf schließen darf, daß Berlin 1914 den Ersten Weltkrieg bewußt herbeigeführt habe. Es hat nichts getan, ihn zu verhindern, hat keine sich bietende Gelegenheit benützt, das Gefährt vor dem Abgrund anzuhalten. Es hat durch fehlerhafte Handlungen und Versäumnisse dazu beigetragen, daß das Unheil seinen Lauf nahm.

Falsch ist es aber auch zu sagen, daß sich nach dem Ersten Weltkrieg die Rechte schlechthin vor der Verantwortung gedrückt habe. Unverantwortlich waren diejenigen, die eine Fortsetzung des Krieges der Unterwerfung unter den Versailler Vertrag vorgezogen hätten und zur Fortsetzung des Krieges hetzten. Verantwortungsbereitschaft zeigten diejenigen, die sich zur Verfügung stellten, um das Chaos zu verhindern. Das Bündnis zwischen Ebert und Groener hat das Reich gerettet, als Hindenburg und Ludendorff nach ihren Durchhalteparolen keinen anderen Ausweg mehr sahen, als um schleunigen Abschluß eines Waffenstillstandes zu bitten, und marxistische Sozialisten und Spartakisten aus dem Deutschen Reich einen Rätestaat machen wollten.

Der Friedensvertrag 1919 brachte zwar das Ende des Krieges, aber nicht den Beginn eines gesicherten Friedens. Das von Präsident Wilson geforderte Selbstbestimmungsrecht war das Instrument der Auflösung der österreichisch-ungarischen Monarchie und der Amputation Deutschlands, aber es fand keine Anwendung auf die Deutschen selbst, in Oberschlesien, in Böhmen und Mähren, in Südtirol und anderswo. Als die Deutsch-Österreicher, ihrer nichtdeutschen Reichsteile ledig geworden, 1919 im Wiener Parlament einstimmig den Anschluß an das Deutsche Reich verlangten, wurde ihnen dies durch den Friedensvertrag verboten. Als Brüning und Curtius 1931 auf dem Höhepunkt der Weltwirtschaftskrise eine bloße Zollunion mit Österreich anstrebten, wurde ihnen mit einem Ultimatum gedroht. Als aber Hitler den Anschluß 1938 gewaltsam vollzog und damit einer nationalen Sehnsucht Erfüllung gab, die weit über die Reihen der Nationalsozialisten und Deutschnationalen zu beiden Seiten der Grenzen hinausging, begnügte man sich mit einem lahmen Protest und trug damit erheblich zum Entstehen des »Mythos Hitler« bei.

Als Hitler 1935 durch die Einführung der Wehrpflicht und andere militärische Maßnahmen ebenso wie 1936 durch den Einmarsch in die entmilitarisierten Zonen des Rheinlandes den Vertrag von Versailles wie einen Fetzen Papier zerriß, gab es so gut wie keine Reaktion von seiten der Sieger des Ersten Weltkrieges. Man braucht in diesem Zusammenhang nur an die blamablen Reisen des damaligen englischen Premierministers Chamberlain zu Hitler zu denken, die dem Diktator einen vollen persönlichen Erfolg mit dem Abkommen von München sicherten. Damals wurde die wahrscheinlich einzige Möglichkeit der Militäropposition zerstört, gegenüber dem Kriegskurs Hitlers in letzter Sekunde aktiv zu werden.

Gewisse Bestimmungen des Versailler Vertrages, so die unter Druck erzwungene Anerkennung der Alleinkriegsschuld durch das Deutsche Reich, die fast völlige Entwaffnung des Deutschen Reiches – und das in Verbindung mit den Vorgängen an der deutschen Ostgrenze –, die Weigerung, einem demokratischen Staatsmann wie Heinrich Brüning auf der Genfer Abrüstungskonferenz auch nur die geringste Konzession zu machen, haben die Atmosphäre vergiftet, den Glauben an die internationale Gerechtigkeit zerstört und das Werk der nationalistischen Hetzer und Demagogen erleichtert. Die wirtschaftlichen Bestimmungen dieses Vertrages, die verschiedenen Reparationspläne mit ihren unsinnigen Forderungen, die sich über mehrere Generationen erstreckten, trugen ihrerseits zur Weltwirtschaftskrise und zur Massenarbeitslosigkeit bei, aber vor allen Dingen auch dazu, daß sich diese im Deutschen Reiche besonders verheerend auswirkten. Auch das war Wasser auf die Mühlen der Prediger der kommunistischen Weltrevolution und der nationalsozialistischen Machtergreifung.

Hitler wäre nicht an die Macht gekommen ...

Hitler wäre nicht an die Macht gekommen, wenn nicht Weltwirtschaftskrise und Massenarbeitslosigkeit ihm die Millionen Wähler zugeführt hätten, die er zur Machtergreifung brauchte. Haben die Konservativen, hat das »Bürgertum« ihm diese Wählermassen gestellt? Diese Frage schlechterdings mit Nein zu beantworten ist falsch; sie mit Ja zu beantworten ginge an der Wahrheit vorbei. Hitlers Wählerschaft war eine bunte Auswahl, die aus allen politischen Richtungen sich eingefunden hatte. Alle politischen und soziologischen Gruppierungen waren vertreten. Sie reichten vom Strandgut des Ersten Weltkrieges über den verarmten Mittelstand bis in die Reihen des höheren Bürgertums. Die Schwungmasse aber kam von den verzweifelten Sozialisten, die der Linken in Massen davongelaufen waren.

Sebastian Haffner, der als »Stern«-Kolumnist nicht gerade zimperlich mit der CDU/CSU umging, schreibt in seinem bemerkenswerten Buch »Anmerkungen zu Hitler«: »Die einzigen innenpolitischen Gegner oder Konkurrenten, mit denen Hitler in den Jahren 1930 bis 1934 ernsthaft zu rechnen und zeitweise zu kämpfen hatte, waren die Konservativen. Die Liberalen, Zentrumsleute und Sozialdemokraten haben ihm nie im geringsten zu schaffen gemacht, ebensowenig die Kommunisten. Und dabei blieb es auch in den Jahren seiner unumschränkten Macht nach 1934. Aber die Konservativen mit ihren gut verschanzten Positionen in Heer, Diplomatie und Verwaltung blieben immer ein echtes politisches Problem für ihn.«

Darum ist es auch eine Zwecklegende zu sagen, daß Hitler der Testamentsvollstrecker und Erbe Bismarcks und Wilhelms II., die Erfüllung der Sehnsüchte des konservativen Bürgertums, der Gerichtsvollzieher der Rechten, das Instrument des Großkapitals, angetreten zum Kampf gegen die Sozialdemokraten als die angeblich einzigen Verfechter der sozialen und politischen Demokratie, gewesen sei. Man kann den Verhängnischarakter der Geschichte nicht schlechterdings leugnen. Wenn man aber fragt, ob Hitler zu vermeiden gewesen wäre, dann spielen die deutschen Sozialdemokraten in dieser Rechnung keine ruhmvolle Rolle. Man braucht nur daran zu denken, wie der sozialdemokratische Reichskanzler Hermann Müller von seiner eigenen Partei und Fraktion am 27. März 1930 aus nichtigen Gründen gestürzt worden war. Vielleicht hätte die einzige Möglichkeit, noch im Jahre 1932 Hitler zu verhindern, darin bestanden, ein Bündnis zwischen den Parteien der Mitte, zum Beispiel Sozialdemokraten und Zentrum, den Gewerkschaften und der Reichswehr zu bilden. Aber sicherlich wäre die deutsche Sozialdemokratie bei ihrer notorischen Militärfeindlichkeit gar nicht in der Lage gewesen, ein solches Bündnis einzugehen.

Es ist nicht anzunehmen, daß Hitler den Zweiten Weltkrieg gewollt hat. Aber er wollte einen siegreichen Eroberungskrieg im Osten, eine Unterwerfung des Westens und das große »1000jährige Reich« als größte Machtzusammenballung der Geschichte. Der ehemalige englische Außenminister und Premierminister Anthony Eden hat das richtig dargestellt, als er in seinen Memoiren sagte, Hitler habe nicht den Zweiten Weltkrieg gewollt, aber er habe Dinge getan, von denen er hätte wissen müssen, daß sie sich unaufhaltsam zum großen weltweiten Kriege auswachsen würden.

Gegen Klassengeschichtsschreibung

Eine ernsthafte Frage ist allerdings, ob Hitler wirklich den verhängnisvollen Marschbefehl gegen Polen gegeben hätte, wenn ihn nicht der am 23. August 1939 von Ribbentrop und Molotow unterzeichnete Pakt, der sogenannte Hitler-Stalin-Pakt, in dem Glauben bestärkt hätte, der Westen werde ruhig zusehen, weil die Gefahr eines Zweifrontenkrieges mit diesem Pakt nicht mehr gegeben war. Hitler vereinbarte wirtschaftliche und politische Zusammenarbeit mit Stalin im offenen Teil des Paktes, die vierte Teilung Polens und die Abgrenzung der Interessensphären in Osteuropa im geheimen Teil. Die Reaktion der sowjetischen Publizistik am 40. Jahrestag dieses Paktes ist keine überzeugende Argumentation für die Unvermeidlichkeit dieses Vertrages, sondern ein Dokument schlechten Gewissens. Denn dieser Pakt paßt nicht mehr in die heutige Legende. Das ist um so richtiger, weil die sowjetische Regierung unter Stalin nicht nur diesen Pakt abgeschlossen, sondern später Hitler zu seinen großen militärischen Erfolgen im Westen ihren Glückwunsch ausgesprochen hat.

Es ist Klassengeschichtsschreibung oder ideologisch getränkte Legende, wenn man von Bismarcks Aufstieg bis zu Hitlers Fall den roten Faden der deutschen Geschichte nachweisen will. Im November 1940 wollte Stalin einen größeren Teil der fälligen und noch zu erwartenden Beute einstreichen, als er bisher erreicht hatte. Deshalb kam Molotow nach Berlin und überreichte die Forderungen des sowjetischen Machthabers. Sie zielten auf das Baltikum, in den Balkan, auf die Dardanellen und in den Mittelmeerraum. Hitler lehnte ab. Das »Unternehmen Barbarossa«, der Angriff gegen Rußland, schon vorher als möglicher nächster Schritt ins Auge gefaßt, wurde im einzelnen vorbereitet. Es bleibt der Phantasie überlassen, sich auszumalen, was geschehen wäre, wenn Hitler Stalins Forderungen erfüllt, ihm den geforderten Teil der Beute bewilligt, auf den russischen Feldzug verzichtet, mit den Russen waffentechnisch und rüstungsindustriell zusammengearbeitet, vielleicht sogar die A-Bombe in den für Luftangriffe unerreichbaren Teilen Rußlands entwickelt und die geballte Kraft des »Großdeutschen Reiches« und der besetzten Gebiete auf die Kriegführung gegen England zusammengefaßt hätte. Die Antwort mag jeder sich selbst geben.

Es lag aber außerhalb der Natur Hitlers, in logischen Bahnen zu denken, selbst dann, wenn es um verbrecherische

Ziele ging. Darum war mit ihm auch kein Friede zu schließen. In Potsdam 1945 waren sich die Konferenzmächte über die Formulierungen einig – wie häufig –, aber nicht über die Ausfüllung dieser Formulierungen. Denn sie beschlossen, Deutschland innerhalb der Grenzen der vier Besatzungszonen als wirtschaftliche und verwaltungsmäßige Einheit zu behandeln. Als die Westmächte in mehreren Konferenzen an die Durchsetzung dieses Beschlusses gingen und seine Einhaltung anmahnen wollten, mußten sie zur Kenntnis nehmen, daß die Sowjets drei Bedingungen an die Erfüllung dieses Beschlusses knüpften: 1. Reparationen in Höhe von 10 Milliarden Dollar, 2. Beteiligung der Sowjetunion an der Kontrolle über Rhein und Ruhr, 3. Herstellung »demokratischer und friedliebender Verhältnisse« in den drei westlichen Besatzungszonen, wie in der sowjetischen Besatzungszone bereits geschehen, das heißt vollständige gesellschaftliche Umwälzung in ihrem Sinne.

Die deutsche Entwicklung

Die drei Westmächte lehnten diese Bedingungen natürlich ab, vor allem deshalb, weil mit der Erfüllung der zweiten und dritten Bedingung die Sowjets im Herzen der deutschen Industrie, im Rhein- und Ruhrrevier, Fuß gefaßt und darüber hinaus noch eine Legitimation zur ständigen Einflußnahme auf die Innenpolitik der drei westlichen Besatzungszonen sich gesichert hätten. Man muß dabei an die Rede des amerikanischen Außenministers James Byrnes im September 1946 in Stuttgart denken, an die vergeblichen Versuche der Westmächte, eine Änderung der sowjetischen Haltung zu erreichen, an die wachsende Erkenntnis der Westmächte, daß man ohne die Sowjetunion vorgehen müsse, wenn die steigende Not und wirtschaftliche Verwahrlosung und die Belastung der eigenen Steuerzahler durch Hilfen für die notleidende Bevölkerung Westdeutschlands beendet werden sollten. So entstand der Wirtschaftsrat des vereinigten Wirtschaftsgebietes der amerikanischen und englischen Besatzungszone, so kam die Währungsreform zustande, so kam es zur Bundesrepublik Deutschland.

Die Sowjets verlangten Unterwerfung unter ihren Machtwillen, oder sie verweigerten jeden Ausweg aus der Not. So kam die Teilung Deutschlands zustande, weil die Sowjetunion nie ein demokratisches Deutschland nach den Maßstäben des westlichen Liberalismus und seines parlamentarischen Systems, das heißt aufgrund freier Wahlen im normalen Sinne des Wortes, zuzugestehen bereit war. Auch ein waffenloses und neutrales Deutschland war niemals ihre Zielvorstellung, es sei denn, daß dieses Deutschland die kommunistische Gesellschaftsordnung übernommen hätte.

Sie vertrat dabei nicht die Interessen der Arbeiterklasse, sondern eine massive Machtpolitik, bei der unter weltrevolutionären Parolen über die Befreiung der Arbeiterklasse imperialistische Zielsetzungen mit rücksichtslosem Nachdruck betrieben wurden. Darum zeugt es auch von erschreckender Wertneutralität und moralischer Gleichgültigkeit, wenn man die Teilung Europas und die Teilung Deutschlands ausschließlich als die unvermeidbare Folge der machtpolitischen Gegensätze zweier Großmächte und als das natürliche Ergebnis des Bestehens zweier verschiedener und gegensätzlicher, im übrigen wertneutral gleichgestellter Gesellschaftsordnungen in Europa ausgeben will.

Hitler hat den Krieg vorbereitet. Stalin hat ihm geholfen, ihn zu entfesseln. Aus den Komplizen wurden Feinde. Hitler verlor, Stalin siegte. Beide zusammen haben das Reich militärisch zerstört, aber nicht rechtlich liquidiert. Der von der Roten Armee besetzte und von den Amerikanern den Sowjets noch zusätzlich überlassene Teil Deutschlands spielte von vornherein in der Moskauer Planung eine ganz bestimmte Rolle. Er sollte westliches Grenzland gegenüber dem Kapitalismus sein, ein Teil des »cordon stalinaire«, gleichzeitig aber auch Aufmarschglacis gegen den Westen sowie Klammer und Sperriegel für die gleichgeschalteten Staaten des eigenen Machtsystems, des späteren Warschauer Paktes. Die Frage, ob die Sowjetunion jemals ein kommunistisches Gesamtdeutschland gewünscht hätte, mag man verschieden beantworten, damals vielleicht mit Ja, heute eher mit Nein. Aber das letzte Wort ist hier noch nicht gesprochen. Denn die strategische Denkweise des sowjetischen Systems ist bei aller Schwerfälligkeit, Plumpheit, reaktionärer Unbeweglichkeit dennoch dynamischer und aggressiv gegenüber dem »kapitalistischen Gegner«, dem demokratischen Westen.

Wir stehen im Strom der Geschichte

Der gedrängte Blick auf diese geschichtlichen Zusammenhänge und Entwicklungslinien zeigt, wie sehr das Denken in historischen Bezügen für eine verantwortungsbereite und -fähige Politik notwendig ist. Nur die Einsicht in die Abläufe der deutschen und der europäischen Geschichte setzt freiheitliche Politik in die Lage, ihren Beitrag zur Vermeidung historischer Katastrophen in der Zukunft leisten zu können. Ich möchte vor einer landläufigen Meinung warnen, nämlich vor der Annahme, daß sich die Geschichte nicht wiederholen könne. Die Geschichte kann sich durchaus, wenn auch nicht in allen Einzelheiten, so doch im großen wiederholen, wenn aus den Niedergängen und Zusammenbrüchen, die meine Generation zweimal erlebt hat, von den Europäern und damit auch von den Deutschen nicht die Lehren und Konsequenzen gezogen werden.

Man muß wieder lernen, in geschichtlichen Zeitabläufen zu denken, auch weil dies das einzig wirksame Gegenmittel gegen eine kurzatmige, nur von Tag zu Tag hinstolpernde, vom Tellerrand des einen Wahlkampfes bis zum Tellerrand des nächsten Wahlkampfes dahindämmernde Politik ist. Man kann nicht Geschichtskunde durch Gesellschaftslehre ersetzen. Man kann nicht die Kenntnis der Probleme vom Gleichgewicht der Macht, von Krieg und Frieden durch soziologische Kriegs- und Friedensforschung ersetzen. Man kann die großen Lebensfragen der machtpolitischen Probleme unserer Zeit und unserer Welt – wir in Europa sind ja dabei weitgehend auf die Rolle von Objekten oder Zuschauern beschränkt, sind keine Gestalter – damit nicht lösen, daß man die Jugend in gesellschaftlicher Konflikttheorie ausbildet. Deshalb und weil Politik in erster Linie Arbeit für die Generation von morgen ist, führt kein Weg an der Forderung vorbei, daß unsere Jugend, daß die Jugend Europas wieder Geschichtsbewußtsein lernen muß, um wieder Verantwortung übernehmen zu können, wie es immer dringender geboten ist.

Wir stehen im Strom der Geschichte. Das vorletzte Jahrzehnt unseres Jahrtausends wird uns vor größte Herausforderungen stellen. Die Probleme, die sich im vergangenen Jahrzehnt angehäuft haben aufgrund geistiger, politischer und vielfältiger struktureller Entwicklungen, aufgrund aber auch wirklichkeitsfremder, den deutschen Interessen zuwiderlaufender, wohlstands-, stabilitäts- und freiheitsgefährdender Zielsetzungen, aufgrund falscher Politik im Innern und unzulänglicher Reaktionen auf die weltpolitischen Entwicklungen – diese Probleme bleiben uns nicht nur als Hypothek für die Zukunft, sie werden schwerer und belastender.

Wer mit ihnen fertig werden will, wer verhindern will, daß sie das zentrale Gut eines ganzen Volkes und des einzelnen Menschen, die Freiheit, erdrücken und verschütten, braucht den offenen und kritischen Blick für die Wirklichkeit, unverstellt von ideologischen Scheuklappen. Dieses Erkennen der Lage muß das Kennen der Geschichte einschließen. Konservative und freiheitliche Politik, für die ich stehe, weiß um diesen notwendigen Zusammenhang. Deshalb sagt sie ja zur Geschichte.

III

Die nationale Verantwortung

Das Recht auf Selbstbestimmung · Schicksalsland für Europa · Zerstörte Gemeinsamkeit · Mit Brandt kam der Dammbruch · Die Geschichtslüge der »neuen« Ostpolitik · Die Ideologie des »Wandels durch Annäherung« · Verträge, die fast nur dem Osten nützen · Nichts preisgeben, was nicht schon verspielt war? · Kein Deutscher kann unberührt bleiben... · Die wahre Lage der Nation und unsere Verantwortung

Eine Politik, die dem deutschen Volk das verweigern wollte, was allen anderen Völkern als selbstverständlich zugestanden wird, nämlich die Liebe zum Vaterland, das Recht auf eine nationale Identität und auf ein richtig verstandenes Nationalgefühl, trüge den Keim zu neuem Unheil in sich. Die Absage an den Nationalismus, den ich immer für den Totengräber Europas gehalten habe, bedeutet nicht die Absage an das, was Patriotismus heißt – auch wenn in einer Zeit zerstörter oder veränderter Werte und Begriffe dieses Wort manchem altmodisch vorkommen mag. Die Liebe zur Heimat, zum eigenen Land, zum eigenen Volk ist eine dem Menschen in die Wiege gelegte Eigenschaft – sie kann vergessen, sie kann verdrängt, sie kann unterdrückt werden, ausgerottet werden kann sie nicht.

Auch wenn, im katastrophalen Gefolge einer pervertierten nationalistischen Politik, in den Jahren und Jahrzehnten nach 1945 Begriffe wie Vaterlandsliebe und Patriotismus, im öffentlichen Bewußtsein angeschlagen durch den Mißbrauch, der in der Periode des Nationalsozialismus mit ihnen getrieben wurde, kaum Verwendung fanden – ihr Inhalt ging nicht verloren. Das Wissen um die Zusammengehörigkeit einer deutschen Nation, die Einsicht in die gemeinsame nationale Geschichte in ihrer Gesamtheit, mit Licht- und Schattenseiten also, das Gespür, daß ein Volk und ein Staat, in deren Namen schwere Schuld verübt wurde, die aber auch dafür schwer gebüßt haben, der besonderen Sorge seiner Bürger bedarf – all das darf eine freiheitliche, menschenwürdige und auf geschichtlicher Erfahrung aufbauende Politik nicht vergessen. Sie darf dies um so weniger, da das Land und Volk der Nachbarn nur jener verstehen und begreifen kann, der das eigene Land und Volk versteht und begreift. Wohlverstandener Patriotismus also ist kein Hindernis in einer immer kleiner und dadurch immer internationaler werdenden politischen Welt, sondern eine Voraussetzung, eben diese Welt meistern zu können. Nur wer das eigene Vaterland liebt, kann das Vaterland des Nachbarn schätzen und achten. Ob Franzosen oder Engländer, ob Spanier oder Italiener, ob Amerikaner oder Deutsche, ob Polen, Ungarn oder Rumänen – ihr Recht auf die Liebe zu ihren Nationen und Staaten ist unteilbar.

Ein Land freilich fällt aus der Reihe der genannten Beispiele, Deutschland. Weder Frankreich noch Großbritannien, weder Spanien noch Italien oder die USA, weder Polen noch Ungarn oder Rumänien – keines dieser Länder ist gewaltsam geteilt, in seiner geographischen, politischen und nationalen Einheit gespalten. Auch deshalb ist Deutschland, ist die deutsche Nation 35 Jahre nach Kriegsende immer noch in einer Ausnahmelage.

Das Recht auf Selbstbestimmung

Die Lage der deutschen Nation trägt zweifachen Ausnahmecharakter – der eine Aspekt ist jener der Teilung schlechthin, der andere jener der Art der Teilung in ein freies und unfreies Deutschland. So stellt sich die Frage nach der deutschen Einheit immer auch als die Frage nach der Freiheit aller Deutschen. »Im Bewußtsein seiner Verantwortung vor Gott und den Menschen, von dem Willen beseelt, seine nationale und staatliche Einheit zu wahren und als gleichberechtigtes Glied in einem vereinten Europa dem Frieden der Welt zu dienen« – so beginnt die Präambel des Grundgesetzes der Bundesrepublik Deutschland. Weiter heißt es dort: »Das gesamte deutsche Volk bleibt aufgefordert, in freier Selbstbestimmung die Einheit und Freiheit Deutschlands zu vollenden.«

Klar und eindeutig wird damit gesagt, daß in der Zielsetzung freiheitlicher deutscher Politik Einheit und Freiheit untrennbar miteinander verbunden sind. Deshalb habe ich schon vor mehr als zwei Jahrzehnten, am 20. März 1958, im Deutschen Bundestag, damals als Verteidigungsminister, eine Überzeugung ausgesprochen, die seinerzeit weithin Beachtung und Aufmerksamkeit fand. Es ging damals im Parlament um Fragen der Sicherheitspolitik, wobei ich mich sowohl gegen jede Form von Weltmachtpolitik als auch gegen eine Neutralisierung der Bundesrepublik Deutschland wandte. Ich sagte: »Ich möchte drei Gesichtspunkte nennen, die leicht, isoliert für sich allein gegriffen, wieder in der üblichen Art, einen Satz herauszunehmen, gegen den Urheber verwendet werden können. Weder Abrüstung noch Frieden noch Wiedervereinigung sind absolute Werte. Abrüstung im Sinne einer einseitigen Abrüstung, daß man selbst keine Waffen hat, können wir jederzeit haben, wenn wir wollen. Frieden in dem Sinne, daß man sich nicht zu wehren braucht oder sich nicht mehr wehren kann, können wir auch jederzeit haben. Aber auch Frieden ist kein absoluter Wert; er kann nur ein relativer Wert sein. Und Wiedervereinigung? Ich gebrauche einen völlig eigenen Gedankengang: Ist es denn wirklich die Wiedervereinigung, die uns in erster Linie drängt, quält, bedrückt und treibt? Es ist doch weniger die Wiedervereinigung im Sinne der Wiederherstellung der staatlichen Einheit Deutschlands; es ist doch mehr das Herzensanliegen der Wiederherstellung demokratischer und menschenwürdiger Zustände in diesem Gebiet.«

Ich erinnerte damals an einen historischen Vergleich, der auch heute nichts von seiner politischen Aussagekraft zum Thema der deutschen Einheit und Freiheit verloren hat. Nach dem Ersten Weltkrieg gab es ein Wiedervereinigungsproblem anderer Art: den Zusammenschluß der neuen österreichischen Republik mit dem Deutschen Reich der Republik von Weimar. Schon der Name des nach der Zerschlagung der österreichisch-ungarischen Doppelmonarchie neu entstandenen Staates drückte den Willen zum Zusammenschluß mit Deutschland aus. Einstimmig beschloß die provisorische Staatsregierung in Wien das Gesetz über die Staatsform, dessen Artikel 2 lautete: »Deutschösterreich ist ein Bestandteil der Deutschen Republik.« Die Verfassunggebende Nationalversammlung wiederholte am 12. März 1919 diesen Beschluß.

Deutlicher konnte der Wille der Österreicher zu einem gemeinschaftlichen deutschen Staat nicht ausgedrückt werden. Das Selbstbestimmungsrecht der Österreicher freilich war nicht gefragt. Die Friedensverträge von Versailles und von St. Germain durchkreuzten ein zwischen Berlin und Wien vereinbartes geheimgehaltenes Abkommen über den Anschluß, in dem Österreich weitgehende Sonderrechte eingeräumt worden waren. Ungeachtet des erklärten Willens der demokratischen Vertretung Österreichs bestimmte der Artikel 88 des am 10. September 1919 unterzeichneten Friedensvertrages von St. Germain: »Die Unabhängigkeit Österreichs ist unabänderlich.« Auch die Bezeichnung Deutschösterreich wurde verboten, obwohl es nach dem Zerfall der Monarchie in Österreich fast nur mehr Deutsche gab. Der Friedensvertrag von St. Germain wurde vom österreichischen Parlament nur »unter feierlichem Protest vor aller Welt« angenommen. Die Politik der Siegermächte gegen jeden Ansatz einer deutsch-österreichischen Vereinigung hielt an: Als 1932 aus Gründen der wirtschaftlichen Not eine Zollunion zwischen dem Deutschen Reich und der Republik Österreich geschaffen werden sollte, wurde diese, zusätzlich zum Anschlußverbot, untersagt.

Dieser Anschluß war das politische Herzensanliegen der Deutschen in beiden Staaten. Hitler löste es auf seine Weise und zerstörte es im Zuge derselben Politik. Mit dem österreichischen Staatsvertrag vom 15. Mai 1955, mit der Erklärung der Neutralität Österreichs waren alle Anschlußüberlegungen formell und endgültig abgetan. Leiden wir darunter, daß diese Einheit verlorengegangen ist? Die Antwort heißt nein. Der Begriff Anschluß oder Zusammenschluß ist zwischen Deutschen und Österreichern kein politisches Thema mehr, geschweige denn ein Herzensanliegen. Das hängt nicht nur damit zusammen, daß Österreich nicht Bestandteil des Bismarck-Reiches war, sondern vor allem damit, daß die Österreicher bei außenpolitischer Neutralität ihre Staats-, Gesellschafts- und Lebensform selbst bestimmen, also in politischer und menschlicher Freiheit leben können.

Wer von Bad Reichenhall nach Salzburg geht, der überquert eine Grenze, aber keine politische Wasserscheide. Anders ist es für den, der von Hof nach Plauen will – der überquert zwar keine völkerrechtliche Grenze, wohl aber eine Wasserscheide zweier Gesellschaftssysteme. Deshalb ist der politische Kampf der Deutschen um die Einheit ihrer Nation in erster Linie ein Kampf um die Freiheit für alle Deutschen.

Es gehört zur sozialistischen Legendenbildung in der Bundesrepublik Deutschland, wenn nachträglich der Eindruck erweckt werden soll, als ob CDU/CSU-geführte Bundesregierungen Chancen zur deutschen Wiedervereinigung vertan und entsprechende Angebote der Sowjetunion leichtfertig ausgeschlagen hätten. In Übereinstimmung mit der geschichtlichen Wahrheit aber ist es nicht zu bestreiten, daß die Sowjets mit der gelegentlichen Proklamation ihres Willens zur deutschen Einheit immer unerfüllbare Bedingungen – bis hin zu ihrer Teilnahme an der Kontrolle über das Ruhrgebiet – verbunden haben. Es ist auch nicht zu bestreiten, daß die Sowjetunion sofort nach dem Einmarsch ihrer Truppen und nicht erst nach Gründung der Bundesrepublik, nicht erst nach unserem Eintritt in die Montan-Union oder in die NATO mit der klassenkämpferischen Umwälzung in ihrem Besatzungsbereich begonnen hat. Nicht unsere Politik im freien Teil Deutschlands, nicht unsere Eingliederung in den Kreis unserer westlichen Verbündeten und Partner haben zur Spaltung Deutschlands geführt. Wer verewigt denn die deutsche Spaltung? Wer verhindert denn die deutsche

Wiedervereinigung? Doch niemand anders als der, der dem deutschen Volk das Selbstbestimmungsrecht vorenthält, wer also einen Teil unseres Volkes seiner Freiheit beraubt.

Ich sehe Aufgabe und Ziel deutscher Politik in ihrer nationalen Verantwortung darin, für das ganze deutsche Volk Freiheit, Selbstbestimmung und Einheit zu erringen und dazu beizutragen, einen gerechten Frieden in Europa und der Welt zu sichern, der allen Menschen die vollen Menschen- und Gemeinschaftsrechte, die Chance der Freiheit und der wirtschaftlichen Entwicklung gibt. Das Selbstbestimmungsrecht, das wir als Vertreter einer freiheitlichen Politik für alle Menschen und für alle Völker fordern, fordern wir, weil Freiheit unteilbar ist, auch für das deutsche Volk. Der deutsche Anspruch auf Selbstbestimmungsrecht und Freiheit steht nicht für sich allein da, er steht für alle Europäer, denen dieses Recht verweigert wird. Unsere entschlossene Vertretung des Rechtes der Deutschen auf Selbstbestimmung ist nicht Ausdruck irgendeines Nationalismus, sondern Manifestation unserer freiheitlichen Solidarität über enge nationalstaatliche Grenzen hinweg.

Schicksalsland für Europa

Deutschland ist ein Schicksalsland für Europa. Dieses Urteil ist nicht Ausdruck nationaler Überheblichkeit. Wer auf die Landkarte Europas schaut, wer in die Geschichte blickt, wer in geostrategischen Zusammenhängen zu denken vermag, wer die Wandlungen der Weltpolitik und die Verschiebungen der Kräftekonstellationen verfolgt, weiß, daß wir in das gefährlichste Jahrzehnt der deutschen und europäischen, ja der weltpolitischen Nachkriegsgeschichte eingetreten sind. Wer in diesen Kategorien denkt, muß nicht auf das nachträgliche Urteil des Historikers warten, um zu wissen, daß der Ausgang dieser Epoche wesentlich auch von der deutschen, von der Politik der Bundesrepublik Deutschland, mitbestimmt sein wird.

Niemand sollte sich der Illusion hingeben, daß die Ziele

der sowjetischen Westpolitik sich seit 1945 verändert haben. Die strategischen Konzeptionen für die Durchsetzung ihrer Hegemoniepläne für Europa sind unter allen Machthabern der Sowjetunion in diesem Zeitraum im Endergebnis eisern durchgehalten worden. Geändert haben sich die Methoden – einmal Zuckerbrot, einmal Peitsche, einmal Druck und Drohung, einmal Entspannungssirenen. Die Ziele aber sind die gleichen geblieben. Deshalb bleibt uns in Deutschland, bleibt uns in Europa nur die Wahl zwischen der Auseinandersetzung mit dem Kommunismus, mit seinen weltrevolutionären Bestrebungen auf der einen und den damit verbundenen machtpolitischen Zielen der Sowjetunion in Europa auf der anderen Seite oder die Unterwerfung unter den sowjetischen Hegemonialanspruch.

Deshalb führt der Weg zu Freiheit und Frieden für Deutschland und Europa und zu einer Wiedervereinigung in Freiheit – was nicht nur eine Wiedervereinigung Deutschlands, sondern eine Wiedervereinigung Europas wäre – nur über den Weg der politischen Einigung Europas und der Erhaltung eines funktionsfähigen Atlantischen Bündnisses. Es geht also darum, die Politik Konrad Adenauers zu erneuern und in aller Deutlichkeit klarzumachen, daß jene, die in Bonn seit 1969 regieren und sich als Nachfolger Adenauers ausgeben, Erbschleicher und Testamentsfälscher sind, wenn sie vorgeben, ihre Ostpolitik sei nur die natürliche, aus der Logik der Geschichte sich ergebende Ergänzung zu seiner Westpolitik, sie mache den Frieden sicherer und fördere die Entspannung. Ein Teil dieser Täuschungspolitik und der Kern dieser Lebenslüge sind bereits zusammengebrochen. Der Preis für beide muß immer von neuem bezahlt werden.

Realpolitiker Adenauer wußte, daß es keinen sicheren Weg zu einer Wiedervereinigung in Freiheit und Frieden in berechenbarer Zeit geben würde. Er wußte, daß es kein unabhängiges, freies Deutschland als Insel der Glückseligen zwischen Ost und West geben würde. Und es gab für ihn keinen Zweifel, daß nicht nur die deutsche Frage untrennbar mit der europäischen Geschichte verbunden ist, sondern daß auch die Freiheit der Bundesrepublik Deutschland und jene Europas unteilbar sind. Darum waren die Entscheidungen von 1950 und der folgenden Jahre, diesen freien Teil Deutschlands in die Europäische Gemeinschaft und in das Atlantische Bündnis einzubauen, nicht Entscheidungen eines primitiven nationalistischen Egoismus oder eines haßerfüllten antikommunistischen Gefühls. Es war für uns die einzig mögliche, nach den Grundsätzen christlicher Verantwortung zu rechtfertigende Entscheidung, für den freien Teil Deutschlands Freiheit und Recht nicht endgültig zu verspielen und damit den Menschen im unfreien Teil Deutschlands und Europas nicht die letzte Hoffnung auf eine Zukunft in Freiheit zu nehmen.

Orientiert an diesen außen- und sicherheitspolitischen Grundlinien, verfolgten die Unionsparteien CDU und CSU in zwanzigjähriger Regierungsverantwortung bis 1969 eine Deutschlandpolitik, die im wesentlichen von folgenden Grundsätzen geprägt war:

1. Das deutsche Volk hat ein Recht auf Selbstbestimmung. Dieses kann nur vom gesamten deutschen Volk ausgeübt werden.
2. Die Bundesrepublik Deutschland hat die Nachfolge des Deutschen Reiches angetreten und ist seine Rechtsnachfolgerin im völkerrechtlichen Sinn des Wortes. Sie hat die einzig frei gewählte Regierung in Deutschland und ist allein berechtigt, das deutsche Volk in internationalen Angelegenheiten zu vertreten.
3. Deutschland existiert als Völkerrechtssubjekt in den Grenzen vom 31. Dezember 1937 weiter.
4. Die deutschen Ostgebiete sind Teile des deutschen Territoriums, über deren Schicksal erst durch einen Friedensvertrag mit einer gesamtdeutschen Regierung entschieden werden kann.
5. Die Wiedervereinigung Deutschlands bleibt oberstes Gebot, sie wird nur auf friedlichem Wege verfolgt.
6. Menschliche Kontakte dienen zur Erhaltung des nationalen Zusammengehörigkeitsgefühls und zur Aufrechterhaltung und Stärkung des gesamtdeutschen Gedankens.

Ohne Preisgabe deutscher Rechtspositionen wurde auf dem Boden dieser Grundsätze eine erfolgreiche deutsche Ostpolitik betrieben:

– Schon 1954 verzichtete die Bundesrepublik Deutschland auf die Entwicklung und Herstellung von Atomwaffen auf ihrem Territorium und verpflichtete sich zu einer Politik des Gewaltverzichts.

– Im September 1955 erreichte Konrad Adenauer in Moskau die Rückkehr der deutschen Kriegsgefangenen und vereinbarte die Aufnahme diplomatischer Beziehungen mit der Sowjetunion.

– 1958 folgte ein Kultur- und Handelsabkommen mit Moskau; im gleichen Jahr wurde ein Vertrag mit Jugoslawien geschlossen.

– 1963 und 1964 wurden unter Bundeskanzler Ludwig Erhard deutsche Handelsvertretungen in Polen, Rumänien, Ungarn und Bulgarien eröffnet.

– 1966 richtete Ludwig Erhard eine Friedensnote an alle Staaten in Ost und West und bot darin einen direkten Gewaltverzicht an.

– 1967 gelang es der Regierung von Bundeskanzler Kurt Georg Kiesinger, diplomatische Beziehungen zu Rumänien herzustellen; im gleichen Jahr wurde eine Handelsvertretung in der Tschechoslowakei eröffnet, im Jahre darauf folgte die Aufnahme diplomatischer Beziehungen mit Jugoslawien.

– Auch menschliche Erleichterungen wurden erreicht: das Passierschein-Abkommen für die Berliner, die Möglichkeit von Rentnerreisen.

Zerstörte Gemeinsamkeit

Diese Politik wurde von einer deutschlandpolitischen Gemeinsamkeit aller demokratischen Parteien in der Bundesrepublik Deutschland getragen. Als an ein besonders demonstratives Dokument dieser deutschlandpolitischen Gemeinsamkeit ist an eine am 25. September 1968 – wenige Wochen, nachdem sowjetische Panzer den »Prager Frühling« niedergewalzt hatten – im Deutschen Bundestag gefaßte Erklärung zu erinnern, die von den damaligen Koalitionsparteien CDU/CSU und SPD gemeinsam eingebracht und einstimmig angenommen worden war. In dieser Erklärung hieß es unter Punkt 5:

»Der Deutsche Bundestag wird zu keiner Zeit und unter keinen Umständen davon abgehen, daß das Selbstbestimmungsrecht der Völker zentraler Grundsatz der internationalen Politik sein muß und durch keine militärische Macht gebeugt werden darf. Die USA, Großbritannien, Frankreich und die Bundesrepublik Deutschland haben sich im Deutschlandvertrag völkerrechtlich bindend verpflichtet, bis zum Abschluß einer friedensvertraglichen Regelung zusammenzuwirken, um mit friedlichen Mitteln ihr gemeinsames Ziel zu verwirklichen: Ein wiedervereinigtes Deutschland, das eine freiheitliche, demokratische Verfassung besitzt und in die Gemeinschaft der europäischen Völker eingebettet ist. Die Völker Europas werden einen dauerhaften und gerechten Frieden nicht finden, solange unserem Volke die Teilung aufgezwungen bleibt.«

Im nächsten Punkt der gemeinsamen Erklärung hieß es dann: »Unsere Verbündeten und die ganz überwiegende Mehrheit der Völker haben bekundet, daß sie die Bundesregierung als die einzige deutsche Regierung ansehen, die frei und rechtmäßig gebildet ist. Sie spricht auch für jene, denen mitzuwirken bisher versagt ist. Die Anerkennung des anderen Teils Deutschlands als Ausland oder als zweite souveräne deutsche Nation kommt nicht in Betracht.«

Trotz dieser feierlichen Festlegung, der, man muß es wiederholen, die SPD einstimmig zugestimmt hatte, begann die SPD ohne jede Fühlungnahme mit dem Koalitionspartner CDU/CSU, aber wohl vorbereitet durch einleitende und vermittelnde Geheimgespräche mit der Kommunistischen Partei Italiens, diese Gemeinsamkeit in der Deutschlandpolitik aufzukündigen. Nach der Regierungsübernahme durch SPD und FDP im Jahre 1969 wurde der Abfall von dieser früher gemeinsamen Linie gewissermaßen offiziell. Es begann jene Phase deutscher Politik, die von ihren Erfindern hochtrabend als »Neue Ostpolitik« ausgegeben wurde und in deren Rahmen sich jene Entwicklungen vollzogen, die nach einem Jahrzehnt SPD/FDP-verantworteter deutscher Politik die Frage nach der wahren Lage der deutschen Nation mit besonderer Dringlichkeit stellen lassen.

Die Illusionen sind zerbrochen, die Luftschlösser eingestürzt. Ernüchterung greift um sich. Was kommen mußte, ist eingetreten: Die seit 1969 in Bonn unter der Regierungsverantwortung von SPD und FDP getriebene Politik des schönen Scheins hat dem Prüfstein der Tatsachen nicht standgehalten. Eine Politik, die einen Erwartungs- und Hoffnungshorizont zeichnete, der in seiner Überzogenheit und in seiner propagandistischen Darbietung in der Geschichte der Bundesrepublik ohne Beispiel war, ist gescheitert, begraben unter einem Berg leichtfertig gegebener Versprechungen, der in dem Augenblick mit aller Gewalt auf seine Urheber zurückfallen mußte, in dem die Heilsankündigungen des neuen sozialistischen Zeitalters mit den Ergebnissen dieser sozialistischen Politik verglichen und an ihnen gemessen wurden. Es gibt keinen Bereich des weiten politischen Feldes, in dem sich dieser Zwiespalt zwischen Anspruch und Wirklichkeit, der deutsche Politik seit 1969 so verhängnisvoll kennzeichnet, nicht klaffend aufgetan hätte. Besonders und zuerst gilt dies für die deutsche Wirklichkeit. Die Realitäten in Deutschland machen begreiflich, warum zuerst der gescheiterte Bundeskanzler Brandt und dann sein Nachfolger Schmidt sich auf allen Wegen um die ihnen vom Parlament auferlegte Pflicht herumgedrückt haben und herumdrücken, alljährlich einen ungeschminkten und mit der Wirklichkeit übereinstimmenden Bericht zur Lage der Nation zu erstatten. Die Bilanz dessen, was als »Neue Ostpolitik« jahrelang überschwenglich gefeiert wurde, erklärt diese regierungsamtliche Verlegenheit, die sich auf die unverbindliche Sammlung von Materialien zurückzieht, sich dafür aber jeder Wertung entzieht, um der Konfrontation mit der deutschen Wirklichkeit entfliehen zu können. Es gehört zu den schrecklichen Tatbeständen dieser Politik, daß sie die Geschichte schon mit der Sprache fälscht, auf alle sonst so betonten Wertmaßstäbe verzichtet, alle Unterschiede zwischen der demokratischen Welt und dem kommunistischen Herrschaftsbereich sprachethisch einebnet, alle zwangsherrschaftlichen Zustände als Folgen des Zweiten Weltkrieges noch verharmlosend erklärt und wertneutral verselbständigt.

Eine Politik, die mit dem Vorsatz angetreten war, die Verhältnisse in Deutschland zu normalisieren, hat schließlich nur die Verfestigung des Un-Normalen gebracht. Unser Land, Deutschland, und unser Volk, das deutsche Volk, sind durch brutales Diktat in zwei Teile gespaltet worden. Der Bonner Politik seit 1969 kann nicht zum Vorwurf gemacht werden, daß die Spaltung nicht überwunden werden konnte. Angelastet aber muß ihr werden, daß diese Spaltung durch die Politik von SPD und FDP anerkannt wurde und daß diese Anerkennung weltweit eine bedenkliche Kettenreaktion ausgelöst hat.

Man kann das Unrecht einer atombewaffneten Großmacht weder durch Kapitulation noch durch Gegengewalt aus der Welt schaffen. Es ist aber ein großer und wesentlicher Unterschied, ob man Unrecht mit Protest hinnimmt, weil man es nicht ändern kann, oder ob man es durch Aufgabe von Rechtspositionen vertraglich pseudolegitimisiert. Die Wahrheit eines Bismarck-Wortes wird sich auch hier erweisen: »Es mag 50 Jahre dauern, bis politische Mißgriffe offenkundig werden und ihre letzten Konsequenzen tragen, aber schließlich legt die Geschichte die Rechnung für jeden Fehler vor und sie ist peinlicher dabei als unsere preußische Oberrechnungskammer. Dann erst wird man in der Öffentlichkeit den Bruchpunkt sehen, von dem das Unheil seinen Ausgang nahm.«

Auch die 20 Jahre lang von der CDU und CSU geführten Bundesregierungen waren gezwungen, den schmerzlichen Tatbestand der deutschen Teilung hinzunehmen, weil das in seinem Wesen auf Expansion und Weltrevolution angelegte kommunistische System mit seiner Moskauer Kommandozentrale zu keinem Zeitpunkt daran dachte, sein deutsches Faustpfand freizugeben. 20 Jahre lang aber widerstanden diese Bundesregierungen allen kommunistischen Versuchen, von Bonn die Anerkennung dieser Teilung und die Anerkennung der kommunistischen Diktatur jenseits von Mauer und Stacheldraht als »zweiter deutscher Staat« zu erlangen.

Mit Brandt kam der Dammbruch

Der Dammbruch kam mit Brandt. Mit dem Schlagwort Entspannung, das gegen alle Kritiker der Regierungspolitik zu einem Totschlagwort umfunktioniert wurde, zog Brandt, den gleißenden Mantel des »Friedenskanzlers« gefällig drapiert, durch die politische Landschaft. In der trügerischen Hoffnung, dadurch mehr Menschlichkeit im anderen Teil Deutschlands erreichen zu können, brachte seine Politik für Moskau und dessen Ostberliner Statthalter die Erfüllung jahrzehntelang erfolglos erhobener Forderungen.

Die Kapitulation vor kommunistischen Vorstellungen bahnte sich im sprachlichen Bereich an. Eine auf Gewalt gegründete Zwangsherrschaft, auf die weder die Bezeichnungen deutsch noch demokratische noch Republik auch nur in Annäherungswerten zutreffen, wurde für Brandt und seine Politik, ohne jeden sichtbaren Vorbehalt, zum zweiten deutschen Staat.

Eine geradezu unbegreifliche Fehlleistung war schon der Auftakt. Noch vor der Wahl Brandts zum Bundeskanzler gab der Sprecher der Bundesregierung bekannt, daß die neue Bundesregierung von der Existenz zweier deutscher Staaten ausgehe. Es ist bezeichnend, daß nicht der neue Bundeskanzler diese Feststellung in seiner Regierungserklärung traf, sondern einen anderen vorschickte, um die Wirkung zu prüfen, damit er sich notfalls wieder zurückziehen könne. Aber die Öffentlichkeit war durch den Rauschgoldglanz des neuen Gestalters so geblendet oder gelähmt, daß es auf diese den Bruch einer zwanzigjährigen Gemeinschaft der demokratischen Parteien in der Deutschlandpolitik signalisierende Feststellung keine laute Gegenwehr gab. Der Bruch war vollzogen – zur äußeren Teilung Deutschlands kam die innere Spaltung. Selbst wenn man bereit war, diesen Schritt um diesen Preis zu vollziehen, war es eine Torheit ohnegleichen, ihn als Vorleistung im Galopp zu erbringen, statt ihn nach langen, zähen Verhandlungen und nach Durchsetzung wichtiger eigener Verhandlungspositionen als Karte auszuspielen.

Krönender Abschluß der Bonner Ostpolitik wurde für Ostberlin die Aufnahme in die Vereinten Nationen, ein Vorgang, der die Welt vergessen machen sollte und mußte, daß die beiden deutschen Staaten von ihrer moralischen, ihrer demokratischen und ihrer politischen Qualifikation her aber auch gar nichts gemeinsam haben. Stellt doch die Charta der Vereinten Nationen, mit der Festlegung der unveräußerlichen Menschenrechte als zentralem Mittelpunkt, geradezu ein Antiprogramm für die Wirklichkeit des SED-Staates dar!

Die kommunistische Seite begründete ihre Forderung nach der Anerkennung durch Bonn nicht nur mit dem Hinweis auf die Staatlichkeit der »DDR«, sondern auch mit der Behauptung, so offizieller Sprachgebrauch bei der Aufnahme des Honecker-Staates in die UN, daß es längst zwei deutsche Nationen gebe. Diese Forderung wurde freilich nicht mit der Absicht erhoben, einen Schlußstrich zu ziehen. Es ging nicht nur darum, ein vorläufig unumstößliches Ergebnis zu verkünden, nämlich die weltweite Anerkennung und Festigung des gegenwärtigen sowjetischen Machtbereichs bis an die Elbe. Vielmehr stellt für die »DDR« die Respektierung ihrer Eigenstaatlichkeit ebenso wie der dringende Hinweis auf eine spezifische Nationalität, die diesem Staatsgebilde anhafte, lediglich einen Ausgangspunkt für die Fortführung kommunistischer Vorwärtsstrategie dar. Die Zielrichtung ist dabei klar: Die jenseits der Todesgrenze herrschenden gesellschaftlichen, wirtschaftlichen und politischen Zustände sollen auch im noch freien Teil Deutschlands, in der Bundesrepublik, herbeigeführt werden.

Ich habe schon im Januar 1973 als Antwort auf die Regierungserklärung Willy Brandts verbindlich für die Fraktion der CDU/CSU erklärt: Pacta sunt servanda – Verträge müssen gehalten werden! Das war und ist nicht eine Annäherung an die Regierungspolitik von SPD/FDP, sondern das ist die Selbstverständlichkeit, daß rechtmäßig zustande gekommene Verträge auch von denen eingehalten werden müssen, die ihr Zustandekommen mit Kritik begleitet und sie abgelehnt haben. Sosehr wir mit der Vorgeschichte der Ostverträge nicht einverstanden waren und sind, sosehr wir auch an der unbefriedigenden Tatsache der Unklarheit gewisser Formulierungen, ihrer doppeldeutigen und sogar gegensätzlichen Auslegung am Rhein und an der Moskwa mit Recht Kritik üben, so fühlen wir uns trotzdem an diese Verträge ohne Wenn und Aber gebunden. Das Problem jedoch ist, daß diese Verträge in Moskau und im ganzen kommunistischen Machtbereich anders ausgelegt werden, als dies durch SPD/FDP-Bundesregierungen hierzulande geschehen ist und geschieht.

Im Spätsommer 1979 hielt mir die sowjetamtliche Nachrichtenagentur »Nowosti« entgegen, daß mein Bekenntnis »Pacta sunt servanda« nicht glaubwürdig sei, weil ich die Schlußfolgerung, daß mit diesen Verträgen die Anerkennung der Teilung Deutschlands in zwei Nationen automatisch verbunden sei, abgelehnt hätte und ablehne. Wer ja sage zu diesen Verträgen, so die sowjetische Kritik an mir, der müsse auch ja sagen zur Anerkennung der Zweiteilung Deutschlands nicht nur in zwei Staaten, sondern in zwei Nationen.

Ich vertrete die Auffassung, daß nicht die vertragsschließenden Partner das deutsche Verfassungsrecht verändern können, sondern daß die Verträge nur innerhalb des geltenden Verfassungsrechts ausgelegt werden können. Es gibt nicht den geringsten Zweifel daran, daß nach unserem Grundgesetz – ausführlich begründet in den beiden Urteilen des Karlsruher Verfassungsgerichts von 1973 und 1975 – jede Auslegung, mit den Verträgen sei auch die Anerkennung der Zweiteilung Deutschlands in zwei Nationen verbunden, einen glatten Verfassungsbruch darstellen würde. Ich habe deshalb immer wieder sowohl in der Öffentlichkeit als auch in Gesprächen mit sowjetischen und anderen Partnern aus dem Ostblock klargelegt, daß sich mein Wort »Pacta sunt servanda« auf die Erfüllung dieser Verträge bezieht, daß aber daraus nicht weitergehende Schlußfolgerungen für die ewige Teilung Deutschlands oder für die Anerkennung der Teilung Deutschlands in zwei Nationen gezogen werden dürfen. Es gehört zum ostpolitischen Klima der Täuschung und Vertuschung, wenn sich die SPD und die von ihr geführten Bundesregierungen hartnäckig weigern, in dieser entscheidenden nationalen Frage deutscher Politik für klare Verhältnisse zu sorgen.

Die Doppelzangenstrategie sowjetischen Drucks von außen und des Linksradikalismus im Innern sollen zu dem angestrebten Ergebnis führen. Wer solche Feststellung für unangebrachte Schwarzmalerei hält, kann sich an Hand zahlreicher offizieller Äußerungen der SED-Führungsspitze eines anderen belehren lassen. Erich Honecker hatte die Marschrichtung vor dem Zentralkomitee der SED schon am 19. Mai 1973 unmißverständlich ausgedrückt: »In welchen Formen die europäischen Völker ihr Zusammenleben gestalten werden, wenn auch Westeuropa einschließlich der Bundesrepublik Deutschland den Weg des Sozialismus beschritten hat, wird die Zukunft zeigen – bis dahin zwei deutsche Staaten, zwei deutsche Nationen.« Die Drohung war und ist unüberhörbar. Es zeigt sich, daß der auch im Grundgesetz niedergelegte Anspruch der Bundesrepublik, stellvertretend für die unfreien Deutschen ganz Deutschland zu vertreten, der von der Bonner Regierungspolitik seit 1969 mit einem Schlage ohne Gegenleistung aufgegeben wurde, uns von der anderen Seite wieder begegnet – nicht als unverbindlich-deklamatorischer Anspruch allerdings, sondern als harter Kernpunkt sozialistischer Weltrevolutions-Ideologie.

Die Moskauer Außenpolitik ist langfristig angelegt und trat 1945 mit optimalen Möglichkeiten an, die ihr durch Hitler und später durch die Blindheit der großen westlichen Siegermächte eingeräumt worden waren. Der größte Erfolg der sowjetischen Nachkriegspolitik liegt darin, daß es Moskau in den fünfziger Jahren gelang, hoffähig im internationalen Kreis der Völker zu werden und diese Stellung trotz des Einmarsches in Ungarn 1956 und in die ČSSR 1968 zu festigen. Moskau hofft aus diesem Grunde auch, daß die weltweite Empörung über die Ereignisse in Afghanistan sich bald wieder legen und einer neuen Entspannungswelle weichen wird.

Das vorrangige Interessengebiet sowjetischer Außenpolitik in dieser Generation ist nicht Amerika und ist nicht der Ferne Osten, ist auch nicht der Mittlere Osten oder Afrika, es ist Europa. Was im Norden und Süden geschieht, sind Flankenvorgänge für das Kerngebiet, für den eigentlichen Schwerpunkt der außenpolitischen Bemühungen Moskaus. Eingebettet in diese großräumige und langfristige Strategie, gewinnt die ungeheure Aufwertung der »DDR«, zu der es dank einer verfehlten Politik von SPD und FDP in den letzten Jahren gekommen ist, ihren historischen Stellenwert.

Die Aufnahme »zweier deutscher Staaten« in die Vereinten Nationen ist für die »DDR« also nicht Anlaß, sich auf errungenen Lorbeeren auszuruhen, sondern Ansporn, die Bundesrepublik auf internationalem Parkett auf den zweiten Platz zu verweisen. Für diese Annahme sprechen konkrete Anzeichen: Der Jubel, mit dem Ende 1979 in Ostberlin die Aufnahme der »DDR« als nichtständiges Mitglied in den Sicherheitsrat der Vereinten Nationen registriert wurde, ist nur ein Beispiel. Auch wenn wir im Westen solche Vorgänge kaum zur Kenntnis nehmen, darf ihre psychologische Auswirkung auf das politische Bewußtsein der Welt nicht unterschätzt werden. Genau wie es Brandt und seine Partei unternahmen, den Einzug zweier deutscher Delegationen in den Glaspalast am New Yorker East River als ein Ereignis hinzustellen, das mit der Anerkennung Ostberlins durch Bonn nichts zu tun habe, genausowenig verfingen derartige regierungsamtliche Hilfsdeutungen bei der Abwicklung der gesamten Ostpolitik. Die Bundesregierung hat immer wieder erklärt, daß sie nichts preisgegeben habe, was nicht schon längst verloren gewesen sei; sie habe keine völkerrechtliche Anerkennung der »DDR« vollzogen, keine Anerkennung der bestehenden Grenzen. Dies waren ausschließlich Wertungen für den Hausgebrauch, in Umlauf gesetzt mit der deutlichen Absicht, das deutsche Volk bewußt im dunkeln über die wahre Substanz der Ostpolitik zu lassen, ein großes Schattentheater und Täuschungsspiel.

Wie sehr das Prinzip arglistiger Täuschung die Ostpolitik von Brandt, Bahr und Genossen bestimmt hat, geht aus dem Bericht hervor, den Helmut Allardt, in der entscheidenden Zeit deutscher Botschafter in Moskau, in Buchform vorgelegt hat. Die deutsche Öffentlichkeit, die parlamentarische Opposition, auch die Regierungsparteien und sogar Teile des Kabinetts wurden systematisch hinters Licht geführt. Der damalige Staatssekretär Ferdinand Duckwitz im Auswärtigen Amt eröffnete am 30. Januar 1970 eine Abteilungsleiterbesprechung mit den Worten: »Ich hörte aus dem Radio, daß Bahr nach Moskau geflogen ist. Weiß einer der Herren etwas davon?« Helmut Allardt schreibt dazu: »Ich hatte mit der Mitteilung über die bevorstehende Ankunft Bahrs in Moskau die Weisung erhalten, keinen Angehörigen der Botschaft davon zu unterrichten... Die Botschaft erhielt Weisung, daß alle sich auf diese Gespräche beziehenden Drahtberichte mit dem Vermerk ›Für Bundeskanzler persönlich‹ oder ›Nur für Bundesminister und Staatssekretär‹ zu versehen seien... Als das Kabinett am 4. Juni über das Bahr-Papier beriet, wußte eine Reihe von Kabinettsmitgliedern nicht einmal von der Existenz eines ›Gromyko-Papiers‹, obwohl es Bahr bereits im März übergeben worden war! In der Tageszeitung ›Die Welt‹ durften sie es dann nachlesen!« Dieses Beispiel wirft ein bezeichnendes Schlaglicht auf die Verhandlungstaktik des Egon Bahr, bei der Gromyko-Papier und Bahr-Papier eins wurden.

Die Geschichtslüge der »neuen« Ostpolitik

Mit der Geschichtslüge, daß die »Neue« Deutschland- und Ostpolitik nur eine Anerkennung der »Realitäten«, nur eine Wiedergutmachung der deutschen Kriegsschuld sei, wurden Rechtspositionen aufgegeben, die zuvor von keiner Bundesregierung aufgegeben worden waren und die nur deshalb von der Sowjetunion angegriffen wurden, weil sie zu Recht bestanden. In Wahrheit ist nicht der Zweite Weltkrieg liquidiert, sondern die Macht der Sowjetunion um einen rechtlichen Raum erweitert worden.

Durch die Wahl von Begriffen, die vieldeutig und dehnbar waren, durch vage Formulierungen, durch Übersetzungsspielräume versuchte man so zu tun, als ob kein zweiter deutscher Staat und keine Grenzen anerkannt worden seien, während die Vertragspartner in Moskau, Warschau und Ostberlin und fast die gesamte öffentliche Meinung der Welt dieselben Texte als endgültige völkerrechtliche Anerkennung und als unwiderruflichen Schlußstrich unter die Teilung auslegten, auslegen mußten.

Die Lage der deutschen Nation wurde und wird in entscheidenden Kernpunkten von der Ostpolitik der SPD/FDP-Bundesregierung betroffen. Die drei Vertragswerke, die diese Ostpolitik im wesentlichen ausmachen, die Vereinbarungen von Moskau, Warschau und Ostberlin, berühren, jedes für sich und alle gemeinsam, deutsche Schicksalspositionen. Allen drei Verträgen ist eigen, daß bei ihrem Aushandeln der klassische Grundsatz des »do ut des«, des »ich gebe, damit du gibst«, von Bonn außer acht gelassen wurde, daß den schwerwiegenden Abstrichen an deutschen Positionen – bis 1969 von allen demokratischen Parteien hierzulande gemeinsam für unaufgebbar gehalten – auch nicht nur annähernd gleichwertige und gleichgewichtige Gegenleistungen der jeweiligen kommunistischen Vertragspartner gegenüberstanden. Begreiflich ist deshalb, daß der Jubel der anderen Seite über das von Bonn unter Brandt so leicht Erreichte schon frühzeitig laut wurde. Bereits am 28. August 1970 lobte Leonid Breschnew, der Generalsekretär der KPdSU, den Moskauer Vertrag als »Ergebnis einer konsequenten politischen Linie unserer Partei«. Am 12. November desselben Jahres bilanzierte die »Prawda« 1970 als »Jahr der weiteren Festigung des sozialistischen Weltsystems«. Ein Jahr später frohlockte der Deutschlandsender in Ostberlin: »Noch nie seit dem Zweiten Weltkrieg sind die sozialistischen Länder in einer günstigeren Position für die Durchsetzung einer völligen Wende auf unserem Kontinent gewesen.« Nichts könnte deutlicher als diese offenherzigen Bekundungen belegen, wie berechtigt meine beschwörenden Warnungen waren und sind. Schon im Frühstadium der längst ruhmlos geendeten Amtszeit von Brandt hatte ich darauf hingewiesen, daß die Bonner Ostpolitik als Moskauer Westpolitik begrifflich und inhaltlich am schärfsten umrissen sei. Besonders erschwerend kommt hinzu, daß die drei Westmächte damit ihre lästig gewordenen Verpflichtungen aus dem Deutschlandvertrag und anderen Verträgen zur Unterstützung einer aktiven Wiedervereinigungspolitik loswurden, weshalb sie mit zwielichtigem Lächeln dieser Ostpolitik zweckbedingt nichts in den Weg legten.

Von den Lebensfragen der deutschen Nation ist in den Verträgen nirgends die Rede. So findet man im Grundlagenvertrag kein Wort von einem Rest an gemeinsamer Grundüberzeugung über Fragen der Nation und kein Wort von einer gemeinsamen Formel, die auf eine Wiedervereinigung, auf einen Gesamtfriedensvertrag oder auf eine endgültige Regelung der deutschen Frage hin verpflichtet oder nur verweist. Ausdrücklich findet sich im Grundlagenvertrag nur, woran die kommunistische Seite durch Jahre hin besonders interessiert war: Von Unabhängigkeit, Selbständigkeit, Souveränität und Gleichberechtigung der »DDR« ist an vielen Stellen die Rede; in nicht weniger als vier verschiedenen Punkten findet sich der Begriff »territoriale Integrität«, zusätzlich wird ausdrücklich bestätigt, daß die vertragschließenden Teile »die Unverletzlichkeit der zwischen ihnen bestehenden Grenzen jetzt und in der Zukunft« bekräftigen. Grundsätzliche Positionen der Deutschlandpolitik waren damit ins Wanken geraten.

Deshalb – und wegen der offenkundigen Auslegungsunterschiede und -gegensätze zwischen Ost und West – hat die Partei, deren Vorsitzender ich seit 1961 bin, die CSU, dafür gesorgt, daß die Bayerische Staatsregierung das Bundesverfassungsgericht in Karlsruhe angerufen und ein Urteil erstritten hat, das die Grenzen einer mit dem Grundgesetz zu vereinbarenden Auslegung des Grundlagenvertrages eindeutig markiert und damit die Grenzen der künftigen Deutschlandpolitik absteckt. Ein Politiker soll sich nicht überschätzen – dennoch halte ich diesen von mir durchgesetzten Gang nach Karlsruhe für einen Markstein der Deutschlandpolitik. Bayern und die CSU sind damit ihrem geschichtlichen Auftrag für Deutschland gerecht geworden, was um so schwerer wiegt, als beide dabei allein geblieben waren. Damit war einem weiteren Mißbrauch und einer fortgesetzten Fehlentwicklung der »Neuen Ostpolitik« im Sinne sowjetischer Westpolitik ein Ende gesetzt worden.

Die Ideologie des »Wandels durch Annäherung«

Die von Egon Bahr im Juli 1963 in Tutzing aufgestellte These vom »Wandel durch Annäherung«, populäre Beschreibung der Konvergenztheorie, die von einer gewissermaßen automatischen Annäherung der jeweiligen Gesellschaftssysteme in Ost und West ausgeht, lieferte den Unterbau der von Anfang an mehr ideologisch besessenen als faktisch abgesicherten Bonner Ostpolitik. Bemerkenswert ist, daß Egon Bahr in Tutzing so tat, als sei diese Formulierung »Wandel durch Annäherung« sein privater Vorstoß, während sie in Wirklichkeit mit Willy Brandt abgestimmt war. Dieser traf nach der Rede von Bahr in Tutzing ein, wunderte sich öffentlich über soviel Aufregung und tat so, als ob er das alles wieder zurechtrücken werde – eine geschickte Regie mit verteilten Rollen sozusagen: »Egon Bahrs zwei Wahrheiten – 1. Akt.«

Brandt erwies sich als gelehriger Schüler seines ostpolitischen Meisters und Wegbereiters Bahr, als er im Januar 1970 vor dem Bundestag den Bericht zur Lage der Nation, den er damals halben Herzens noch erstattete, mit der Erkenntnis versah, daß die Konvergenztheorie insofern richtig sei, als »die Notwendigkeiten der modernen Industriegesellschaft in West und Ost zu Reformen zwingen, unabhängig davon, welche politischen und gesellschaftlichen Bedingungen gegeben sind«. Brandts Illusionssaat ging auf, trieb die abenteuerlichsten Blüten. »Schon jetzt strahlt Honecker aus, was auch Brandt populär macht: Er wirkt glaubwürdig... Honecker treibt die Sozialisierung weiter; er versucht, sie menschlicher zu machen, das bürokratische Element zurückzudrängen«, frohlockte der »Vorwärts«, das offizielle Organ der SPD, am 27. April 1972, in schreiender Fehlbeurteilung mitteldeutscher Wirklichkeit. Und als drei Jahre später Brandt bei Breschnew war, gab sich das SPD-Organ noch ungenierter: »Die Sozialdemokraten werden damit in die Koexistenzpolitik des Kreml miteinbezogen, um eine möglichst breite Basis in Europa zu schaffen und um das kommunistisch-sozialdemokratische Lager gegenüber China zu festigen.« Dies klingt nach dem sowjetrussischen Einmarsch in Afghanistan wie blanker Hohn.

Brandt, seine Regierung, seine Partei und sein vielfältiger publizistischer Anhang klammerten sich gegen jede historische Erfahrung an die Konvergenztheorie. Sie waren oder stellten sich blind gegenüber der Wirklichkeit – einer Wirklichkeit, die sich 1953 in Mitteldeutschland, 1956 in Ungarn und Polen, 1968 in Prag und 1970 in den polnischen Ostseestädten vollzogen hatte, als die Konvergenz von aufbegehrenden Völkern auf die Probe gestellt wurde. Eine Wirklichkeit, die zu Beginn der achtziger Jahre auch Afghanistan erfahren mußte!

Ausländische Sozialisten waren oftmals realistischer als ihre Genossen in der Bundesrepublik Deutschland. Selbst der Österreicher Bruno Kreisky hatte in einer Rede vor dem Europarat in Straßburg darauf hingewiesen, daß die Konvergenztheorie längst durch Tatsachen widerlegt sei: »Immer dann, wenn die sogenannte Liberalisierung in die Demokratisierung der Gesellschaft umzuschlagen scheint, ist der Eiserne Vorhang, der sich leicht erhoben hatte, abermals mit Wucht niedergestürzt.«

Nicht anzunehmen ist allerdings, daß sich alle Sozialdemokraten ohne Gewissensbisse auf dem ostpolitischen Traumdampfer ihres Vorsitzenden Brandt einzufinden vermochten. Opportunistische Anpasserei freilich ließ auch jene, die es besser wissen mußten und besser wußten, zu zumindest schweigenden Mitläufern werden. Zu diesem Kreis zählt Helmut Schmidt. »Der von der Sowjetunion gesteuerte Weltkommunismus ist (und wird es wahrscheinlich auf lange Zeit bleiben) eine auf weltweite Umgestaltung der politischen, wirtschaftlichen und gesellschaftlichen Verhältnisse gerichtete Kraft. Er ist nicht nur objektiv, sondern auch in seinem Selbstverständnis aggressiv und revolutionär«, hatte Schmidt vor Jahren in einer Analyse der Grundsätze sowjetischer Außenpolitik diagnostiziert. Es ist kaum vorstellbar, daß ein Politiker mit einem solchen Erkenntnisstand Brandts ostpolitische Traumreise ohne jeden Vorbehalt mitgemacht hat. »Die deutsche Sozialdemokratie spielt unserer sowjetischen Politik erfreulicherweise viele Bälle zu«, hatte aber Nikita Chruschtschow schon 1956 erkannt. Sein Nachfolger Breschnew münzte diese Erwartung 15 Jahre später in bare sowjetische Erfolge um. Die Politik Brandts erst hat die Sowjetunion an ein seit 1945 hartnäckig angestrebtes Ziel gebracht: Eine Bundesregierung bestätigte, und dies ohne jede nennenswerte Gegenleistung, Moskau die Rechtmäßigkeit seiner Kriegsbeute ebenso wie die Hegemonie über die Völker und Länder Osteuropas. Daß Königsberg, die Stadt Immanuel Kants, von den Sowjets unmittelbar nach Kriegsende besetzt und in Kaliningrad umbenannt, regierungsamtlich und endgültig in die Moskauer Herrschaft entlassen wurde, kann nur bestreiten, wer sich von dem Wortgeklingel, mit dem Brandt seine Ostpolitik umgab, täuschen läßt.

Feinsinnige philologische Anmerkungen verfangen im internationalen Verkehr der Völker schon im allgemeinen nicht, wie sie im Verkehr mit der imperialistischen Sowjetmacht noch weniger taugen. Nur klare Verträge sind gute Verträge. Daran hat es Bonn während des ganzen Vollzuges seiner Ostpolitik in gefährlicher und sträflicher Weise fehlen lassen. Daß verfängliche Zweideutigkeiten und dehnbare Auslegungsmöglichkeiten jedoch ausschließlich auf das tölpelhafte Unvermögen der deutschen Seite zurückzuführen sein sollten, ist mehr als zweifelhaft. Schon jetzt sprechen alle bekanntgewordenen Begleitumstände der Ostpolitik eine andere Sprache, lassen Verschleierung und Halbwahrheit als Mittel einer Politik erkennen, die das Licht des Tages und ein auf offene Information gegründetes Urteil der Bürger zu scheuen hatte und zu scheuen hat – bis hin zu der skandalösen Täuschungspolitik durch Bundeskanzler Schmidt bei der Auseinandersetzung um die Ratifizierung der deutsch-polnischen Vereinbarungen im Jahre 1976.

Die arglistige Täuschung des Parlaments und der Öffentlichkeit war überhaupt durchgehendes und skandalöses Merkmal der »Neuen Ostpolitik«. Egon Bahr, die entscheidende Figur im ostpolitischen Spiel, war es selbst, der am 24. Januar 1973 vor dem Deutschen Bundestag diese Methode sozialistischer Politik erläuterte, als er in bemerkenswerter Offenheit die Wahrheit als eine Funktion der jeweiligen Mehrheitsverhältnisse darstellte. Auf Angriffe der Opposition, daß sich die Bundesregierung und die SPD mit ihrer Ostpolitik von der gemeinsamen deutschlandpolitischen Erklärung vom September 1968 abgesetzt habe, erwiderte Bahr: »Zunächst einmal ist beklagt worden, es habe ein gewisser Zynismus darin gelegen, daß man vor den Wahlen anders als danach von der DDR als Staat gesprochen habe. Nun, hier muß festgestellt werden: Nach den Wahlen war eine politische Entscheidung gefallen, die es ermöglichte, dem allgemeinen Grundsatz Rechnung zu tragen, daß, wenn möglich, in der Demokratie und in der Politik die Wahrheit gesagt werden soll. Denn die Mehrheiten waren nicht so, daß sie es zugelassen hätten, die Wahrheit zu sagen, die Sie selbst auch gesehen haben.« Dies waren Egon Bahrs zwei Wahrheiten – 2. Akt.

Bahr hat mit dieser kommentierenden Aussage zur praktischen Politik einer von der SPD geführten Bundesregierung nur ausgeführt, was Herbert Wehner 1959, als er seiner Partei das bürgerliche Tarngewand des Godesberger Programms verordnete, zur Beruhigung eingeschworener Marxisten in den Reihen der Genossen erläutert hatte: »Ich würde mich gegen ein Programm wenden, das den Sozialdemokraten verbietet, das zu tun, was sie als Sozialdemokraten zu tun für notwendig halten, wenn sie die Macht haben. Unser Programm enthält keinen solchen Riegel.« Wie ausschließlich für den in der Kommunistischen Partei großgewordenen und von dieser Zeit unauslöschlich geprägten Wehner das SPD-Programm von Godesberg wahltaktischen Überlegungen entsprang, offenbarte dieser schon 1960 in einem Gespräch mit der polnischen Zeitung »Zycie Warszawy«: »Im Kampf um die Eroberung des unentschlossenen Wählerelementes muß die SPD eine solche Politik führen, daß niemand verletzt, gereizt und erschreckt wird. Es ist ein Kampf mit Glacéhandschuhen... Zweifeln Sie trotz allem nicht völlig an uns!«

In der Tat, Zweifel der anderen Seite an Herbert Wehner wären unangebracht gewesen. Der Chefstratege der SPD wurde zur treibenden Kraft der Brandtschen Ostpolitik, wachte unnachsichtig darüber, daß die Entwicklung in seinem Sinne voranging, rüffelte und rügte, wenn er Grund dazu sah oder nur vermutete, selbst die eigene Partei und die eigene Regierung. Wehners beispielloser Angriff auf Brandt und die Bundesregierung von Leningrad und Moskau aus, in der offenen Parteinahme für die sowjetische Auslegung der Ostverträge gipfelnd, stellte die Position des starken Mannes der SPD dar, der erklärt hatte, Deutschland werde »zu einer Art Experimentierfeld für die Koexistenz« im Sinne einer »Annäherung der Gesellschaftsordnungen der Bundesrepublik und der DDR«.

Der Bundestagsabgeordnete und frühere Staatssekretär Alois Mertes hat vor einigen Jahren vor dem Deutschen Bundestag die zwielichtige Rolle Wehners zusammenfassend beleuchtet: »Ich erinnere an seine Schwächung der deutschen Position in den Verhandlungen mit Prag. Ich erinnere an seine wiederholte Abwertung der gemeinsamen Entschließung ab 1972. Ich erinnere an seinen Tadel für den damaligen Regierungssprecher Conrad Ahlers, als dieser im Mai 1972 die gemeinsame Entschließung als verbindliche Interpretationsregel für alle Bundesregierungen bezeichnet hat. Ich erinnere daran, daß es eine unzweideutige, positive Äußerung des Abgeordneten Wehner über die Bedeutung des Karlsruher Urteils für den innerdeutschen Grundvertrag noch nicht gibt. Ich erinnere daran, daß Herr Wehner hinsichtlich der westlichen Forderung nach mehr Freizügigkeit für Menschen, Informationen und Ideen zwischen Ost und West erklärt hat, diese Forderung sei unrealistisch, während der Westen... gerade um dieses Ziel ringt. Ich erinnere daran, daß er die westlichen Äußerungen zugunsten unerschrockener Männer wie Sacharow und Solschenizyn als konzertierte Aktion gegen die Sowjetunion bezeichnete. Ich erinnere an seine zahlreichen Verunglimpfungen der Opposition, wenn sie pflichtgemäß auf die praktischen Folgen der verbindlichen Auslegungstexte der Ostverträge hinwies. Ich erinnere an Herrn Wehners geradezu kämpferisches Engagement vor und während seiner Moskauer Reise gegen die Auslegung des Vier-Mächte-Abkommens über Berlin, für die sich die Regierung Brandt/Scheel einsetzte.«

Die Schlußfolgerung des Abgeordneten Mertes: »Wem nützt es im Ergebnis, was Herr Wehner tut und sagt? Seit Mai 1972 kann diese Frage in aller Eindeutigkeit beantwortet werden: Sie nützt objektiv – ich sage nicht: der Intention nach – der Ost-Berliner und Moskauer Auslegung der Verträge und des Berliner Abkommens.«

Verträge, die fast nur dem Osten nützen

Die Wertung der Haltung Herbert Wehners gilt für die Ostverträge insgesamt: Jeder dieser Verträge nützt in besonderer Weise kommunistischen Zielen, jeder von ihnen hat – ob für Moskau, für Warschau, für Ost-Berlin oder für Prag – die Erfüllung jahrelang vergeblich an Bonn und den Westen gerichteter Forderungen gebracht. Mit dem deutsch-sowjetischen Vertrag hat die Regierung Brandt/Scheel das Deutschlandkonzept des Westens aufgegeben und sich für jenes der Sowjetunion geöffnet.

Nichts kann das Ausmaß der Erfolge, die der kommunistische Block durch die Bonner Ostpolitik von SPD und FDP erreichen konnte, eindringlicher beweisen, als die auf der berühmt gewordenen Konferenz von Karlsbad im Jahre 1967 von Moskau und seinen Satelliten aufgestellte Liste vorrangiger kommunistischer Ziele. Bei dieser Konferenz, die vom 24. bis 26. April stattfand, waren, unter der Führung Leonid Breschnews, 24 kommunistische Parteien vertreten. Es wurde eine Erklärung »Für den Frieden und die Sicherheit in Europa« verabschiedet, die Standortbeschreibung ebenso war wie eine Darstellung kommunistischer Strategien und Ziele. In einem »Aktionsprogramm« für die Schaffung eines »Systems der kollektiven Sicherheit«, »dem die Grundsätze der friedlichen Koexistenz von Staaten unterschiedlicher Gesellschaftsordnung zugrundeliegen«, unterbreiteten die Kommunisten ihre Forderungen:

»Die Anerkennung der Unantastbarkeit der bestehenden Grenzen in Europa und insbesondere der Grenze an Oder und Neiße sowie der Grenze zwischen den beiden deutschen Staaten;
die Anerkennung der Existenz zweier souveräner und gleichberechtigter deutscher Staaten: der Deutschen Demokratischen Republik und der westdeutschen Bundesrepublik, was von der Bundesrepublik den Verzicht auf die Alleinvertretungsanmaßung erfordert;
die Verhinderung des Zutritts der Bundesrepublik zu Kernwaffen in jeglicher Form;
Anerkennung, daß das Münchner Diktat vom Augenblick seines Abschlusses an ungültig ist.«

Das war Moskaus Maximalforderung. Dank der »Neuen Ostpolitik« von Brandt und Bahr können sie in der Strategiezentrale des Kreml weitgehend als erfüllt abgebucht werden!

Der Fahrplan Walter Ulbrichts zur Schaffung eines kommunistischen Gesamtdeutschlands, 1968 vorgetragen, wurde 1970 im deutsch-sowjetischen Vertrag zu großen Teilen erfüllt. 1968 hatte Ulbricht »die Anerkennung der bestehenden Grenzen einschließlich der Grenzen der DDR« verlangt. Der Moskauer Vertrag erfüllte diese Forderung: »Sie (die Vertragspartner) betrachten heute und künftig die Grenzen aller Staaten in Europa als unverletzlich, wie sie am Tage der Unterzeichnung dieses Vertrages verlaufen, einschließlich... der Grenze zwischen der Bundesrepublik Deutschland und der Deutschen Demokratischen Republik.« 1968 hatte Ulbricht »die Herstellung gleichberechtigter Beziehungen zwischen beiden deutschen Staaten« gefordert. Eilfertig formulierte 1970 Egon Bahr, der in Moskau die Verhandlungen unter bewußter Ausschaltung des damaligen Deutschen Botschafters Helmut Allardt führte: »Die Regierung der BRD will... ihre Beziehungen zur DDR auf der Grundlage der vollen Gleichberechtigung, der Nichtdiskriminierung, der Achtung der Unabhängigkeit und der Selbständigkeit jedes der beiden Staaten gestalten.«

1968 hatte Ulbricht erklärt: »Die Herbeiführung der europäischen Sicherheit erfordert, daß alle europäischen Staaten mit beiden deutschen Staaten und umgekehrt normale diplomatische Beziehungen herstellen.« Bahrs Antwort 1970: »Die Regierung der BRD geht davon aus, daß sich auf dieser Grundlage, nach der keiner der beiden Staaten den anderen im Ausland vertreten oder in seinem Namen handeln kann, die Beziehungen der DDR und der BRD zu dritten Staaten entwickeln werden.« 1966 schon hatte Ulbricht gefordert, »beide deutsche Staaten in die Organisation der Vereinten Nationen aufzunehmen«. Auch diese Forderung wurde von Bonn erfüllt.

Man versteht, warum die kommunistischen Vertragspartner Bonns die bisher im Zuge der von Brandt begonnenen und von Helmut Schmidt fortgesetzten Ostpolitik errungenen Fortschritte als Schritte zu einer deutschen Wiedervereinigung im kommunistischen Sinne begreifen. Offen spricht Ost-Berlin bei der Interpretation jenes Artikels der »DDR-Verfassung«, der von der Annäherung der beiden deutschen Staaten bis zu ihrer Vereinigung auf der Grundlage der Demokratie und des Sozialismus handelt, was angestrebt und erwartet wird: »In diesem Satz drückt sich unsere feste Überzeugung aus, daß der Sozialismus keinen Umweg um Westdeutschland machen wird, und daß der Tag kommt, wo die westdeutschen Arbeiter mit uns gemeinsam den Weg zu einem vereinigten sozialistischen Deutschland beschreiten werden.«

Während Bonn die »geregelte Form friedlicher Koexistenz« im Verhältnis zu unseren kommunistischen Nachbarn wohlklingend rühmt, ist in der »Prawda« – wie in anderen Blättern des Ostblocks – nachzulesen, was die Sowjetunion von diesem Prinzip der friedlichen Koexistenz im Sinne Lenins hält: »Die Politik der friedlichen Koexistenz trägt zur Entwicklung des Klassenkampfes im nationalen und internationalen Maßstab bei. Die bürgerlichen Liberalen und Pazifisten haben eine andere Vorstellung vom Wesen der friedlichen Koexistenz. Viele von ihnen halten zum Beispiel die Versöhnung der Ideologien für eine wichtige Voraussetzung der friedlichen Koexistenz.« Die Moskauer Antwort auf diese westliche Illusion: »Die friedliche Koexistenz setzt die Mobilisierung für den aktiven Kampf und die Ausnutzung der ganzen Macht des Sozialismus voraus.«

Hält man dieser eiskalten und aggressiven Zielsetzung die Stimmung törichter und tödlicher Vertrauensseligkeit entgegen, von der die Bonner Ostpolitik umgeben war und umgeben ist, so liegt auf der Hand, warum in Moskau und Ost-Berlin, in Warschau und Prag der Abschluß der jeweiligen Verträge als Schritt nach vorn im kommunistischen Gesamtangriff gefeiert wurde. Und während die Bundesregierung – der damalige Außenminister Scheel im Februar 1972 vor dem Bundestag: »Die Rechte und Verpflichtungen aus den Verträgen sind eindeutig formuliert. Sie geben keinen Anlaß zu einem Dissens zwischen den Vertragspartnern.« – beruhigende Selbstgefälligkeit zu verbreiten sucht, rüstete die kommunistische Seite zu weiterem politischem Angriff, um die Auslegung der Verträge in möglichst extensiver Form in das Arsenal ihrer Politik einzubeziehen.

Der deutsch-sowjetische Vertrag ist das Kernstück der sowjetischen Ostpolitik. Die folgenden Verträge waren mit der Vereinbarung von Moskau bereits vorprogrammiert und entschieden. Bahr hatte in seinem berüchtigten »Papier« dessen Existenz zunächst abgestritten, dessen Inhalt dann nach Bekanntwerden als »unverbindliche Protokollnotizen« abgetan wurde, obwohl es sich dann kurz darauf im Vertragstext wiederfand, diesen Vorrang des Moskauer Vertrages bestätigt: »Zwischen der Regierung der Bundesrepublik Deutschland und der Regierung der UdSSR besteht Einvernehmen darüber, daß das von ihnen zu schließende Abkommen und entsprechende Abkommen der Bundesrepublik Deutschland mit anderen sozialistischen Ländern, insbesondere... mit der Volksrepublik Polen... ein einheitliches Ganzes bilden.« So wurde der wesentliche Inhalt des Warschauer Vertrages bereits in Artikel 3 des deutsch-sowjetischen Vertrages vorweggenommen: »Sie (die Vertragspartner) betrachten heute und künftig die Grenzen aller Staaten in Europa als unverletzlich, wie sie am Tage der Unterzeichnung dieses Vertrages verlaufen, einschließlich der Oder-Neiße-Linie, die die Westgrenze der Volksrepublik Polen bildet.«

Ebenso wie für den Vertrag mit Warschau gilt für den mit Prag und für den innerdeutschen Grundvertrag ein deutliches Unterordnungsverhältnis unter den Moskauer Vertrag; schon allein deshalb, weil sich Bahr im Kreml zum Abschluß der anderen Verträge für die Bundesregierung verpflichtet hatte. Dieser Vorgang hat mehr als nur Symbolwert: Hierdurch wurde de facto die Breschnew-Doktrin der Unterordnung der Moskauer Satellitenstaaten unter die Oberherrschaft des Kreml von Brandt und Scheel, zu Lasten der von Moskau beherrschten Völker, anerkannt. Damit ist ein zusätzliches Propaganda-Argument der Bonner Ostpolitik widerlegt: Die Ostverträge brachten keine Aussöhnung zwischen dem deutschen Volk und seinen östlichen Nachbarvölkern, sondern besiegelten die Hegemonie der Sowjetunion über diese Völker in Mittel- und Osteuropa.

»Es ist unsinnig, wenn Vertreter der Zwei-Staaten-Theorie für Deutschland ausgerechnet von der Bundesrepublik erwarten, daß sie die Oder-Neiße-Grenze anerkennen soll. Nach dieser Theorie würde das doch bedeuten, daß die Bundesrepublik die Grenzen zwischen anderen Staaten anerkennen soll, also etwa wie die Grenze zwischen Österreich und Italien oder die zwischen Norwegen und Schweden. Diese Grenzdiskussion hat nur dann einen Sinn, wenn man entweder von der Grundlage eines rechtmäßig fortbestehenden ganzen Deutschland ausgeht oder jedenfalls bereit ist, Grenzfragen im Zusammenhang mit einer Friedensregelung im Sinne der Wiederherstellung der staatlichen Einheit zu erörtern. Wer unbesehen der von anderen diktierten Grenzlinie zustimmt, meint es nicht gut mit den zukünftigen deutsch-polnischen Beziehungen. Wer auf die wahre Aussöhnung und Freundschaft aus ist, wird nicht mehr versprechen, als er halten kann.«

Diese vernichtende Kritik des deutsch-polnischen Vertrages stammt nicht aus den Reihen der von SPD und FDP so gerne als ewiggestrig und entspannungsfeindlich geschmähten Opposition, sie stammt von Willy Brandt selbst, der in seinem Buch »Koexistenz und Zwang zum Wagnis« diese Analyse getroffen hatte – aber im Jahre 1963! Wider besseres Wissen also und wider bessere Erkenntnis sprach der damalige Bundeskanzler, als er sich am 7. Dezember 1970 von Warschau aus über das Fernsehen an die Bevölkerung der Bundesrepublik wandte: »Was ich im August Ihnen aus Moskau gesagt habe, liebe Mitbürgerinnen und Mitbürger, gilt auch für den Vertrag mit Polen: Er gibt nicht preis, was nicht längst verspielt worden ist.«

Nichts preisgeben, was nicht schon verspielt war?

Ohne einen Friedensvertrag hat die Bundesregierung im Warschauer Vertrag auf deutsche Rechtstitel verzichtet, die mehr als ein Viertel des Reichsgebietes in den Grenzen von 1937 betreffen. Die Brandtsche Auslegung, es sei nichts preisgegeben worden, was nicht schon längst verspielt gewesen sei, ist nicht einmal die halbe Wahrheit. Warum wohl sonst wäre die Sowjetunion ebenso wie Polen seit Jahren brennend daran interessiert gewesen, die deutsche Anerkennung der Endgültigkeit der Oder-Neiße-Grenze zu erlangen? Die Gegenleistung, die die Bundesrepublik Deutschland für die Erfüllung einer zentralen kommunistischen Forderung erhielt, war zu gering. Die beschwichtigende Argumentation nämlich, durch den Warschauer Vertrag werde es zu entscheidenden menschlichen Erleichterungen für die noch in Polen lebenden Deutschen kommen, vor allem auf dem Wege erheblich vermehrter Ausreisegenehmigungen, hielt den von ihr geweckten Erwartungen nicht stand. »Es wird vielen Menschen, die heute noch in Polen leben und die gern nach Deutschland wollen, weil sie hier Verwandte haben, die Ausreise ermöglicht werden. Umgekehrt wird es auch leichter werden, die alte Heimat zu besuchen. Ich bin froh, daß es nach schwierigen Verhandlungen gelungen ist, mit der polnischen Regierung über diese Frage ein Einverständnis zu erzielen«, hatte Brandt erklärt.

Schlampigkeit bei der Vertragsaushandlung war auch in Warschau die Bonner Richtschnur: Die humanitären Ziele nämlich wurden nicht einmal in den Vertrag aufgenommen. Von dem »Einverständnis« in dieser Frage, von dem Brandt sprach, ist keine Rede. Das Thema der Aussiedlung von in Polen lebenden Deutschen wurde damals zwischen Warschau und Bonn zwar in einem Papier, das die unverbindliche Bezeichnung »Information« trägt, behandelt – bezeichnenderweise aber ist diese »Information« in der Volksrepublik Polen nicht bekanntgemacht worden und trug zudem – nur Gipfelpunkt Bonner Unvermögens! – keinerlei verbindliche Unterschrift. Weder über die Zahl der in Polen lebenden Deutschen noch über den Umfang des davon ausreisewilligen Anteils wurde zwischen Bonn und Warschau Einvernehmen erzielt, auch über die Modalitäten einer eventuellen Ausreise wurde nichts gesagt. So kam es in den folgenden Jahren nicht nur zu unerträglichen Schikanen gegen Deutsche in Polen, die einen Ausreiseantrag stellten, wobei die Pressionen bis zum Verlust des Arbeitsplatzes reichten. In diese Art »Ostpolitik« paßte es auch, daß sich nur wenige Jahre später, 1976, Warschau von Bonn in neuerlichen Vereinbarungen noch einmal Milliardenzahlungen zu Lasten des deutschen Steuerzahlers sichern konnte – für etwas, was schon längst vertraglich zugesagt worden war, was zudem angesichts der im Ergebnis der »Konferenz über Sicherheit und Zusammenarbeit in Europa« gewährleisteten Freizügigkeit in Europa keiner Regelung oder gar Bezahlung bedurft hätte. Erneut wurde, trotz der von der Bundesrepublik Deutschland erbrachten Leistungen, nur vieldeutig und unpräzise festgelegt, welche und wie viele Deutsche eine Ausreiseerlaubnis bekommen sollten.

Diese Ausreiseerlaubnis wurde nochmals erkauft, diesmal mit Geld – mit über zwei Milliarden DM. Dieses »diplomatische Meisterstück« Helmut Schmidts war ein Hilfsprogramm für die ihr Land in den Bankrott treibende Wirtschaftspolitik der polnischen Kommunisten. Wenn Kardinal Stefan Wyszynski Weihnachten 1979 seine Empörung über die miserable Versorgung der polnischen Bevölkerung, über die langen Schlangen von Wartenden vor den Läden ausdrückte, diese Mißstände als Folge einer unfähigen Verwaltung, wenn auch nicht von der politischen Führung gewünscht, darstellte, dann hatte er sicher recht. Aber er konnte nicht hinzufügen, daß diese Mängel Mißstände des Systems sind, das von der politischen Führung unter dem Druck der Sowjetunion dem Land und Volk der Polen aufgezwungen wird, und daß die unfähige Verwaltung die unvermeidliche Folge dieses Systems ist.

Aber nicht nur die Verträge mit Warschau haben die Hoffnungen, Erwartungen und Versprechungen der Bonner SPD/FDP-Koalition nicht erfüllt. Mit den deutsch-deutschen Vereinbarungen ist es nicht anders. Großspurig hatte Brandt einst angekündigt, »daß die Bundesregierung nur dann über vieles mit sich reden lassen wird, wenn dabei gleichzeitig auch Erleichterungen für die Menschen im geteilten Deutschland herauskommen... Ein Vertrag zwischen der DDR und uns darf nicht, darf nie zu einer Nebelwand werden, hinter der alle die Menschen belastenden Tatbestände unverändert liegen.« Die Bundesregierung hat in der Tat über vieles, über alles mit sich reden lassen, hat alle entscheidenden Forderungen Ost-Berlins willig erfüllt – erfüllt bis zur Ausmerzung der Worte Deutschland und deutsch im regierungsamtlichen Sprachgebrauch. Zwar hatte Brandt im Februar 1972 vor dem Bundestag noch erklärt, daß Deutschland und deutsch Begriffe seien, »zu denen wir stehen und von denen andere auch kaum weglaufen können«, die Wirklichkeit sah auch hier anders aus: Bereits im Dezember 1971 hatte der Bundesminister für innerdeutsche Beziehungen in einem vertraulichen Schreiben »im Einvernehmen mit dem Bundeskanzleramt« gebeten, »den Begriff ›deutsch‹ durch ›Bundesrepublik Deutschland‹ zu ersetzen«. Mehr Menschlichkeit in Deutschland hat diese Bonner Demutsgeste vor dem Honecker-Staat nicht gebracht, ebensowenig wie alle anderen Zugeständnisse.

Die Verhärtung der innerdeutschen Front durch die SED geht so weit, daß es die Regierung in Bonn nicht einmal mehr wagen kann, einschlägige Analysen zu veröffentlichen, um nicht die eigene Politik öffentlich ad absurdum zu führen. Aus einer dieser Untersuchungen über die Abgrenzungspolitik Ost-Berlins geht beispielsweise hervor,

- daß ganze Betriebsbelegschaften sich schriftlich verpflichten müssen, sämtliche Briefkontakte mit der Bundesrepublik abzubrechen;
- daß Briefe aus dem Westen an Angehörige der Streitkräfte von den Vorgesetzten vor der Aushändigung geöffnet und gelesen werden;
- daß Briefträger die Empfänger von Westpost melden müssen;
- daß Briefkontakte nach dem Westen für Angehörige der Streitkräfte verboten sind;
- daß die Zahl der Geheimnisträger, denen Briefkontakte verboten sind, vergrößert wurde;
- daß Einwohner der »DDR« zur Reise in die Bundesrepublik unter anderem der Genehmigung der Kaderabteilung (Personalabteilungen) ihrer Betriebe und der Sicherheitsorgane bedürfen;
- daß die Überwachung und Bespitzelung der Besucher durch die Verpflichtung, alle Übernachtungen in Hausbücher einzutragen, verschärft wurde.

Nimmt man hinzu, daß im Postverkehr mit der Bundesrepublik seit dem 1. Januar 1971 Auslandsgebühren gelten; nimmt man hinzu, daß sich sämtliche SED-Mitglieder »freiwillig« schriftlich verpflichten mußten, keine Westbesuche zu empfangen und den Briefwechsel einzuschränken; nimmt man hinzu, daß diese Bestimmungen auf Hochschullehrer, leitende wissenschaftliche Mitarbeiter von Instituten und

Organisationen, auf Mitarbeiter von Behörden, auf Mediziner und allgemein auf Angehörige der »Intelligenzberufe« ausgedehnt wurden; nimmt man hinzu, daß Journalisten aus dem Westen in ihrer Arbeit behindert wurden, daß man »unbotmäßige« Pressevertreter erst gar nicht einreisen läßt; nimmt man hinzu, daß der von Ost-Berlin mit politischen Gefangenen betriebene »Menschenhandel« zu einer makabren und beschämenden »Exportindustrie« zur Beschaffung der heißbegehrten DM ausgebaut wurde – dann zeigt dieser Querschnitt durch die innerdeutsche Wirklichkeit, wie unsagbar hoch die Bonner Vorleistungen und wie unsagbar gering die Ost-Berliner Gegenleistungen in Sachen Menschlichkeit sind.

Kein Deutscher kann unberührt bleiben...

Kein Deutscher kann unberührt davon bleiben – obwohl die Betroffenheit über diese mörderische Unmenschlichkeit im Herzen Europas keine nationalen Grenzen kennen darf –, wenn nach den Feststellungen der »Arbeitsgemeinschaft 13. August« seit jenem unseligen 13. August 1961, dem Tag des Mauerbaus in Berlin, mindestens 176 Menschen an der deutsch-deutschen Grenze der Gewalt ihr Leben verloren. Ihr »Verbrechen« bestand darin, von Deutschland nach Deutschland zu wollen! Dabei dürfte die tatsächliche Zahl der Todesopfer angesichts einer Dunkelziffer, die von westlicher Seite nicht festzustellen ist, wesentlich höher sein. Obwohl Moskaus Statthalter in Ost-Berlin ihren Gefängnisstaat immer vollkommener ein- und abgrenzen, konnten vom 13. August 1961 bis zum 30. Juni 1979 doch 178943 Deutsche in die Freiheit fliehen. Was könnte dramatischer den »zweiten deutschen Staat« charakterisieren als die Massenflucht seiner Bürger!

»In meiner Vorstellung muß eine wirkliche Normalisierung zur Überwindung innerdeutscher Grenzverhaue und Mauern beitragen«, hatte Brandt am 19. März 1970 in Erfurt voller Optimismus erklärt. Egon Bahr gar machte am 13. November 1972 im Fernsehen fünf Tage vor der Bundestagswahl, dem deutschen Volk Hoffnung auf die Aufhebung des Schießbefehls: »...deshalb bin ich der festen Überzeugung, daß man in einigen Jahren rückblickend sagen wird: der Grundvertrag ist der Anfang vom Ende des Schießens in Deutschland gewesen.« Er wird Recht haben, wenn die Todesgrenze als Folge der »Neuen Ostpolitik« nach dem Westen verlegt sein würde!

Tatsachen sprechen eine andere Sprache, als es Brandt und Bahr der Öffentlichkeit vorgaukeln wollen. Ein Bericht des Bundesgrenzschutzes, Jahre nach der von SPD und FDP praktizierten Entspannungs- und Friedenspolitik »zur Normalisierung« in Deutschland erstellt, beschrieb die Wirklichkeit:

604 Kilometer doppelter Stacheldrahtzaun;
708 Kilometer Metallgitterzaun;
416 Kilometer Schutzstreifenzaun;
712 Kilometer Kraftfahrzeugsperrgraben, davon
345 Kilometer betoniert;
1052 Kilometer Kolonnenwege, davon 534 Kilometer betoniert;
157 Kilometer Lichtsperren;
898 Erdbunker;
297 Beobachtungstürme aus Holz und Stahl,
244 aus Beton;
125 Baumbeobachtungsstände;
457 Hundelaufanlagen mit 676 Hunden;
1,5 Millionen Minen.

Ergänzt wird dieses »Entspannungsarsenal« durch massiven personellen Einsatz. Allein an der innerdeutschen Grenze, also ohne Berlin, werden neben den Grenztruppen der Nationalen Volksarmee haupt- und nebenamtlich rund 140000 Angehörige der Sicherheitsdienste oder besonders verpflichtete Zivilpersonen zur Jagd auf Deutsche, die von Deutschland nach Deutschland wollen, eingesetzt. Bei Verhinderung einer Flucht durch Anwendung der Schußwaffe gibt es Geldprämien von 3000 Mark und Sonderurlaub. Der Schießbefehl wurde nicht nur nicht abgeschafft, die unmenschliche Grenze wurde durch die Installation automatischer Tötungsmaschinen weiter verschärft. Nach dem Grundsatz, daß Schußfeld vor Heimatrecht geht, reißen »DDR«-Grenztruppen Häuser, Höfe und ganze Ortschaften ein, um bessere Sicht auf ihre Opfer zu haben.

Zum Bild des deutschen Elends gehört auch, daß am gleichen Tag, an dem Bonns Beauftragter Gaus dem »DDR«-Staatsratsvorsitzenden Stoph sein Beglaubigungsschreiben überreichte und damit die Anerkennung Ost-Berlins durch Bonn in offiziellem Zeremoniell kundtat, in Berlin ein Flüchtling im Grenzstreifen vor der Mauer, vom Kugelhagel tödlich getroffen, liegenblieb. In jenem Berlin, in dem die Verhältnisse nach dem Vier-Mächte-Abkommen vom 3. September 1971 normalisiert worden sein sollen. Die Bundesregierung war davon ausgegangen, »daß mit dem Berlin-Abkommen die tragfähige Grundlage einer befriedigenden Berlin-Regelung geschaffen worden« sei. Kritik der Opposition an der Vereinbarung war mit dem Hinweis, das Abkommen sei ja auch von den Westmächten ausgehandelt und akzeptiert worden, zurückgewiesen worden.

Der Gedanke, daß Verantwortung für Deutschland in erster Linie die deutsche Politik tragen müsse, schien und scheint in der SPD/FDP-Koalition nicht gefragt zu sein. Auch die Überlegung galt und gilt nichts, daß sich die Westmächte durchaus gerne von der Last einer Verantwortung in deutschen Angelegenheiten befreien lassen würden, die ihnen von deutscher Politik unter Konrad Adenauer einst aufgeladen worden war. Was für ein Verständnis deutscher Politik wird sichtbar, wenn der zuständige Verhandlungsführer Egon Bahr am 17. April 1971 seinen amerikanischen Gesprächspartnern in Washington erklärte, daß für die Bundesregierung prinzipiell alles annehmbar sei, was die drei Westmächte für akzeptabel hielten? Bei der gleichen Konferenz hatte Bahr die Amerikaner mit der Mitteilung überrascht, daß ihm die Errichtung eines sowjetischen Generalkonsulats in Westberlin durchaus vorteilhaft erscheine. Als von amerikanischer Seite zu bedenken gegeben wurde, daß damit ein Schritt in Richtung dessen getan würde, was die Sowjets seit langem immer wieder forderten, nämlich die Schaffung einer besonderen politischen Einheit Westberlins, reagierte Bahr mit der erstaunlichen Feststellung, »daß Berlin leider einen besonderen Status haben müsse und deshalb ein drittes Phänomen darstelle«.

Daß auf der Grundlage einer solchen politischen Haltung keine Lösungen gedeihen können, die die Lage Berlins sicherer und weniger krisenanfällig machen, ist anzunehmen. So stellte denn auch der damalige Bundespräsident Gustav Heinemann, ein der SPD/FDP-Koalition gewiß unverdächtiger Zeuge, im April 1974 bei seinem Abschiedsbesuch in der ehemaligen Reichshauptstadt fest, daß »die östliche Seite den Plan nicht aufgebe, Westberlin eines Tages zu schlucken«. Wie sehr Heinemann recht hat, bestätigt die »DDR« immer wieder, die nicht müde in ihren Bemühungen wird, Westberlin immer mehr von der Bundesrepublik zu isolieren. Dabei kann sich Honecker jeweils auf die volle Unterstützung durch Moskau verlassen. Ost-Berlin protestiert gegen alles, was denkbar ist: Gegen den Besuch des Bundestagspräsidenten, gegen den Aufenthalt des Bundespräsidenten, gegen Bundestagsausschußsitzungen, gegen Konferenzen des Europäischen Parlaments in Berlin, gegen das Umweltbundesamt, gegen Berlin als Sitz der von Brandt schon vor vielen Jahren versprochenen »Deutschen Nationalstiftung« usw. usw.

Nach einem Jahrzehnt von SPD und FDP zu verantwortender Bonner Politik bietet sich die Lage der deutschen Nation in keinem Punkt verbessert oder für die betroffenen Menschen leichter dar. Die Teilung des Vaterlandes wurde nicht nur nicht überwunden, sie wurde verfestigt, das bis zur Elbe reichende Aufmarschgebiet des sowjetischen Imperialismus wurde gefestigt, die Abtrennung der Gebiete jenseits von Oder und Neiße besiegelt, mit Prag ein Vertrag geschlossen, der die Vertreibung von mehr als drei Millionen Menschen nicht einmal erwähnt, die Stellung Berlins ist nicht sicherer geworden. Der Blankoscheck auf Menschlichkeit, gegen den alles gegeben wurde, wurde von der anderen Seite nicht eingelöst.

Die wahre Lage der Nation und unsere Verantwortung

Das ist die wahre Lage der Nation. Nichts ist geblieben von den großen Versprechungen, mit denen SPD/FDP-Bundesregierungen ihre Ost- und Deutschlandpolitik in Szene setzten. Statt Entspannung sehen wir uns einer Aufrüstung der Sowjetunion gegenüber, die die defensiven Notwendigkeiten ebenso überschreitet – auch wenn dies Herbert Wehner und seine sozialistischen Parteigänger nicht wahrhaben wollen – wie ihre ökonomisch vertretbaren Grenzen. Nichts ist geblieben vom »Wandel durch Annäherung«, jener Zauberformel, die uns in Aussicht stellte, daß das Verhältnis der beiden deutschen Staaten zueinander sich bessern, das Los der Menschen leichter sein werde, Freiheit für Menschen, Informationen und Meinungen schrittweise eintreten werde, daß das System der Unmenschlichkeit abgebaut werde und daß sich die Deutschen in beiden Teilen Deutschlands näherkommen könnten.

Die Wirklichkeit besteht in einer Verschärfung der Abgrenzungspolitik der »DDR«. Die deutsch-deutsche Grenze wird immer vollkommener zur Todesgrenze ausgebaut. Die Jugend im anderen Teil Deutschlands wird zum Haß gegen den »Klassenfeind« im freien Teil Deutschlands erzogen. Der Begriff Deutschland ist im »Arbeiter- und Bauernstaat« von Moskaus Gnaden getilgt worden. Die »Nationale Volksarmee« wird mit dem »Feindbild Bundesrepublik« auf den großen Krieg zur »Befreiung« Westdeutschlands psychologisch vorbereitet und aufgeladen.

Trotz oder wegen dieser offensichtlichen Mißerfolge wagte es die SPD/FDP-Bundesregierung nicht einmal mehr, eigene Rechte und Positionen gegenüber der »DDR« und dem Osten geltend zu machen, geschweige denn bestehende Verhandlungsspielräume auszunutzen. Alte deutschlandpolitische Vorstellungen werden aus den sozialistischen Schubladen geholt, die den freien Teil Deutschlands aus jenen europäischen und atlantischen Bindungen herauslösen sollen, die nicht nur seine Freiheit garantieren, sondern auch die

Hoffnung der Menschen im anderen Teil Deutschlands auf eine – wenn auch in ferner Zukunft liegende – Wiedervereinigung in Freiheit.

Zu Beginn der achtziger Jahre droht damit zum zweiten Mal seit 1969 die geschichtliche Chance verspielt zu werden, die Neuordnung der Kräftekonstellationen in der Weltpolitik dem Auftrag deutscher Politik für die Freiheit aller Deutschen nutzbar zu machen. Es war der Hauptfehler der sozialistischen Ost- und Deutschlandpolitik, die Sowjetmacht für eine Größe zu halten, deren innere und äußere Unüberwindbarkeit unbefristet und zukunftsgewiß sei.

Hätte man diese Tatsachen seit 1969 beachtet, dann wäre einer deutschen Regierung die Möglichkeit gegeben gewesen, anders zu verhandeln, zäher zu ringen, mit der Bereitschaft auch zum Rückschlag und zur Unterbrechung. Wir hätten auch dann nicht die Wiedervereinigung Deutschlands erzielt, weil der historische Prozeß dafür noch nicht reif ist. Aber wir hätten nicht wesentliche Voraussetzungen dafür verspielt, wir hätten bessere Verträge bekommen, in denen deutsche Rechtspositionen erhalten und militärische Nichtangriffsgarantie ausgetauscht worden wären sowie für die Zukunft ein freier Wettbewerb der Demokratie und des Kommunismus im Ringen um die bessere Lebensordnung hätte zur Geltung gebracht werden können. Das ist versäumt worden, und das ist der historische Fehler seit 1969.

Ich weiß, daß eine Änderung des deutschen Schicksals der Teilung und der Unfreiheit für Millionen Mitbürger ohne eine Änderung der Politik der Sowjetunion nicht möglich ist. Ich weiß aber auch – darauf habe ich Leonid Breschnew in unserem Gespräch im Mai 1978 hingewiesen – in Kenntnis der deutschen und der russischen Geschichte aus den Erfahrungen der gegenseitigen Beziehungen zwischen den beiden Völkern, daß es ihnen immer dann gut ging, wenn sie in Frieden miteinander lebten, daß Unglück über sie kam, wenn es nicht so war.

Ich bin kein Nationalist und habe auch keine nationalistischen Leidenschaften, immer habe ich den Nationalismus für den Totengräber Europas gehalten. Ich komme aus einer

Familie, in der mein Vater 1933 bei der Machtübernahme der Nationalsozialisten erklärte: Hitler ist Kanzler, Hitler ist Krieg, Hitler ist das Ende Deutschlands. Diese Grundeinstellung hat mich in meiner Jugend geprägt. Das heißt, daß es für mich außerhalb jeder Frage steht: Krieg darf und wird nie wieder ein Mittel der deutschen Politik sein.

Trotz aller düsteren Schatten, unter denen die achtziger Jahre unseres Jahrhunderts begonnen haben, trotz der wenig erfreulichen Aussichten auf eine baldige Änderung der Lage in Deutschland bezüglich Freiheit oder Einheit: Langfristige Perspektiven weisen darauf hin, daß nur ein historischer Prozeß der Wende in den Beziehungen zwischen der Sowjetunion und Deutschland der alleinige Einstieg in eine Lösungsmöglichkeit der deutschen Frage sein kann. Dies würde nicht nur, wie die geschichtlichen Lehren zeigen, für das Glück des russischen und des deutschen Volkes, sondern auch für den Frieden der Welt von herausragender Bedeutung sein.

Trotz aller Schwierigkeiten, trotz aller Probleme: Es besteht kein Grund zur Resignation und Selbstaufgabe. Mit Augenmaß, mit Vernunft, mit dem Blick für das Wirkliche und das Mögliche, vor dem Hintergrund geschichtlicher Erfahrungen und mit dem notwendigen langen Atem hat die deutsche Politik, wie ich sie sehe, ihre nationale Verantwortung wahrzunehmen. Die Freiheit für alle Deutschen ist dabei das erste Ziel. Sein Erreichen wäre nicht nur ein deutscher, sondern ein europäischer Erfolg. Mit der Freiheit für alle Deutschen hätte die Freiheit in der Welt einen Sieg errungen.

IV

Nur ein starker Staat ist ein freiheitlicher Staat

Politik will Ordnung · Macht ist nicht Selbstzweck · Das gemeinsame Interesse freier Bürger · Die schillernde »Demokratisierung« · Maßstäbe der Rechtsstaatlichkeit · Das Phänomen der APO · Für Recht und Ordnung · Die schleichende Revolution · Die SPD-Führung versagt · Keine Staatsfeinde im Staatsdienst · Freiheitsauftrag des Staates

Stellt ein Politiker, der sich christlichen Wertvorstellungen verpflichtet weiß, der im Sozialen, im Liberalen und im Konservativen die Orientierungspunkte seines Handelns sieht, die Frage nach dem Auftrag, dem Wesen und den Grenzen des Staates, so stellt er damit schlechthin die Frage, was Politik ist. Der Mensch ist auf ein Leben in der Gemeinschaft hin angelegt, außerhalb dieser Gemeinschaft gibt es keine dem Menschen gemäße Existenz. Die seins- und sinngerechte Ordnung dieser Gemeinschaft im staatlichen und gesellschaftlichen Rahmen ist die Aufgabe der Politik. Nicht umsonst nennt Aristoteles den Menschen ein »zoon politikon«, was Seneca mit »animal sociale« ins Lateinische übersetzt.

Politik hat daher mit allen Bereichen des sozialen Lebens zu tun, mehr noch, sie vollzieht heilsgeschichtliche Aufgaben. Denn das Seins- und Sinngerechte vollendet sich in der metaphysischen, der religiösen und der sittlichen Ordnung, die ihrerseits dem Menschen als Person, als freiem und zugleich verpflichteten Wesen dient. Außerhalb des Politischen gibt es kein menschliches Dasein, innerhalb des Politischen gestaltet sich unser Schicksal. Die Sprache als Fähigkeit, bleibende Wesenszusammenhänge zu begreifen und auszudrücken, hat eine Fülle von Bereichen unseres Lebens mit der Politik in Verbindung gebracht. Das gesamte menschliche Leben wird von ihr zur »Polis« in Bezug gebracht: Kulturpolitik, Innenpolitik, Außenpolitik, Religionspolitik, Sozialpolitik, Wirtschaftspolitik, Finanzpolitik, Familienpolitik, Personalpolitik, Medienpolitik, Hochschulpolitik, Kirchenpolitik, Gewerkschaftspolitik, Verbandspolitik, Kommunalpolitik, Landespolitik, Verteidigungspolitik, Parteipolitik – kein Lebensbereich, der nicht in irgendeiner Form dem Politischen zugeordnet wäre. Politik ist also eine mit unserer Existenz wesensmäßig verbundene, ständige und bestimmende Ausstrahlung und Einwirkung auf die zwischenmenschlichen Beziehungen, auf die Gesellschaft, auf den übergeordneten Rahmen des Ganzen, auf den Staat.

Politik will Ordnung

Politik will Ordnung und braucht Ordnung. Ordnung ist die rechte Stellung der Menschen und Dinge in Raum und Zeit. Die »rechte« Stellung wird Menschen und Dingen durch das Recht zugeordnet, das aus den ungeschriebenen und aus den geschriebenen Regeln der Gerechtigkeit hervorgeht. Immer wieder ist in der Geschichte, auch in der abendländischen, der Versuch gemacht worden, Politik im Wertneutralen oder gar Wertfremden zu treiben – und immer wieder hat dieser Versuch in Unmenschlichkeit geendet. In Wahrheit nämlich verwirklicht Politik ein bestimmtes Ordnungsbild und dient damit dem innersten Wesen der menschlichen Natur. Der Mensch in seinem konkreten Sein ist die Aufgabe der Politik. Sie hilft ihm, sich in Freiheit zu entwickeln, in Freiheit soziale Bindungen zu gestalten und Menschenwürde als obersten Wert der sichtbaren Schöpfung zu leben. Aber der harte Kern aller sichtbaren Ordnungen sind nun einmal die religiösen Vorstellungen, wie Professor Wilhelm Hennis sagt.

Politik will Ordnung in der Gemeinschaft, und das Gemeinwohl ist das oberste Sozialprinzip. Es verkörpert den geordneten Zustand der Gesellschaft und die Gesamtheit ihrer Zielsetzungen. Gemeinwohl kann definiert werden als Friede und Sicherheit für alle Bürger und als ein Höchstmaß geistigen und materiellen Wohles, soweit es sich durch Eintracht und geordnete Zusammenarbeit aller in Staat und Gesellschaft verwirklichen läßt. Politik wiederum hat die Aufgabe, es dem einzelnen zu ermöglichen, in der jeweils persönlich zu verantwortenden und rechtlich geordneten Weise an der Verwirklichung dieses Gemeinwohls mit tätig zu sein.

Es wäre aber falsch, alle denkbaren gesellschaftlichen Sachverhalte durch Rechtsnormen regeln zu wollen und Rechtsnormen an die Stelle echter oder vermeintlicher Werte zu setzen. Die Verfassung und die Gesetze sind zwar dazu da, Konflikte zu vermeiden oder zu lösen, aber sie sind überfordert, wenn sie als Konfliktlösungsmaschinen in allen Fällen dienen sollen, die in einer modernen Gesellschaft vorkommen oder denkbar sind.

Alles tun, das dem Gemeinwohl dient, ist politisches Handwerk. Die Pflicht des Politikers und der Auftrag politischer Institutionen besteht darin, das seins- und sinngerechte Ordnungsbild der Gesellschaft geistig zu begründen, es unter den jeweiligen Umständen zu verwirklichen, die gerechte Ordnung zu erhalten und zu sichern. Politisches Handeln ist daher bewußtes und rationales Handeln.

Politisches Handeln ist aber auch ein kunstvolles Handeln. Es erfordert Wissen und Können und zugleich die sittliche Unterordnung des Handelns unter die vom Gemeinwohl geforderten Normen. Politik darf sich aber nicht als Maschine zur Befriedigung von Ansprüchen verstehen, sonst wird sie ihrer wirklichen Aufgabe nicht gerecht, nämlich Normen für gesellschaftliches Zusammenleben zu vermitteln. Der Staat ist keine Gegenkirche – seine Aufgabe ist es nicht, soziale Ansprüche zu erfüllen, emotionale Sehnsüchte zu befriedigen, Glück auf Erden zu verschaffen.

Das Ordnungsbild vom Menschen und vom Staat, in dem nach meinem politischen Selbstverständnis die Freiheit ganz oben steht, enthält die Maßstäbe, nach denen die Mittel zu ihrer Verwirklichung zu suchen und zu gestalten sind. Deshalb kann der Politik der Primat zugestanden werden, da sie das Gemeinwohl zur obersten und entscheidenden Norm ethischen Handelns macht. Dabei bindet das Ziel den politisch Handelnden. Es enthält bereits in sich Gebote und Verbote, einen ethischen Katalog, der die Wahl der Mitte begrenzt. Vom politisch verantwortlich Handelnden wird die rechte Sicht der Sache gefordert: Er muß in den durch göttliche und menschliche Ordnung gesetzten Maßstäben denken, er muß Beziehungen und Zuordnungen erkennen, er muß das Sachgerechte erforschen und die »richtige« Einordnung der Einzelinteressen in die Gemeinschaftsordnung fördern – Sachtreue im Gemeinwohl ist die Norm der Politik.

Der politisch Verantwortliche muß aber auch sittlich handeln: Er muß sich den gegebenen Regeln unterordnen, Gemeinwohl, Friede, Sicherheit, Freiheit, geistiges und materielles Wohl, einträchtige und zugeordnete Zusammenarbeit aller gebieten bestimmte Verhaltensweisen und verurteilen andere. Politik ist deshalb keine Kunst oder Kunstlehre, die auf Distanz von Moral gehen oder in Indifferenz zu Moral in die Wirklichkeit umgesetzt werden könnte. Politisches Handeln ist von ethischen Maßstäben begrenzt, die sich aus dem erkannten Ziel ergeben. So gehört zum politischen Handeln die sittlich-schöpferische Selbstbeherrschung, die sich aus der Sachtreue und der ethischen Einordnung ergibt.

Dazu gehört auch die Fähigkeit, moralische und pseudomoralische Maßstäbe voneinander zu unterscheiden und moralischen Rigorismus mit seinen politisches Handeln und politische Verantwortung lähmenden Folgen zu vermeiden. Wer den Staat zerstören will, muß die Politik entstaatlichen. Wer Verantwortung verhindern will, muß sich dem Maßstab rigoroser Gesinnungsethik anpassen. Wer die innere Sicherheit aushöhlen und die bürgerliche Freiheit vernichten will, der muß unter dem Motto »gleiches Recht für alle« auch die Feinde der demokratischen Staatsform in den öffentlichen Dienst und zum Marsch durch die Institutionen zulassen, der muß unter der Maske moralischer Entrüstung und mit lautem Wehgeschrei über die bürgerfeindliche Tätigkeit der Nachrichten- und Sicherheitsdienste ihre Lähmung anstreben und ihre Zerschlagung betreiben.

Politisches Handeln strebt, wie Friedrich Foerster gesagt hat, die »Kooperation der Gehirne« an. Politisches Handeln pflegt die Erkenntnis, die ihrerseits die innere Bereitschaft hervorbringt, gesellschaftliche Bedingungen zu schaffen oder schaffen zu helfen, unter denen ein staatliches und gesellschaftliches Ordnungsbild verwirklicht werden kann. Die Rangordnung der Erkenntnisse und die Rangordnung der Werte erreichen im Zielbild des politisch Handelnden ihre Verschmelzung – der für das Gemeinwohl verantwortliche Staatsmann muß rational sachgerecht und existentiell ethisch handeln.

Es gibt kein wertfreies politisches Denken und Tun. Jedes politische Wollen erklärt und rechtfertigt sich aus dem Menschenbild, das es begründet, und aus dem sozialen Zielbild, das es verwirklicht. Die ethische Bindung läßt dann den politisch Handelnden Folgen und Auswirkungen seiner Taten erkennen. John Acton, der große englische Historiker der Freiheit, sprach der Politik eine besondere Sittlichkeit zu, »die bei besonderen Bedürfnissen und Bedingungen kunstgerecht anzuwenden ist«. Er lehnte die Thesen, das öffentliche Leben sei nicht eine Angelegenheit der Moral, oder: es gebe keine gültige Regel von Recht und Unrecht, oder: die Handelnden der Geschichte und der Politik müßten nach ihrem Zeitalter beurteilt werden statt nach feststehenden Grundsätzen und Grundwerten – wie Gewissen, Verantwortung oder Freiheit – als machiavellistisch ab. Entschieden und entscheidend bekannte sich John Acton zu dem Grundsatz: »Die Prinzipien der öffentlichen Moral sind so bestimmt wie die Moral des Privatlebens, aber sie sind nicht identisch.«

Über Politik und Staat, über ihr Wesen und ihren Auftrag nachdenken, heißt immer auch, Überlegungen über Sinn und Grenzen der Macht anstellen. Max Webers berühmte Definition lautet: »Macht bedeutet jede Chance, innerhalb einer sozialen Beziehung den eigenen Willen auch gegen Widerstreben durchzusetzen, gleichviel worauf diese Chance beruht.« In der Tat gehört die Überwindung eines Widerstandes zur Definition der Macht. Der Autorität, die gesellschaftliche Ordnung aufbaut, entspricht der Gehorsam der Ordnungsuntergebenen. So mag es zutreffen, daß Politik nicht möglich wäre, wenn der eigene Wille des Politikers sich nicht gegen Widerstreben durchsetzen könnte. Macht ist als Kunst und Funktion, wie Romano Guardini definierte, »aus sich weder gut noch böse. Sie empfängt ihren Sinn erst aus der Entscheidung dessen, der sie braucht.« Ohne Macht keine Politik – aber ohne Moral wird Macht zur rohen Gewalt.

Jacob Burckhardt hat einmal in einer idealistischen Überzeichnung Macht als solche bereits der Kategorie des Bösen zugeordnet. Dies ist eine verzerrte Wertung: Weder ist Macht wertneutral, wie bei Max Weber, noch ist sie ihrem Wesen nach böse, wie bei Jacob Burckhardt. Mit Hilfe von Macht übt der Politiker eine sittliche Ordnungsfunktion aus. Macht muß daher von der Rangordnung der Werte bestimmt sein. Zu den Grundnormen eines Politikers, der sich in einer christlich geprägten Verantwortung sieht, gehört die Einordnung der Macht als Mittel der Verwirklichung des Gemeinwohls. Macht ist nicht Ziel der Politik. Das Mittel der Macht darf angewendet werden, den gesellschaftlichen Ordnungswillen in konkretes gesellschaftliches Sein zu übersetzen. Die politische Entscheidung bedarf der jeweils angemessenen Machttechnik, die die geistige Entscheidung in die gesellschaftliche Wirklichkeit hineingestaltet.

Macht ist nicht Selbstzweck

Das Verhältnis von Politik und Macht ist eine existentielle Frage für den handelnden Politiker. Er bedarf der Macht, um im Widerspiel der Interessen das politische Ordnungsbild, das er von Staat und Gesellschaft hat, zu verwirklichen. Damit dient die Macht sittlichen Zwecken, sofern sie geordnet und ihre Ausübung an die Maßstäbe des Rechts gebunden bleibt. Gegen die Loslösung der Macht aus sittlicher Bindung, gegen die Macht als höchsten Wert einer Rangordnung, aber auch gegen die Verteufelung der Macht gilt es für den verantwortlichen Politiker, ihren sittlichen Inhalt und ihre Grenzen zu definieren. Der Mensch nimmt am Schöpfungsauftrag teil, ihm ist Macht übertragen, die Dinge der Erde zu ordnen. So kann auch der Politiker der ordnenden Macht nicht entbehren. Staat und Gesellschaft bedürfen der legitimen Machtbeziehung, des Befehls und des Gehorsams. Macht ist politisch, wenn sie geordnet ist. Sie hat stets der Gerechtigkeit zu dienen, aus der die seinsmäßigen Ansprüche der persönlichen Würde und Freiheit folgen.

Politische Macht steht also nicht beziehungslos im Geschehen und Vollenden, sie ist nicht Selbstzweck, nicht Höchstwert. Politische Macht dient den Zielen des Gemeinwohls und empfängt von ihnen ihre sittliche Rechtfertigung. Politische Macht dient der Gerechtigkeit, sie dient dem Ausgleich, sie dient dem Frieden, sie dient der Freiheit – weil sie den sicheren Rahmen schafft, innerhalb dessen der einzelne Bürger sein Leben in Selbstverantwortung und Freiheit gestalten kann.

Zu den wesentlichen Tugenden eines konservativen Politikers gehört für mich die ständige Einsicht, daß Politik als Menschenwerk endlich und in ihrem Erfolg begrenzt ist, begrenzt sein muß. Nur politische Irrlehren verheißen perfektionistische paradiesische Zustände schon auf Erden – wohin dies führt, in welche Hölle, haben alle Ideologen, die bisher mit diesem Totalanspruch angetreten sind, in ihrer Unmenschlichkeit gezeigt. Nicht blinder ideologischer Eifer, der Gleichmacherei und Gleichschaltung will, sondern die ständige Bereitschaft, ein exaktes Gleichgewicht zwischen möglichst großer Freiheit des einzelnen und möglichst gefestigter staatlicher Ordnung zu schaffen und zu erhalten – darin sehe ich einen wesentlichen Bestandteil einer freiheitlichen Politik. Der Wille und die Fähigkeit zum Kompromiß also sind nicht Zeichen von Schwäche, sondern notwendige Voraussetzungen, wenn man zur Sicherung der demokratischen Ordnung einen möglichst breiten Konsens herbeiführen will. Recht und Freiheit setzen die Grenzen dieser Kompromißbereitschaft.

Die vier Kardinaltugenden des Thomas von Aquin – Mäßigung und Tapferkeit, Klugheit und Gerechtigkeit – sind als Orientierungslinien für einen dem Gemeinwohl verpflichteten Politiker substantielle Anhaltspunkte. Denn auch Mäßigung und Tapferkeit, die den Menschen zu sich selbst ins rechte Maß setzen, besitzen eben deshalb soziale und politische Wirkungskraft, weil nur der in sich geordnete, beherrschte und zugleich tapfere Mensch Ordnung, Mäßigung und Tapferkeit in Gesellschaft und Staat zu vertreten vermag. Klugheit und Gerechtigkeit indessen sind jene geistig-seelischen Fähigkeiten des Menschen, die es ihm ermöglichen, das soziale Ordnungsbild schöpferisch zu verwirklichen. Die Klugheit entspricht dabei dem rationalen Wesen der Politik, die Gerechtigkeit motiviert die ordnenden Willenskräfte.

Klugheit und Gerechtigkeit prägen jene Verhaltensweisen des Politikers, die die Stabilität und Dauer des Menschlichen in Gesellschaft und Staat garantieren. Umgekehrt geht von diesen beiden Tugenden jene Ausstrahlung aus, die vor dem Mißbrauch der politischen Macht zu schützen vermag. Das Verhältnis von Politik und Macht entspricht dem seins- und sinngerechten sittlichen Auftrag, wenn Macht und Gerechtigkeit, wenn Macht und Moral einander zugeordnet sind. Nur die rechte Rangordnung der Erkenntnisse und der Werte vermag der Macht Bestand zu verleihen und der Politik ihre letzte gültige sittliche Verankerung zu gewähren.

So verstehe ich den demokratischen Staat als Antwort auf die Grundfrage humaner Politik: Wie kann die politische und rechtliche Ordnung so gestaltet werden, daß sowohl der allgemeine Friede als auch die Freiheit des einzelnen gewahrt bleiben? Die Politik, für die ich seit über drei Jahrzehnten stehe und kämpfe, achtet die individuellen und sozialen Ansprüche des Menschen gleichermaßen. Deshalb lehnt sie die anarchistische Staatsverachtung ebenso ab wie jede Form totalitärer Staatsvergötzung. »Weil nur der demokratische Rechtsstaat die Freiheit und den Frieden freier

Bürger schützen kann, bekämpft die Christlich-Soziale Union unerbittlich alle Feinde unseres Staates. Nur eine wehrhafte Demokratie garantiert Bestand und Zukunft unseres Staates. Dies setzt das Bekenntnis der Bürger zu ihrem Staat und seiner freiheitlich-demokratischen Grundordnung voraus«, heißt es dazu im Grundsatzprogramm der CSU, deren Vorsitzender ich seit 1961 bin.

Unsere Ausgangsüberlegung: Der Staat sieht sich dem Widerspruch ausgesetzt, daß Art und Umfang seiner Tätigkeit ständig zunehmen, während sich seine Autorität und seine Entscheidungsfähigkeit eher verringern. Der Staat, von dem man die Erfüllung immer größer werdender Anforderungen seiner Bürger erwartet, sieht sich zugleich in der Rolle eines Instruments rivalisierender Gruppeninteressen. Zusätzlich droht dem Staat Autoritätsverlust, wenn er sich gegenüber den Forderungen wichtiger und gewichtiger Gruppen, der offenen Bekämpfung der demokratischen Ordnung oder politischer Kriminalität als schwach und erpreßbar zeigt. In dieser Richtung verstärken sich die negativen Entwicklungen um so mehr, je ausschließlicher der Staat nur noch als Erzeugnis der Gesellschaft verstanden wird. Dabei stellt der Staat mit seinen Einrichtungen und Rechtsnormen einen eigenen Bereich dar, der sich von der Gesellschaft deutlich abgrenzen läßt und abgrenzen muß. Eine Unterscheidung zwischen Staat und Gesellschaft ist nicht nur zweckmäßig und möglich, sondern wegen der besonderen Aufgaben des Staates zwingend notwendig. Läßt sich der Staat völlig in das Kräftespiel der Gesellschaft einbeziehen, läßt er sich gar mit der Gesellschaft gleichsetzen, so ist er nicht mehr in der Lage, gegenüber dieser Gesellschaft als eine an Verfassungsnormen gebundene Autorität aufzutreten. Die Freiheit des einzelnen wäre, da der Staat sie nicht mehr schützen könnte, in Gefahr, die demokratische Willensbildung der Bürger könnte nicht mehr in politisches Handeln überführt werden.

Für soziale, liberale und konservative Politik in christlicher Verantwortung geht der Staat auf dem Wege demokratischer Willensbildung aus der freien Mitwirkung seiner Bürger hervor. Er wird auch auf diese Weise weiterentwickelt. Dabei setzen die Gründe für das Entstehen demokratischer Normen und demokratischer Willensbildung zugleich die Maßstäbe für deren Ziel und Umfang: Demokratische Begründung, Ausübung und Kontrolle von Herrschaft folgen aus dem gemeinsamen Interesse freier Bürger an der Einschränkung ihrer Freiheit durch ein für alle geltendes Recht. Daraus ergibt sich, daß Angelegenheiten von allgemeiner Bedeutung nur durch die allgemein legitimierte Form der Herrschaft geregelt werden dürfen und daß sich diese Herrschaft aller nur auf das erstrecken darf, was auch alle betrifft. Die Demokratie wird gegen die Grundlage ihrer eigenen Rechtfertigung gekehrt, wenn geduldet wird, daß einzelne oder Gruppen einen Monopolanspruch auf Formulierung und Vertretung der gesellschaftlichen Interessen erheben, oder wenn das Privatleben öffentlicher Kontrolle unterworfen wird.

Gerade weil die CSU mit ihrer Politik den klaren Standpunkt »so viel Staat wie nötig – so viel Freiheit wie möglich« vertritt, ist für sie die funktionierende Autorität des Staates unersetzliche Gewähr für das Funktionieren der demokratischen Ordnung überhaupt. Der demokratische Staat Bundesrepublik Deutschland, den wir nach der schlimmsten Katastrophe deutscher und europäischer Geschichte aus einem Trümmerhaufen gebaut haben, verdient es, gegen seine Feinde entschlossen verteidigt zu werden. Dabei wird dieser Angriff gegen den Staat auf vielen Kampfplätzen geführt. Einer der wichtigsten ist der Bereich der Sprache und Begriffe. So ist, um ein Beispiel herauszugreifen, der Begriff »law and order«, Recht und Ordnung, zu einem beliebten Schlagwort-Knüppel der politischen Linken geworden, mit dem auf den demokratischen Staat eingeprügelt wird. Professor Otto B. Roegele hat in seiner Anatomie politischer

Schlagworte auch den Einsatz des Wortpaares »law and order« untersucht:

»Neuerdings ist festzustellen, daß Recht und Ordnung lächerlich gemacht werden. Zahlreiche Wichtigtuer, auch wenn sie im übrigen keine Meister der englischen Sprache sind, verwenden dabei die angelsächsische Phrase ›law and order‹. Originell, wie unsere aufsässige Jugend ist, hat sie ihren Komplex gegen Recht und Ordnung aus Amerika bezogen, wo überhaupt ihre ganze Rebellion ihre Wurzeln und Vorbilder hat. Law and order, so hieß es laut tönend im Aufbegehren der sechziger Jahre in den Vereinigten Staaten, seien nur die Mittel der Besitzenden, der Profitmacher, der Ausbeuter, mit denen sie sich den Ansprüchen der Nichtbesitzenden, der Verlierer, der Ausgebeuteten widersetzten. Zu diesen Ansprüchen wurde auch gleich der Anspruch auf Herrschaft im Staate gerechnet.«

Und Roegele weiter: »In Deutschland werden amerikanische Schlagwörter nachgeplappert. Die es tun, rühmen das schießwütige Regime der ›DDR‹, das Menschen an der Mauer umbringen läßt, die das Ulbricht/Honeckersche Paradies verlassen möchten, und empfehlen es zur Nachahmung. Gleichzeitig verlangen sie aber einen Freibrief für Ordnungsstörungen und Rechtsverletzungen, die bis zum Bombenattentat und zum Polizistenmord gehen. Kämen sie mit ihren Förderern und Anhängern nach Beseitigung von Recht und Ordnung an die Macht, so würden sie ihrerseits sehr schnell für eine neue Ordnung sorgen, deren Hauptinhalt dann die rücksichtslose Unterdrückung aller Freiheiten wäre.«

Ein weiteres Schlagwort, das schon deshalb gefährlicher ist, weil es weiter verbreitet ist und auf den ersten Blick harmlos aussieht, ist jenes von der »Demokratisierung«. Noch nie zuvor in der Geschichte der Bundesrepublik Deutschland wurde soviel von Demokratie und Demokratisierung geredet wie seit dem liberalistisch-sozialistischen Machtwechsel des Jahres 1969. Die Inflation des Demokratiebegriffes verdanken wir dem gleichen Mann, der die Inflation des Geldwertes in ruinöse Bewegung gesetzt hat, Willy

Brandt. Der Messias des neuen sozialistischen Zeitalters verkündete damals in seiner ersten Regierungserklärung, daß jetzt ein »Mehr an Demokratie« gewagt werden müsse. Wenig später definierte Brandt Demokratie als zügigen Abbau der Privilegien auf allen Gebieten, bezeichnete Demokratisierung als einen Prozeß, in dessen Verlauf sich der demokratische Sozialismus nur durch Demokratie verwirklicht, Demokratie nur durch Sozialismus erfüllt werde. Und als die SPD im Herbst 1979 den 20. Jahrestag des Godesberger Programms mit geradezu religiösem Pathos beging, erklangen die gleichen Töne.

Die schillernde »Demokratisierung«

Die Wirklichkeit des Mehr-Demokratie-Wagens hat die Ankündigungen von einst längst als hohle Versprechungen entlarvt. Der in allen Farben schillernde Begriff der Demokratisierung, von jedermann für den eigenen Hausgebrauch und zur Begründung eigener Ziele und Methoden zurechtgebogen, sollte nach den sozialistischen Ankündigungen vor allem dazu dienen, Privilegien abzubauen. Dieser Abbau aber soll nicht mehr Freiheitsraum für die Menschen schaffen, er soll dazu führen, einer bestimmten Gruppe mehr Macht, mehr Einfluß, mehr Autorität, mehr Kontrolle über andere Menschen zu besorgen. Der hohl klingende Verbalismus regierungsamtlicher Demokratieversprechungen steht in schreiendem Gegensatz zur demokratischen Wirklichkeit, »Demokratisierung« ist zur wohlklingenden Mogeletikette geworden, hinter der sich die sozialistische Machtergreifung um so unauffälliger vollziehen soll.

Ich weiß aus langjähriger Nähe zum politischen Geschehen, daß auch die Regierungen vor 1969 nicht fehlerfrei waren, daß sie nicht ausschließlich als lichte Heilsfiguren und Segensspender durch die soziale Landschaft gewandelt sind. Ich weiß, daß jede Regierung in Versuchung ist, den Apparat und die Möglichkeiten des Staates für parteiliche Vorteile und persönliche Bequemlichkeiten in Dienst zu stellen. Ich weiß, daß auch vor 1969 da und dort einmal ein Auge zugedrückt wurde. Trotzdem: Was sich seit dem Machtwechsel von 1969 – und das Wort vom Machtwechsel stammt nicht aus den Reihen der Unionsparteien, sondern, mit bemerkenswerter Offenheit ausgesprochen, vom damaligen SPD-Bundestagspräsidenten Gustav Heinemann – in Bonn vollzieht, ist ein beispielloser Mißbrauch des Staates für parteipolitische Zwecke.

Wenn zum Beispiel allein in einem Jahr sozialistischer Herrschaft 933 Ausnahmegenehmigungen vom Bundespersonalausschuß erteilt worden sind, damit Anwärtern für den Öffentlichen Dienst, die die sonst geforderten Bedingungen nicht erfüllen, trotzdem der Eintritt in den Staatsdienst ermöglicht werden konnte, dann ging es dabei nicht in löblichem Demokratisierungseifer um den Abbau von Privilegien des Berufsbeamtentums, sondern um eine Art parteipolitischer Protektion, die in nicht wenigen Fällen die Grenzen zur Korruption überschreitet.

Es bedurfte einer Anrufung des Bundesverfassungsgerichtes, zwei verfassungswidrige Tätigkeiten von Bundeskanzler Helmut Schmidt öffentlich feststellen und abstellen zu lassen, nämlich: die verfassungswidrige Verwendung von Mitteln des Bundeshaushalts in Höhe vieler Millionen für parteipolitische Werbung, wie im Bundestagswahlkampf 1976 geschehen; die verfassungswidrige, den Vorschriften des öffentlichen Haushaltsrechts widersprechende Ausgabe von Haushaltsmitteln für andere Zwecke, als die im parlamentarisch beschlossenen Haushalt ausgewiesenen – und zwar in Höhe mehrerer Milliarden Mark –, ohne Information des Parlaments und ohne Genehmigung durch parlamentarische Instanzen, wie in der Nacht- und Nebelaktion zwischen Weihnachten und Neujahr an der Jahreswende 1972/73 geschehen.

Staatspolitik wird so zur parteipolitischen Machtpolitik. Die Machterhaltung wird zur obersten ethischen Norm verfälscht. Die Ausschaltung des demokratischen Ablösungsmechanismus erlaubt nicht nur Schläge unter die politische Gürtellinie, sie gebietet sogar manchmal Ausflüge in den

Sumpf der Korruption oder an die Grenze der Kriminalität.

Man soll sich vor der Vorstellung hüten, daß in der Politik alle hehren Prinzipien von Weltordnung und Geistesgeschichte in völlig chemischer Reinheit verwirklicht werden könnten. Die Franzosen als ein mathematisch-logisches Volk beispielsweise wissen, daß die Welt nie ganz aufgeht. Wir Deutschen sind an sich ein träumerisches, schwärmerisches, romantisches, manchmal zur Utopie neigendes Volk – dennoch verlangen wir immer, daß im politischen Bereich alles wie bei einer Rechnung bis auf unendlich aufgeht. Aber auch wenn, zu Recht, dieser Maßstab nicht angelegt wird – was sich seit 1969 in Bonn abspielt, rechtfertigt das Wort von der Haushaltsuntreue, läßt die Staatskasse zum Instrument sozialistischer Parteipolitik werden.

Das Selbstverständnis seiner Regierung, so hatte Brandt einst angekündigt, werde sich in besonderem Offensein für jede Kritik dokumentieren. Zu trauriger Wahrheit wurde, daß noch keine Bundesregierung zuvor jedweder Kritik gegenüber so völlig unzugänglich war und daß noch nie zuvor Kritiker von einer Regierung so behandelt wurden wie von SPD-geführten Regierungen. »Volksverhetzer«, so Brandt, und »Hundsfotte«, so Wehner – ein Vokabular zur Bezeichnung und Verleumdung der parlamentarischen Opposition, das in zivilisierten Ländern schwerlich Vergleichbares findet.

Nicht minder radikal und brutal ging die SPD/FDP-Bundesregierung mit ihren publizistischen Kritikern um. Von Brandt selbst stammt das Wort »Schreibtischtäter«, mit dem er jene Journalisten bedachte, die sich im Zuge einer in weiten Teilen der Massenmedien vor sich gehenden freiwilligen Gleichschaltung noch ihre Kritikfähigkeit bewahrt hatten und sich des Kontrollauftrages von Presse, Funk und Fernsehen bewußt geblieben waren. Noch keine Regierung war so schnell zur Hand, wenn es darum ging, unliebsame Publizisten und Organe einzuschüchtern und mit gewaltigem staatsanwaltlichen Aufwand ihnen Lust und Mut zu nehmen, sich auch künftighin mit den Praktiken der Bundesregierung zu beschäftigen. Das schlechte Gewissen trieb hier die Mitglieder der SPD/FDP-Bundesregierung immer wieder zu Verzweiflungsaktionen – bemerkenswerterweise bevorzugt im Zusammenhang mit der Abwicklung der Ostpolitik, weil die gerade hier praktizierte systematische Täuschung der Öffentlichkeit eine Herausforderung an unabhängigen und kritischen Journalismus war. Die Mehrheit der Massenmedien stand in Treue fest zum Regierungslager. Alle Vorsätze früherer Tage, die damals geübte kritische Beobachtung der Regierungsparteien CDU und CSU im Falle eines Falles auch einer Regierungspartei SPD zukommen zu lassen, waren vergessen. Eine verharmlosende, die Fehler der Regierung herunterspielende Einheitsmeinung wurde seit 1969 mehr und mehr Trumpf, das Messen mit verschiedenen Maßstäben trauriges Prinzip – ohne jeden Zweifel eine Verfallserscheinung echter und liberaler Demokratie, die ohne funktionierende öffentliche Meinung nicht leben kann.

Der Münchner Historiker Franz Schnabel hat einmal gesagt, Demokratie sei nicht die Antwort auf die Frage, wie regiert wird, sondern auf die Frage, wer regiert. Tatsächlich hat die moderne Demokratie ihren Ursprung und Ausgang in der Französischen Revolution genommen, aber in der Französischen Revolution ist auch zum ersten Male die Demokratie als Tendenz- und Bewegungsbegriff in die politische Wirklichkeit eingetreten. Aus geschichtlicher Erfahrung heraus sollte man sich vor dem Glauben hüten, daß demokratische Beschlüsse automatisch auch schon Beschlüsse sind, die allen Anforderungen an ihre Richtigkeit und Rechtsstaatlichkeit gerecht werden.

So ist es kein Zufall, daß unter den gewichtigen und ernstzunehmenden Männern, die vor der Gefährdung der Demokratie und der Bedrohung des Staates in der Bundesrepublik Deutschland unter SPD-Herrschaft warnen, jene besonders glaubwürdig sind, die schon einmal, zu Beginn der dreißiger Jahre, die Zerstörung einer deutschen Demokratie und eines deutschen Staates selbst miterlebt und miterlitten haben. Zu nennen ist hier mit an erster Stelle, weil von der SPD-Propaganda nicht als böswilliger Scharfmacher aus dem Lager der Unionsparteien abzutun, Herbert Weichmann, ehemals Hamburgs Erster Bürgermeister, Professor, überzeugter Sozialdemokrat von Jugend auf, von den Nationalsozialisten in die Emigration getrieben. Als Weichmann aus seinem Bürgermeisteramt schied, zeigte er sich tief besorgt über die innere Situation in der Bundesrepublik, stellte einen bedenklichen Autoritätsverlust des Staates »im Zuge der sogenannten Demokratisierung« fest und forderte entschlossenes und konsequentes Vorgehen gegen Pressionsversuche außerparlamentarischer Art:

»Wenn man einen Rechtsstaat hat, dann muß in einem solchen Rechtsstaat auch das Recht durchgesetzt werden können. Wenn die rechtsstaatlichen Normen nicht ausreichen, um mit gewissen völlig neuartigen Erscheinungen eines Anarchismus, mit den Tupamaros oder Massendemonstrationen fertig zu werden, dann müssen die Gesetze geändert werden. Dann reicht nicht nur eine Notstandsgesetzgebung für den äußeren Kriegszustand oder für den inneren Notfall, dann muß es Gesetze geben und die müssen durchgesetzt werden.« Als Weichmann daraufhin entgegengehalten wurde, dies sei ein »Law-and-order-Standpunkt«, kam die knappe Antwort: »Ja, ganz richtig.«

Der international anerkannte und bekannte Nationalökonom Friedrich A. von Hayek warnte in seinem während des Dritten Reichs geschriebenen Buch »Der Weg zur Knechtschaft« vor dem irreführenden und unbegründeten Glauben, daß Willkürherrschaft nicht möglich ist, solange der Wille der Mehrheit für die Ausübung der Macht maßgebend sei. Die Überzeugung, daß keine Regierung eine Willkürherrschaft sein könne, wenn sie Ergebnis eines demokratischen Wahlverfahrens sei, ist zwar, wie wir aus der harten Schule unserer eigenen Geschichte wissen, falsch – trotzdem ist sie eine entscheidende Ursache für eine weitverbreitete Sorglosigkeit gegenüber den uns drohenden Gefahren.

Nicht der Ursprung, sondern die Begrenzung der Regierungsgewalt, bewahrt diese, auch wenn sie auf demokratische Weise zustande gekommen ist, vor Willkür. Dazu gehört auch sozusagen als Kehrseite der Medaille, daß die Verteidigung des demokratischen liberalen Rechtsstaates einem Hohn, Verachtung und Feindschaft von seiten derer einbringt, die die reine Lehre der absoluten Freiheit, der totalen Emanzipation, des sich selbst tragenden perfekten Fortschritts predigen.

Maßstäbe der Rechtsstaatlichkeit

Demokratie als solche – also als die Art und Weise, wie Regierungen zustande kommen und wie sie ihre Entscheidungen treffen, das Mehrheitsprinzip in der Gestalt einfacher oder qualifizierter Mehrheiten – garantiert noch nicht unbedingt die Freiheit. Es ist nicht auszuschließen, daß die Mehrheit etwas Unrechtes tut oder gar die Unfreiheit durchsetzt. Deshalb ist die Rechtsstaatlichkeit als regulierendes und modifizierendes, ja als wertbegründendes Moment der Demokratie unersetzlich. Füllt man nämlich die formale Demokratie mit dem Inhalt einer gruppeneigenen Ideologie auf, verschweißt man sie mit einer selbstgeschaffenen Wahrheit über die angeblich genau erkannte höhere Bestimmung des Menschengeschlechtes, dann ist die Demokratie zum Feind der Freiheit geworden, da Demokratie von ihrem Selbstverständnis her ja vor allem die Freiheit der Andersdenkenden ist. Und gerade damit sind die linksradikalen Systemüberwinder aller Schattierungen – von DKP und KPD bis tief hinein in die Reihen der Bonner Regierungspartei SPD und in die Nachwuchsorganisation der FDP – befaßt: mit der ausschließlichen Gleichstellung von Demokratie und Sozialismus. Sollte dieses Vorhaben – auch dank einer teilweise schlafenden Mitte und eines oft selbstzufriedenen, die Auseinandersetzung scheuenden Bürgertums – gelingen, wäre die deutsche Demokratie, wäre der seit 1945 in mühsamer Aufbauarbeit aller geschaffene demokratische Staat am Ende. Deshalb herrscht Alarmstufe eins. Hier ist nicht Ruhe, sondern Wachsamkeit des Bürgers erste Pflicht.

Geht man der Herkunft der hierzulande so hoch brandenden Demokratisierungswelle nach, so kommt man, was Entstehung und Propagierung des Begriffes betrifft, geradewegs an kommunistische Quellen. Die völlige Unterwerfung der Länder Ost- und Mitteleuropas, auch Südosteuropas, unter die Oberherrschaft Moskaus vollzog sich unter dem harmlos klingenden Wort »Demokratisierung«. Als im unfreien Teil Deutschlands eine unabhängige Justiz abgeschafft und alle rechtsstaatlichen Normen beiseite geräumt wurden, geschah dies unter dem Motto der Demokratisierung. Und seit 1945 sprechen die Männer der SED immer wieder von Demokratisierung, wenn sie die Übertragung kommunistischer Verhältnisse auch auf die Bundesrepublik fordern. Veranstaltungen des in Ost-Berlin beheimateten »Ausschusses für deutsche Einheit« sorgten sich angelegentlich um die »Demokratisierung« der Bundesrepublik.

Begierig wurde der Ruf nach Demokratisierung von bewußten Mitläufern kommunistisch-sozialistischer Ideen aufgenommen. Er wurde Schlachtruf der APO, der verharmlosend »Außerparlamentarische Opposition« genannten revolutionären Bewegung. Ab 1966 schlossen sich die neomarxistischen Revoluzzer zusammen, trotz gegenteiliger Lippenbekenntnisse in ihrem Kern und Wesen zutiefst antiparlamentarisch und antidemokratisch. Studenten vor allem, linksgerichtete Professoren und berufsmäßige Linksintellektuelle bliesen, mit tatkräftiger agitatorischer und materieller Unterstützung aus Ost-Berlin, zum Sturm gegen das »Establishment«, gegen die Große Koalition, gegen die als kapitalistisches System verleumdete Soziale Marktwirtschaft, gegen jede Notstandsgesetzgebung, gegen die Zeitungen des Verlagshauses Springer. Gewalttat und Terror regierten die Stunde, die Straße wurde zum Schauplatz des versuchten Umsturzes. Die Massenmedien – bei jeder Aktion eilfertig zur Stelle – sorgten für die millionenfache Verbreitung des Geschehens, leisteten damit einen wesentlichen Beitrag zu dem von der APO angestrebten Ziel, zur Einschüchterung der Bevölkerung. Die Autorität des Staates sollte provoziert und angeschlagen, seine Schwäche dargelegt werden. Der Bürger, der sich daran gewöhnt hatte, die politische Stabilität in unserem Staat als nie in Frage stehende Selbstverständlichkeit hinzunehmen, wurde in seinem Vertrauen in die Festigkeit der staatlichen Ordnung erschüttert. Die Systemveränderer hatten ihren ersten großen Erfolg errungen.

Das Phänomen der APO

Dieser Erfolg wuchs mit jedem Tag, an dem sich interpretationsfreudige Soziologen, Politologen, Psychologen und linke Parteipolitiker des Phänomens APO annahmen. Verständnis für die ach so armen und verwirrten Jugendlichen wurde zur bestimmenden Haltung. Gerade jene Zirkel, die sich in eitler Selbstgefälligkeit so gerne als intellektuelle Führungsschicht aufspielen, wurden zu wortreichen Anwälten einer Revolutionsbewegung, die feinsinnig darüber philosophierte und diskutierte, ob Gewalt nicht nur gegen Sachen, sondern am besten auch gegen Personen anzuwenden sei.

Es gehörte geradezu zum guten Ton, zumindest geistig Schulter an Schulter mit der APO alles in Frage zu stellen und ätzender Kritik zu unterziehen, was seit 1949, als Ergebnis gemeinsamer Arbeit unseres Volkes und einer richtigen Politik, an gesellschaftlicher, wirtschaftlicher, sozialer und staatlicher Substanz entstanden war. Eine überwiegend wohlwollende Betrachtung der Umtriebe der APO in der Mehrheit unserer Massenmedien sollte dazu beitragen, den Sturm auf Verlagshäuser, die Zerstörung von Verkehrsmitteln, den Terror an Universitäten und die Mißhandlung von Polizisten als verzeihliche Nebenwirkung einer im Kern doch durchaus von besten Absichten getragenen Gruppe junger Leute abzutun.

Wie sehr diese Verharmlosung und dieses Verständnis für die Motive und Taten der Außerparlamentarischen Opposition in das Bewußtsein vieler Köpfe – besonders solcher, die sich besonders klug dünken – eingedrungen ist, zeigte sich einige Jahre später in geradezu skandalösen Reaktionen auf die Gewalt- und Mordtaten der Baader-Meinhof-Bande, deren Führer nicht von ungefähr aus der APO stammten. Der Versuch der Bande – für empfindliche linke Ohren, die lieber das unverbindliche Wort »Gruppe« gehört hätten, ist das Wort Bande bereits ein Akt der Diffamierung –, die Bundesrepublik in den Schauplatz eines Guerillakrieges zu verwandeln, führte keineswegs zu einer demokratischen Einheitsfront in der Abwehr solcher staatsfeindlicher Umtriebe. Im Gegenteil, ob Professor oder Pfarrer, man hielt es für noble Ehrenpflicht, dem vom brutalen Staat so unbarmherzig verfolgten »Systemkritiker« Unterschlupf und Versteck zu gewähren, moralische Absolution zu erteilen.

Die Ideologen standen in der Hilfe für die Baader-Meinhof-Bande hinter den aktiven Helfern nicht zurück. Allgemeiner Tenor der Verharmlosungskampagne wurde, daß sich die mit Bomben und Maschinenpistolen für den Umsturz kämpfenden Genossen lediglich in der Wahl der Mittel vergriffen hätten. Dabei bedürfen die Zusammenhänge, die zwischen den Aktiven der Baader-Meinhof-Bande und der Ideologie der linken Revolutionsziehväter bestehen, keiner mühsamen, kunstvollen Konstruierung, sie liegen offen zutage. Der Marburger Professor Wolfgang Abendroth beispielsweise, einer der bundesrepublikanischen Patriarchen des Linksradikalismus und wohl dadurch als akademischer Lehrer besonders qualifiziert, hatte, im Januar 1970, für die »quasi-terroristischen Verhaltensformen« linksradikaler Studenten mit der Erläuterung um Verständnis geworben, daß diese doch stets das Ziel einer Transformation unserer Gesellschaft in ein »humanistisches System« im Auge hätten. Der Berliner Theologe Helmut Gollwitzer stand hinter Abendroth nicht zurück und erklärte noch im April 1971, bezeichnenderweise in den »Berliner Blättern für Sozialdemokraten«, daß es in der »Gewaltherrschaft« des bürgerlichen Staates eine Lage geben könnte und Situationen entstehen könnten, »in denen der Kampf nur mit tötender Gewalt weitergeführt werden kann oder der Sieg dem Gegner überlassen werden muß«. Einen bekannten Höhepunkt bei der Verniedlichung mordender Staatsfeinde erreichte im Januar 1972 der Schriftsteller Heinrich Böll, der sich zu einer Wertung verstieg, die ihn endgültig als ernstzunehmende Stimme zu politischen Ereignissen disqualifizierte. »Es ist eine Kriegserklärung von verzweifelten Theoretikern, von inzwischen Verfolgten und Denunzierten, die sich in die Enge begeben haben, in die Enge getrieben worden sind, und deren Theorien weitaus gewalttätiger klingen, als ihre Praxis ist«, hatte Nobelpreisträger Böll damals geschrieben - zu einem Zeitpunkt, zu dem die Bande bereits das Leben zweier Polizisten auf dem Gewissen hatte.

Für Recht und Ordnung

Auch sonst hat in den letzten Jahren die politisch motivierte Kriminalität in der Bundesrepublik ein Ausmaß angenommen, das doppelt unverständlich machen muß, warum Politiker, die für Recht und Ordnung eintreten, sich höhnischer Diffamierung ausgesetzt sehen. Nicht minder unverständlich freilich ist, warum sich SPD und FDP immer erst nach hartnäckigem Widerstand und dann mit abgeschwächtem Ergebnis bereit finden, in minimaler Form auf die Vorschläge von CDU und CSU zur Verteidigung des Rechtsstaates einzugehen. Unsere Vorstellungen zielen stets nur darauf ab, dem Rechtsstaat die Waffen an die Hand zu geben, die er braucht, sich seiner Todfeinde erwehren zu können. Zu viel Unglück ist über die Opfer eines politisch verbrämten Terrorismus in unserem Lande und anderswo gekommen und zu viel Leid über deren Angehörige, als daß sich eine verantwortungsbewußte Politik nach üblichen Bekundungen des Bedauerns wieder gewohntem Schönwetterschlendrian hingeben dürfte. Die Erinnerung an die Mordtaten an Drenkmann oder Ponto, Buback oder Schleyer - um vier Namen stellvertretend auch für andere zu nennen - ist zu lebendig, als daß ein Staat, der seine Pflicht zum Schutz von Leben und Unversehrtheit seiner Bürger ernst nimmt, darüber zur Tagesordnung übergehen dürfte.

Es muß wie Hohn auf den Staatsbürger wirken, daß der Terrorist Peter Paul Zahl, laut rechtskräftigem Urteil eines

Düsseldorfer Gerichts wegen zweimaligen Mordversuchs an Polizeibeamten zu 15 Jahren Freiheitsstrafe verurteilt, im Februar 1980 den Literatur-Förderpreis des SPD-regierten Stadtstaates Bremen in Höhe von 5000 Mark aus öffentlichen Mitteln erhalten und zum Zwecke der Entgegennahme des Preises nach Bremen »ausgeführt« wurde. Polizei und »ausführende« Justizbeamte waren empört. Der »Weiße Ring«, die Interessenvertretung der Kriminalitätsopfer in der Bundesrepublik Deutschland, protestierte gegen diese Ungeheuerlichkeit in einem Schreiben an den Bremer Regierungschef Koschnick und wies auf die überaus schädlichen Auswirkungen auf die Rechtspolitik hin, weil »der Preisträger die Gelegenheit genutzt hat, sich auch weiterhin zu terroristischen und verfassungsfeindlichen Zielen zu bekennen und mit diffamierenden Angriffen auf Justiz und Polizei die von ihm niedergeschossenen Opfer zu beschimpfen«. Zahl gehört in Zukunft der Bremer Jury an, die künftige Preisträger auswählen wird. Er ist nach dem Düsseldorfer Urteil von einem tiefgreifenden Haß auf unser Staatswesen ergriffen. Das Düsseldorfer Landgericht hält das ausgezeichnete Buch »Die Glücklichen«, ein Schelmenroman, in der Ganovensprache ausgeflippter Aufweicher der Gesellschaft geschrieben, für so gefährlich, daß es der wegen »Verdachts der Bildung einer terroristischen Vereinigung« einsitzende Manfred Adomeit nicht lesen durfte, weil »an mehreren Stellen Gewalttaten verherrlicht, deren Opfer verhöhnt und verunglimpft und Behörden der Bundesrepublik Deutschland fälschlich des Mordes bezichtigt« werden. Selbst Nordrhein-Westfalens SPD-Justizminister Posser hatte 1977 Zahl als gefährlichen Gewaltverbrecher bezeichnet. Zahl, der durch Gerichtsurteil gegen den ablehnenden Bescheid der Justizbehörden seinen Ausflug nach Bremen unternehmen konnte, wurde nach seiner Auszeichnung in Bremen nach Berlin verlegt, wo sich sein Verleger und seine Verlobte befanden. Diese Schilderung genüge als Beispiel, wie unter der politischen Führung von SPD und FDP die Bundesrepublik Deutschland in die moralische Verwahrlosung gleitet oder getrieben wird.

Die Terroristen sind keine Täter, die mit dem normalen Strafrecht – vom Diebstahl bis zum Mord, vom Betrug bis zur Erpressung – zu umreißen und zu erfassen sind. Hier handelt es sich um eine besondere Art von Tätern, die alle Garantien des Rechtsstaates auf Unversehrtheit und Freiheit für sich beanspruchen, aber auch nicht annähernd bereit sind, den Bürgern, die sie ermorden, deren Leben und Gesundheit sie vernichten, einen Anspruch auf Unversehrtheit, Gesundheit, Freiheit und Leben zu gewährleisten. Auf die Dauer geht es nicht an, daß der Rechtsstaat schwächer ist als seine Feinde. Demokratie erfordert Wahrheit, Demokratie erfordert Diskussion, Demokratie erfordert aber auch Wehrhaftigkeit. Unser Rechtsstaat muß endlich Zähne bekommen, und der Rechtsstaat muß zubeißen, wenn es notwendig ist, seine Gegner unschädlich zu machen. Die Politik, für die ich stehe, ist dazu bereit.

Der politisch begründete Terrorismus ist aus dem Sumpfboden der »Neuen Linken« herausgewachsen, ist von seiner Argumentation wie von seiner Zielsetzung her eine linke Erscheinung. Weil die Bürger unseres Landes, vor allem auch und gerade die Arbeitnehmer, mit einer »revolutionären Bewußtseinslage« nichts im Sinne haben, soll mit Maschinenpistole und Sprengstoff das richtige Bewußtsein herbeigeschossen und herbeigebombt werden.

Die schleichende Revolution

Noch gefährlicher aber als die von einer verblendeten Ideologie verhetzten Terroristen, deren zeitweiliges Stillhalten nur von einer kurzsichtigen Staatsführung als Anzeichen der »Normalisierung« und als Aufforderung zur Untätigkeit mißverstanden werden kann, sind jene Kräfte in der Bundesrepublik, die »die schleichende Revolution« vorantreiben. Hier handelt es sich nicht um eine Gruppe, deren Köpfe nach Dutzenden oder Hunderten zu zählen ist, der Personenkreis, um den es hier geht, zählt nach Tausenden. Der »lange Marsch durch die Institutionen«, zu dem APO-Führer Rudi Dutschke aufgerufen hat, trägt seine Früchte. Jene, die einst zum Sturmlauf gegen das Establishment angetreten waren, gehören heute selbst zu diesem Establishment, betreiben von gesicherten, wohldotierten und im Zweifelsfalle unkündbaren, weil beamteten Positionen aus den Umsturz. Hochschulen als marxistische Kaderschmieden - die ihrem Namen hohnsprechende Freie Universität Berlin und die Klassenkampfuniversität Bremen als herausragende Beispiele genommen - und Schulen, an denen die Kinder von klein auf sozialistisch indoktriniert und dem elterlichen Einfluß entzogen werden sollen, haben Straßen und Barrikaden als Schauplatz der Revolution abgelöst. Aber gerade in ihrer Unauffälligkeit, in ihrer Lautlosigkeit liegt die besondere Gefahr der sich Tag für Tag voranfressenden Systemüberwindung.

Diskretion als ein Prinzip der Revolution - die Neuartigkeit dieser Allianz verblüfft und macht den Widerstand besonders schwierig; ermöglicht vor allem den Helfern oder Mitläufern oder auch nur Duldern der Systemüberwindung in den Reihen der SPD beruhigende Hinweise, das Abtun von berechtigten Warnungen als Panikmache, die oberflächliche Feststellung, daß es doch so schlimm nicht sein könne, wo doch die Dinge ihre Ordnung hätten, wo weitgehende Ruhe herrsche. Dabei sind dramatische Warnungen wegen der fortgeschrittenen Staatsgefährdung besonders auch von Männern zu hören, die keinesfalls verdächtig sind, den Unionsparteien oder dem so eifrig verleumdeten konservativen Lager ohne weiteres anzugehören. »Wir stehen mitten im Aufbruch eines Zeitalters eindeutig linker Fanatismen, linker Terrorismen, linker Diktaturen«, warnte Gerhard Szczesny, kämpferischer Atheist, Initiator der »Humanistischen Union«, die außer dem Wort Union mit CDU und CSU nur wenig gemeinsam hat.

Ernst Topitsch, renommierter Soziologe, einst besonders kritisch in der Beurteilung alles Konservativen und der Kirchen, sieht die Lage nicht weniger ernst als vor 1933: »Doch zum Unterschied von einst wird heute weit raffinierter vorgegangen. Hatten seinerzeit die braunen Bataillone ihren totalen Machtanspruch plump und direkt vorgetragen, so stellt man nun einen solchen Anspruch unter den Vorwand, die Demokratie vor einem angeblich drohenden Faschismus retten zu müssen.«

Auch Männer, die einst in Brandt und seiner Partei, der SPD, ihre große politische Hoffnung gesehen haben, stehen bestürzt vor einer Entwicklung, die unsere bestehende wirtschaftliche und politische Ordnung immer mehr gefährdet. Der Karlsruher Professor Karl Steinbuch, der bei der Bundestagswahl von 1969 noch für Brandt geworben hatte, sieht das parlamentarische System der Bundesrepublik so ausgehöhlt, »daß es wahrscheinlich in einer Krisensituation wie ein Kartenhaus zusammenbricht. Die Zerstörung unserer Gesellschaft ist latent schon weiter fortgeschritten, als öffentlich geglaubt wird«.

Brandt versuchte in einem Antwortschreiben die von Steinbuch beschriebenen Gefahren als Reformerscheinungen zu erklären. Der Professor wurde daraufhin noch deutlicher: »Ich glaube nicht, daß die ideologische Potenz der Nazis im Jahre 1930 so stark war wie heute die der Linksextremisten, ich glaube auch nicht, daß die Abwehrkräfte heute stärker sind als im Jahre 1930.«

Besonders gefährlich ist, daß diese Abwehrkräfte vor allem in der SPD, der größten Regierungspartei in Bonn und der Regierungspartei in mehreren Bundesländern, so wenig ausgeprägt sind. Unverständlich freilich ist dies nicht. Die reaktionäre Rückwärtsentwicklung der SPD zu einer marxistischen Klassenkampfpartei setzte verstärkt ein, als nach dem Abklingen der APO-Demonstrationen Tausende von neuen Mitgliedern in die SPD strömten. – 50000 neue Mitglieder kamen allein 1969. Die Aufforderung zum Marsch durch die Institutionen verhallte nicht ungehört. »Die APO kehrt heim«, hatte damals Horst Ehmke selbstgefällig festgestellt.

Die Radikalen kehrten aber nicht nur heim in die SPD, sie bestimmten kräftig mit. Wolfgang Roth beispielsweise, 1967 noch in der Berliner APO aktiv, wurde 1972 Vorsitzender des jungsozialistischen Nachwuchses der SPD. Ähnlich war es auf Bezirks-, Kreis- und Ortsebene der Partei: Die gleichen Leute, die gestern noch das gesamte Parteiensystem der Bundesrepublik in Grund und Boden verdammt hatten, wurden heute zu führenden Funktionären in der SPD. Der Abnützungskampf gegen Sozialdemokraten traditioneller Herkunft und Prägung – die Namen des verstorbenen Hermann Schmitt-Vockenhausen und des von seiner Partei als Minister gestürzten Georg Leber stehen stellvertretend – setzte ein, der Linksrutsch der gesamten Partei beschleunigte sich immer mehr. Die Parteiführung mit Brandt an der Spitze versagte, ging jeder klärenden Auseinandersetzung aus dem Weg, ließ die wenigen Genossen, die sich gegen den Radikalisierungsanspruch von Jungsozialisten und Altmarxisten wandten, einfach im Stich. Dadurch verurteilte sich die SPD, soweit sie nicht selbst systemüberwindende Punkte in ihr Programm und in ihre Praxis einführte, zu ständiger Verharmlosung der unserem Staat drohenden Gefahren: würde doch eine Bestätigung dieser Gefahren durch die SPD auch eine Bestätigung ihres eigenen Versagens sein.

Musterbeispiel dafür, daß die SPD und die von ihr getragenen Regierungen nicht mehr in der Lage sind, mit dem Radikalismus hierzulande fertig zu werden, ist deren jämmerliche Haltung zum sogenannten Radikalenbeschluß der Ministerpräsidenten: Am 28. Januar 1972 hatten sich der damalige Bundeskanzler Brandt und Regierungschefs der Bundesländer bekräftigend darauf geeinigt, daß im Staatsdienst für Gegner der verfassungsmäßigen Ordnung kein Platz sein dürfe. Eine Selbstverständlichkeit, so möchte man meinen, mehr nicht! Für die SPD aber ist es offensichtlich nicht mehr selbstverständlich, daß jemand nicht gleichzeitig aus der Staatskasse besoldeter Staatsdiener und politisch aktiver Staatsfeind sein kann. Nur so ist zu erklären, daß in der Partei Brandts und Schmidts seit jenem 28. Januar 1972 der Radikalenerlaß als eines der drängendsten politischen Probleme überhaupt gilt.

Neben den aktiven und engagierten Kommunisten, die von der Radikalenerlaß genannten Erinnerung an geltendes Beamtenrecht unmittelbar betroffen waren, waren es Gliederungen der SPD, an der Spitze die Jungsozialisten, waren es linke Gewerkschaftler, die den Beschluß, der ja immerhin unter maßgeblicher Beteiligung des SPD-Vorsitzenden und der der SPD angehörenden Ministerpräsidenten gefaßt worden war, aufgehoben wissen wollten. Die wohlwollende Duldung von kommunistischen Aktivisten im Öffentlichen Dienst wurde zur zentralen Forderung großer Teile der SPD. Willig übernahm Brandts Partei das diffamierende Wort »Berufsverbot« aus dem kommunistischen Vokabular und bejammerte einen angeblichen Verstoß gegen die im Grundgesetz garantierte Freiheit der Parteien. Der damalige Juso-Vorsitzende Roth, zwischenzeitlich auch Mitglied des Bundesvorstandes seiner Partei gewesen, deklarierte, daß es gefährlich sei, »wenn sich Sozialdemokraten zum Büttel der antikommunistischen Hysterie der reaktionären Kräfte machten«; Sozialdemokraten, so Roth, die in der »Kampagne« gegen kommunistische Staatsdiener mitmachten, würden »die Konservativen und die Reaktionäre« stärken.

Die Agitation der offenen Kommunistenfreunde in der SPD zeigte Wirkung. Der Ministerpräsidentenbeschluß sei überflüssig wie der Wurmfortsatz, beeilte sich Heinz Kühn, damals noch Regierungschef von Nordrhein-Westfalen und einer der Väter eben dieses Beschlusses, zu versichern. Der radikale Flügel der SPD hatte seine Stärke gezeigt, die Partei kuschte. Kaum einer der sozialdemokratischen Ministerpräsidenten wollte noch etwas von der eigenen Vaterschaft am Radikalenerlaß wissen. Der Parteitag von Hannover geriet zum Tribunal über all jene, ob in der Partei oder ob in den Unionsparteien, die den Feinden unseres Staates den Zugang in seinen Dienst verwehren wollen.

»Die Beschlüsse sind nicht nur gegen kommunistische, sondern in ihrer Tendenz gegen sozialistische und alle anderen Bestrebungen gerichtet, die die Demokratie auch im Wirtschaftsleben verwirklicht wissen wollen. Die Beschlüsse entsprechen somit voll und ganz den Interessen der deutschen Rechten von Loewenthal über Springer bis Strauss/ Barzel. Es ist daher äußerst bedauerlich, daß Genossen in führenden Funktionen hier der CDU/CSU und ihrer Anti-Sozialistenhetze auf den Leim gegangen sind«, konstatierte ein Antrag an den Parteitag. Die Delegierte aus dem Bezirk Hessen-Süd, Heidi Wieczorek-Zeul, später zur Vorsitzenden der Jungsozialisten avanciert, wertet den Radikalenerlaß als »Abschreckungsstrategie«, die verhindern solle, »daß die Demokratisierung in unserer Gesellschaft vorangeht«.

Es liegt ganz auf dieser Linie, wenn man einer Urteilsbegründung des Landesarbeitsgerichts München vom Oktober 1979 entnehmen kann, daß die Landesleitung der SPD in Bayern einem Bewerber für den öffentlichen Dienst geraten hat, einfach seine Mitgliedschaft im Sozialistischen Hochschulbund (DHB) zu verweigern und so auf dem Wege des Einstellungsbetrugs in den öffentlichen Dienst aufgenommen zu werden. Dabei hat die gleiche Partei die Mitgliedschaft in der SPD und im SHB als unvereinbar erklärt. Die Bundesregierung stuft den SHB mit Recht als linksradikale Organisation ein, die in der unmittelbaren Nähe des militant marxistisch-kommunistischen Studentenbundes »Spartakus« angesiedelt ist.

Keine Staatsfeinde im Staatsdienst

Diese Darlegung war und ist in ihrer Offenheit zu begrüßen: Jedermann kann und soll wissen, daß für den sozialdemokratischen Parteinachwuchs Demokratisierung gleichzusetzen ist mit dem ungehinderten Zugang kommunistischer Verfassungsfeinde in den Staatsdienst, sei es als Lehrer oder Richter, als Professor oder Verwaltungsbeamter. Die Volksfront funktioniert – und die SPD sollte sich über diese Feststellung nicht weinerlich beklagen, sie sollte vielmehr, wenn sie dazu noch in der Lage ist, für einen klaren Trennungsstrich zwischen Sozialdemokraten und Kommunisten sorgen.

Die Aussichten dafür sind gering einzuschätzen. Nicht zuletzt auch deshalb, weil sich die Bundesregierung durch ihre auf Moskau fixierte Außenpolitik auch innenpolitisch die Hände gebunden hat. Brandts in Oreanda Leonid Breschnew gegebene Zusage, die DKP ungeschoren zu lassen, zeitigt ihre Folgen. Das Auftreten der Kommunisten wird immer selbstbewußter. Die reichlichen Mittel, die Ost-Berlin den bundesrepublikanischen Kommunisten – deren führende Funktionäre zudem in Honeckers Zwangsstaat ihre ideologische Ausbildung und Ausrüstung erfahren – zur Verfügung stellt, sollen im Sinne der Geldgeber zum Umsturz unserer staatlichen Ordnung zweckmäßig eingesetzt werden.

Für diesen Umsturz und seine Vorbereitung sorgt die SED auch sonst mit vollem Einsatz: Trotz eines Jahrzehnts sozialistischer Friedens- und Entspannungspolitik, trotz des so viel und so oft beschworenen Geistes der Ostverträge, trotz der angeblich neuen Epoche in den Beziehungen zwischen der Bundesrepublik Deutschland und den kommunistischen Nachbarn im Osten, steigt die Zahl der Agenten und Spione, die aus diesen Ländern, vor allem aus der »DDR«, in die Bundesrepublik mit einem subversiven Arbeitsauftrag geschickt werden, eher noch weiter an.

Guillaume, der Agent in Kanzler Brandts Vorzimmer, war nicht nur ein Beweis dafür, wie skrupellos die SPD das richtige Parteibuch bei der Einstellung auch in Spitzenpositionen der Frage nach der Qualifikation voranstellt, sondern belegt auch, daß die kommunistische Seite überhaupt nicht daran denkt, die ostpolitischen Vorleistungen Bonns in irgendeiner Weise zu honorieren. »Ich habe die Hoffnung und bin der Überzeugung, langfristig auf die inneren Verhältnisse in Westdeutschland einwirken und damit das Gefälle in den Beziehungen der beiden deutschen Staaten umkehren zu können. Wenn die beiden Deutschland allein gelassen würden, und dies wäre das Ergebnis der Ostverträge, der Berlin-Regelung und einer Europäischen Sicherheitskonferenz, dann würde die DDR sehr rasch ihren Einfluß am Rhein verstärken und ihr politisches und militärisches Übergewicht über eine zerstrittene und zerfallene Bundesrepublik nützlich anwenden«, stellte Erich Honecker schon Anfang der siebziger Jahre hoffnungsvoll fest. Für jede handlungsfähige Regierung im freien Deutschland müßten derlei offenherzige Ankündigungen alle Kräfte der Wachsamkeit und Abwehr besonders schärfen – die Linkskoalition geht darüber hinweg.

In den Jahren seit dem Machtwechsel von 1969 ist in der Bundesrepublik Deutschland der innere Friede erschüttert worden. Die gleiche Partei, deren erster und unrühmlich gestürzter Kanzler sich nach außen als Mann des Friedens preisen und bekränzen ließ, hat im Inneren eine Atmosphäre der Feindseligkeit und der Zwietracht entstehen lassen, die die früher vorhandene Gemeinsamkeit aller Demokraten, in welcher Partei sie auch wirkten, weitgehend zerstört hat. Weil ich 1969 Mitgliedern randalierender Protestgrupen wegen ihres unglaublichen Verhaltens vorgeworfen hatte, sie benähmen sich wie die Tiere, hetzte Willy Brandt noch zehn Jahre später, im Juli 1979, gegen mich mit den Worten, ich hätte »Vertreter des kritischen Geistes« als Tiere bezeichnet. Enthüllend und beschämend genug, was der SPD-Vorsitzende unter »kritischem Geist« versteht.

Noch nie zuvor in der Geschichte der Bundesrepublik hat eine Regierung derartige Gräben aufgerissen. Die Opposition wurde nicht mehr als politische Kraft mit einem alternativen Programm zur Regierungspolitik begriffen, sondern als Feind angesehen, mit dem es keine Gemeinsamkeit mehr gibt. Weite Teile der SPD – und dies ist keine überzogene Feststellung – sehen in den Kommunisten innerhalb unseres Landes und jenseits unserer Grenzen eher akzeptable politische Partner als in den Oppositionsparteien CDU und CSU. »Wir brauchen keine Opposition«, hat Herbert Wehner bezeichnenderweise im Bundestag einmal geschrien.

Das demokratische Bewußtsein in der Bundesrepublik hat empfindlichen Schaden genommen. Wenn im April 1972 die Opposition in klarer Übereinstimmung mit unserem Grundgesetz ein konstruktives Mißtrauensvotum einbrachte und die vereinigten Sozialisten aller Schattierungen dagegen den Druck der Straße mobilisierten; wenn Herbert Wehner an die Gewerkschaften und Arbeitnehmer appellierte, »mit der Macht ihrer Zahl« zu verhindern, daß die CDU/CSU wieder an die Regierung komme; wenn Willy Brandt und seine Partei mit sozialen Unruhen und Gefährdung des äußeren Friedens für den Fall drohen, daß die Unionsparteien 1980 die Bundestagswahlen gewinnen sollten; wenn Brandt einst die Mobilisierung der Betriebe ankündigte und »holzen« wollte und wenn dies SPD-Rezepte bis auf den heutigen Tag sind – dann sind dies Anzeichen dafür, daß ein demokratischer Regierungswechsel und ein Übergang der Regierungsgewalt von der SPD auf die legitime Opposition in der Vorstellungswelt der SPD offensichtlich nicht mehr möglich sein soll.

Für große Teile der SPD gilt das freiheitliche Verständnis einer pluralistischen und parlamentarischen Demokratie nicht mehr. In konsequentem reaktionärem Rückschritt wird der Staat nach Karl Marx als »Instrument einer herrschenden Klasse« gesehen. Dieses Staates versucht sich der Sozialismus – nicht im Sinne einer durch Wahlen erfolgten und jederzeit durch den Wähler widerruflichen Machtübertragung auf Zeit – durch eine Strategie der Systemüberwindung zu bemächtigen. Diesem Ziel dient vor allem eine ideologisch einseitige Auslegung des Grundgesetzes: Aus der Verfassung soll geradezu die Pflicht zu einer sozialistischen Politik herausgelesen werden. Aus einer solchen Sicht heraus ist Demokratie nicht mehr die Möglichkeit mehrerer politischer Wege, für deren einen oder anderen man sich nach Gesichtspunkten der Zweckmäßigkeit entscheidet, Demokratie ist bei einer solchen Bewertung identisch nur noch mit einer Politik, deren einziges Kriterium die Übereinstimmung mit der sozialistischen Heilslehre ist. Das Freund-Feind-Denken, das seit 1969 Einzug in die deutsche Politik gehalten hat, hat darin seinen Ursprung. Die parlamentarische Demokratie als Rahmen staatlicher Ordnung garantiert dann nicht mehr die Freiheit für alle Bürger, sie wird zu einem Zwangsinstrument des Klassenkampfes für eine sozialistische Funktionärsminderheit. Auf diese Weise wird der demokratische Staat zum Werkzeug für die Ziele einer Partei, die Wähler werden ihrer politischen Möglichkeiten beraubt, die Partei wird zum Ausgangspunkt aller staatlichen Entscheidungen.

In diesen Überlegungen liegt auch der Grund, warum sich große Teile der SPD so engagiert dafür einsetzen, Radikale zum Öffentlichen Dienst zuzulassen. Dadurch soll die Möglichkeit geschaffen werden, daß in allen staatlichen Bereichen – in Schule und Hochschule, Rechtsprechung und Verwaltung – durch Gewährsleute eines radikalen Sozialismus das »richtige Bewußtsein« zur Geltung gebracht wird. Als besonders bedeutsam für die Schaffung einer die Systemüberwindung vorbereitenden Stimmung wurde der Bereich der Bildung erkannt. Durch einseitige sozialistische Ideologisierung der Bildungsziele soll von vornherein die Entwicklung eines offenen demokratischen Bewußtseins und eines pluralistisch-demokratischen Staatsverständnisses verhindert, der Bürger von Kindesbeinen an sozialistisch programmiert werden.

Unter dem Vorwand, für mehr Freiheit zu sein, soll die Freiheit des Bürgers untrennbar mit dem Kennzeichen sozialistisch versehen werden. Es soll weniger Freiheit für den einzelnen geben, dafür größere Abhängigkeit von einem mehr sozialistischen als demokratischen Staat. Alle politische, gesellschaftliche und wirtschaftliche Macht soll bei denen konzentriert werden, die sich im Besitz eines sozialistischen Patentrezeptes wähnen. Durch Schwächung oder Abschaffung der Privatwirtschaft und durch die Diffamierung einer Minderheit, der Unternehmer und Selbständigen, soll die wirtschaftliche Leistungsfähigkeit unserer Gesellschaft vermindert und zerstört werden – die Erfahrung, daß noch keine sozialistisch organisierte Gesellschaft in der Lage war, die Probleme einer modernen Industriegesellschaft besser zu bewältigen, als dies eine demokratisch-marktwirtschaftliche Ordnung kann, hält die Systemüberwinder nicht zurück.

Unter dem Vorwand, den Staat demokratisieren und vergesellschaften zu wollen, wird in Wirklichkeit die Gesellschaft verstaatlicht. Die Freiheit als wesentliches Element eines demokratischen Staates wird beschnitten. Dieser drohenden Entwicklung setzen wir unsere Politik der Freiheit, unser freiheitliches Staatsverständnis entgegen. Wir wollen einen Staat, der funktioniert, dessen Autorität gilt, dessen Möglichkeiten ausreichen, seine Autorität auch durchzusetzen. Der Staat muß notfalls mit Einsatz legaler und legitimer Macht Recht und Freiheit des Bürgers schützen. Dazu gehört auch der Schutz der Freiheit von Forschung und Lehre. Akustischer oder physischer Terror gegen akademische Lehrer, gegen politische Redner, gegen unliebsame Mahner ist ein Verstoß gegen die Verfassung, deren freier Verkauf im Buchladen nicht so geschützt zu werden braucht wie die Beachtung der in ihr enthaltenen Grundrechte und Grundfreiheiten in der politischen Wirklichkeit.

Der persönlichen Entfaltung des einzelnen Bürgers ist größtmöglicher Raum zu geben, es ist dafür zu sorgen, daß der Staat jede überflüssige Einmischung in die Privatsphäre unterläßt, es ist zu gewährleisten, daß der Staat den einzelnen aber auch vor der Entmündigung durch übermächtige und unkontrollierbare gesellschaftliche Gruppen schützt. Hier liegt ein ursprünglicher Freiheitsauftrag des Staates. Wir kämpfen dagegen, daß der Staat zugunsten der Gesellschaft entmachtet wird. Wir wenden uns dagegen, daß der einzelne Bürger durch die »Demokratisierung« und Politisierung aller Lebensbereiche anonymen Einflüssen und Mächten ausgeliefert wird, die sich ihrerseits jeder echten demokratischen Kontrolle entziehen. Säuberlich trennen wir zwischen dem, was des Staates ist, und dem, was des einzelnen Bürgers ist. Ungeordnete und unübersichtliche Grauzonen ausgeübter Macht sind dabei auszuschalten.

Für die Partei und für die Politik, für die ich arbeite und kämpfe, ist der Staat die zur Lösung gemeinsamer Probleme und zur Sicherung der Rechts- und Friedensgemeinschaft geschaffene Institution freier und verantwortlicher Bürger. Grundlage dafür ist die Rechtsstaatlichkeit. Freiheit, Solidarität und Subsidiarität sind die Ordnungsprinzipien für den demokratischen Rechts- und Sozialstaat genauso wie für eine offene Gesellschaft. Die individuelle Selbstentfaltung des Bürgers und die Geltung der Grundrechte sind unantastbar. Nur ein starker Staat, rechtsstaatlichen Grundsätzen verpflichtet und mit Autorität ausgestattet, besitzt die notwendige Handlungsfähigkeit und Kraft, die Freiheit des einzelnen Bürgers zu sichern und für soziale Gerechtigkeit zu sorgen. Nur ein starker Staat ist ein freiheitlicher Staat.

V

Zukunft durch Leistung

Der Verlust der Maßstäbe · Jugend im Trommelfeuer der Agitation · Diffamierung der Leistung · Bildungspolitik als sozialistische Waffe · Kampffeld Hochschule · Klassenkampf im Klassenzimmer · Vom Zweck der »roten Reformen« · Zwischen Engels und Lenin · Für ein gegliedertes Schulwesen · Ohne Leistung keine Zukunft

Die Wissenschaft stellt Resignation bei einem beträchtlichen Teil der jungen Generation fest, also gerade bei jenen unserer Mitbürger, die morgen die gesellschaftliche, die wirtschaftliche und die politische Verantwortung zu übernehmen haben. An die Stelle von Zukunftsperspektiven und Optimismus sind Lebensangst und Pessimismus getreten. Mutlosigkeit und Unsicherheit sind dort anzutreffen, wo Erwartung und Hoffnung den Zukunftsausblick gerade der jungen Generation kennzeichnen sollten.

Diese Entwicklung innerhalb großer Teile der Jugend kommt nicht von ungefähr. Sie kommt ganz entscheidend aus der Politik des letzten Jahrzehnts, also jener Periode, in der Sozialisten für die Politik der Bundesrepublik Deutschland verantwortlich zeichnen. Professor Horst Jürgen Helle von der Universität München kommt in einer Analyse der Grundhaltung und Zukunftserwartung der jungen Generation zu der Schlußfolgerung: »Die grundlegende politische Ursache für die Entstehung der bedrohlich resignativen Grundhaltung bei einem viel zu großen Teil der jungen Generation muß darin gesehen werden, daß Wertorientierung und Mittelsystem in ihrem Stellenwert vertauscht worden sind. Unser politisches Mittelsystem ist das der parlamentarischen Demokratie, ein Instrumentarium zum Ausgleich von Interessenkonflikten, keineswegs ideal, sondern voller immanenter Mängel, aber ausgezeichnet durch die Erfahrung der Menschen, daß alle anderen politischen Mittelsysteme noch schlechter sind. Die Wertorientierung, in deren Dienst dieses Mittelsystem in der Bundesrepublik mehr oder weniger ausdrücklich bis etwa vor einem Jahrzehnt gestanden hat, war die Christenheit: Christliche Werte besetzten bis dahin die Zukunft. Das Mittelsystem der parlamentarischen Demokratie übernahm in der Gegenwart die Aufgabe, der Bevölkerung bei der Verwirklichung einer menschlichen Zukunft im christlichen Sinne politisch zu dienen.«

Der radikale Wechsel kam durch die pathetische Proklamation der Demokratisierung als eines eigenständigen Wertes. Dazu noch einmal Professor Helle: »Willy Brandt lehrte sein Volk, Demokratie sei Aufgabe, erst in der fernen Zukunft mühevoll zu verwirklichen, die Gegenwart sei weit davon entfernt, demokratisch zu sein. Damit war zur christlich besetzten Zukunft eine Alternative gefunden: die demokratische Zukunft, die Zukunft der demokratisierten, mitbestimmten Unternehmung, die Zukunft der demokratisierten Universität, der Auflösung alter Strukturen, der Systemveränderung. Überrascht und verwirrt horchte die junge Generation auf, was wohl die christlichen Politiker sagen würden. Was immer sie sagten oder taten, es verhinderte jedenfalls nicht, daß die zentrale Wertorientierung des vergangenen Jahrzehnts die Demokratisierung wurde, was zugleich bedeutet, daß die Zeit seit der Gründung der Bundesrepublik Deutschland bis etwa vor einem Jahrzehnt als undemokratisch diffamiert werden konnte. Freilich ist Demokratisierung nur ein Scheinwert. Hinter diesem politischen Programm verbirgt sich eine kollektivistische Zielsetzung, die die Einheit zwischen den Individuen nicht über die Gleichwertigkeit ihrer Individualität, sondern über ihre Uniformität herzustellen versucht. Während die christliche Wertorientierung das Kollektiv in den Dienst des Individuums stellt, stellt umgekehrt das kollektivistische Demokratisierungskonzept das Individuum in den Dienst des Kollektivs.«

Unter dem trügerischen Deck- und Tarnmantel der Demokratisierung vollzog sich die bekannte kulturrevolutionäre

Umwertung aller Werte. Klassische menschliche Tugenden, konservative Tugenden, zum Wohlbefinden des einzelnen Menschen ebenso notwendig wie zum gedeihlichen Funktionieren eines gesellschaftlichen und staatlichen Gemeinwesens, wurden verlacht, diskriminiert, abgeschafft. Wahrhaftigkeit und Gewissenhaftigkeit, Zuverlässigkeit und Partnerschaft, Treue und Disziplin, Fleiß und Leistung wurden verächtlich gemacht und abgewertet, von religiös und ethisch begründeten Werten ganz zu schweigen.

Der Verlust der Maßstäbe

Nicht zuletzt dieses von sozialistischen Irrlehrern geförderte und betriebene Verblassen aller Maßstäbe führte zu einer unverantwortlichen Förderung des Anspruchsdenkens gegenüber Eltern, Betrieb, Staat, Schule und Hochschule. Eine ethische Um- und Abwertung schürte die Neigung, dem Staat fast nur noch mit Ansprüchen zu begegnen, ohne Rücksicht darauf, ob er diese Ansprüche überhaupt noch erfüllen könne. Man redete dem Bürger immer neue Bedürfnisse ein, rückte seinen Erwartungshorizont immer weiter, trieb sein Anspruchsniveau immer höher, verleitete ihn zu immer weiteren Forderungen – der Staat mußte und muß allein dadurch, daß er diese Forderungen nur bruchstückhaft oder gar nicht erfüllen kann, in ein schiefes Licht geraten.

Institutionen wie Familie, Staat, Betrieb wurden als grundsätzlich fragwürdig, als ständig »kritisch zu hinterfragen« hingestellt. So haben Anspruchsdenken und permanente Kritik Mißmut, Ungeduld und Mißtrauen gegen die staatlichen und gesellschaftlichen Institutionen erzeugt. Diese Tendenz wird in der Publizistik, in der Literatur, auf der Bühne noch verstärkt. Es herrscht ein allgemeiner Zustand des Klagens und des Forderns, des Planens und des Reformierens, in dem die gegebenen Zustände und Einrichtungen bestenfalls noch deshalb als vorübergehend erträglich gelten, weil sie geändert werden können. Für diese lautstarken Teile der Gesellschaft, die eine mit vorbedachter

Absicht unsicher gemachte Jugend als den erfolgversprechenden Adressaten für ihre Agitation, für das Schüren der Unzufriedenheit erkannt haben, sind nur noch Ziele, Versprechen und Reformen moralisch zu vertreten, keinesfalls aber gegebene Zustände, auch wenn sich diese noch so gut bewährt haben mögen. Wo öffentliche Meinung gemacht und verkündet wird, gehören Anklage und Zweifel gegen Staat und Gesellschaft zum guten Ton, so daß ihre Verteidigung meist nur entschuldigend und fast schon mit schlechtem Gewissen vorgetragen werden kann.

Gewiß – und Gott sei Dank! – läuft dies alles an der großen Mehrheit unserer Bevölkerung ab. Der Haß auf das »System« ist eine Sache der Minderheit. Aber die Unsicherheit über Normen und Ziele ist weit verbreitet, vor allem in der Jugend, so daß vor allem diese verschreckt und stumm die politischen Konflikte ohne eigenes Urteil verfolgt – schon weil man ihr die gültigen Maßstäbe genommen beziehungsweise gar nicht erst vermittelt hat.

»Wenn die Tatsachen mit der Theorie partout nicht zusammenstimmen wollen und die Leute das merken, dann ist daran nicht die Theorie schuld, sondern ein ›falsches Bewußtsein‹. Dieses ist daher schleunigst zu ›verändern‹. Das heißt, den dummen Massen ist beizubringen, daß sie sich täuschen, wenn sie meinen, es gehe ihnen gut, sie seien frei zu denken und zu sagen, was sie wollen, hinzugehen, wo es ihnen paßt, mit ihrem Geld und ihrer Freizeit anzufangen, was ihnen Spaß macht, ihre Interessen selber zu interpretieren, ihre Vertreter in Organisationen und Parlamenten nach Gutdünken auszusuchen, Vereinigungen beizutreten oder auch nicht, und so fort«, urteilt Otto B. Roegele in einer Analyse des linken Revolutionsschlagwortes »Bewußtseinsveränderung.«

In einem intellektuellen Hochmut, in einer elitären Arroganz und in einer militanten Intoleranz glauben sich die linksrevolutionären Veränderer allein im Besitz des richtigen Bewußtseins. Weil revolutionäre Kritik total sein muß, weil also das ganze System falsch ist, muß alles verändert werden. Echte und organische Reformen dort, wo Verbesserungen notwendig und möglich sind, haben, weil nicht revolutionär genug, zu unterbleiben. Roegele übersetzt, was dies in der täglichen Praxis der Agitation heißt: »Alles madig machen, die Bundesrepublik, die ›kleinbürgerliche‹ Demokratie, den Wohlstand – und so Mißmut, Neid und Unzufriedenheit erzeugen. Auch wenn es sich dabei ganz einfach um Verleumdung handelt. Nicht darauf kommt es an, ob die Kritik stimmt, sondern darauf, daß sie wirkt, darüber sollte man sich keiner Täuschung hingeben. Durch ständige, unbeirrte Wiederholung kann das Unwahre den Schein des Wahren annehmen und sogar am Offenkundigen Zweifel erwecken. Darum muß man sich die Mühe machen, solche Propaganda zu widerlegen. Schon wimmelt es selbst in katholischen und evangelischen Texten von ›kritischem Bewußtsein‹, ›richtigem Bewußtsein‹, ›falschem Bewußtsein‹, ›Lernprozeß‹, ›Bewußtseinsveränderung‹ und so fort. Ist die Linke auch hier daran, einen terminologischen Sieg zu erringen, der die Revolution geistig vorbereiten soll?« Darum wird die Vergangenheit als eine endlose Kette von Fehlern, Skandalen, Katastrophen vorgetäuscht, die Gegenwart grau in grau als nicht endenwollende Trostlosigkeit gemalt, die Zukunft als unvermeidbare Hoffnungslosigkeit vermiest – nur ein Weg führt aus diesem Tal der Tränen zu den Höhen des Lichts: der Sozialismus.

Besorgtes Fragen ist begreiflich angesichts mancher Ermüdungserscheinungen des bürgerlichen Lagers, der großen und eindeutigen antisozialistischen Mehrheit. Das System verändern, das System überwinden, auch das System sprengen – in den täglichen Sprachgebrauch eingegangene Formeln zeigen, wie weit die Verwirrung der Geister schon gediehen ist. »Das System«, der Kampfausdruck, mit dem Kommunisten und Nationalsozialisten schon einmal eine deutsche Demokratie, jene der Weimarer Republik, belegt und zum Abschuß freigegeben haben, wird skrupellos auf die Bundesrepublik Deutschland angewandt, einen demokratischen Staat, der die Freiheitsrechte in einer Weise gewährleistet wie noch kein deutscher Staat zuvor und wie auch kaum eine Demokratie anderswo. Linke Miesmacherei und Hetze setzen aber auch hier an: Da der Demokratie wie jeder menschlichen Ordnung Fehler und Mängel anhaften, wird dies nicht etwa zum Anlaß genommen, durch konkrete Maßnahmen Abhilfe zu schaffen, sondern zum Vorwand, unser parlamentarisch-demokratisches System überhaupt in Frage zu stellen und seine Abschaffung zugunsten einer nebulosen, mit sozialistisch-marxistischem Dunst versehenen Zukunftsutopie zu machen. Statt das Gute zu verbessern, wo es möglich ist und im Bewußtsein, daß es weder totale Gerechtigkeit noch perfektes Glück als automatische Folge eines »Systems« auf Erden geben kann, verlangen diese Bilderstürmer die Zerschlagung der bestehenden Ordnung zugunsten eines Neubaues der sozialistischen Gesellschaft, die sie im einzelnen nicht darzustellen, deren Funktionsfähigkeit sie nur schwärmerisch zu verkünden vermögen. Wer aber auf Erden den Weg zum sozialistischen Himmel bereiten will, der pflastert höchstens den Weg zur kollektiven Hölle.

Hier wirkt sich Helmut Schmidt fast noch verhängnisvoller aus als Willy Brandt. Denn er, der zwar diesen Unsinn nicht glaubt, täuscht im Inland und besonders im Ausland eine SPD vor, die es so nicht gibt. Er zieht die Blicke auf sich, den pragmatischen, angeblich ideologiefreien Macher, lenkt aber damit von der wirklichen Entwicklung innnerhalb der SPD ab und täuscht darüber hinweg, daß die Grenzen zwischen linker SPD und kommunistischen Gruppen immer fließender, ihr Zusammenwirken mit Volksfrontgruppen immer offener werden. Er tut aber nichts dagegen und beschimpft im Chor der Linken munter alle, die auf diese Gefahr hinweisen.

Jugend im Trommelfeuer der Agitation

Das Trommelfeuer der Agitation prasselt auch hier in konzentrierter Form besonders auf eine ratlose junge Generation nieder. Zur Aufhetzung gegen die staatliche kommt jene gegen die familiäre Ordnung. Ein Vertrauensverhältnis zwischen Eltern und Kindern ist den Veränderern, die Manipulations- und Manövriermasse brauchen, ein Dorn im Auge. Es ist mehr als bezeichnend, daß innerhalb von zehn Jahren die Zahl jener Jugendlichen, die auf Befragen die Eltern als ihre Vertrauenspersonen angaben, um 20 Prozent auf 43 Prozent zurückging.

Dazu Professor Helle: »Die Daten deuten jedenfalls darauf hin, daß die junge Generation im Verlaufe etwa des vergangenen Jahrzehnts politisch so beeinflußt worden ist, daß sie meinen mußte, die freie Entfaltung ihrer eigenen Persönlichkeit nicht mit Hilfe ihrer Familie, sondern gegen ihre Familie verwirklichen zu sollen. Die Zerstörung des Vertrauens in die eigenen Eltern ist jedenfalls ein konsequentes und gut durchdachtes Programm für jenes politische Lager, das keine konservativ eingestellte Jugend heranwachsen sehen möchte.«

Niemand wird leugnen, daß es einen Generationskonflikt, ein Spannungsverhältnis zwischen den Generationen gibt, Erscheinungen, die mit dem normalen biologisch bedingten Ablauf zusammenhängen, unterschiedlich heftig auftreten, durch Verständnis und Klugheit auf der einen, Einsicht und Achtung auf der anderen Seite bewältigt werden, auf keinen Fall aber den natürlichen Zusammenhalt zu sprengen brauchen. Hier aber handelt es sich um etwas anderes.

Der Graben, den eifernde Ideologen zwischen der jungen und der Generation der Eltern teilweise schon aufgerissen haben und noch weiter aufreißen wollen, soll auch zwischen den jungen Menschen und der wirtschaftlichen und staatlichen Wirklichkeit gezogen werden. Gefährlich ist, daß solche Bestrebungen nicht nur von politischen Außenseitern ausgehen, sondern in grundsätzlichen Parallelen auch von Politik und Politikern jener Partei vertreten werden, die seit 1969 in Bonn größte Regierungspartei ist. In Bundesgesetzen und -entwürfen sozialistischer Provenienz werden im Bereich der Familie die Kinder als Prozeßpartei gegen die Eltern konstituiert, tritt der Staat in Gestalt des Vormundschaftsgerichts und des Sozialfürsorgers zwischen Eltern und Kinder. Da soll also nicht mehr in Übereinstimmung mit dem Auftrag des Grundgesetzes die Familie geschützt werden, sondern es sollen die Kinder vor den Eltern »geschützt« werden, weil das Elternrecht aus einem »Gewaltunterworfensein der Kinder« hergeleitet wird, die Kinder als »Objekte elterlicher Fremdbestimmung« definiert werden. Nicht mehr Achtung, Zuneigung und Liebe, sondern kühle und konfliktträchtige und zum Konflikt verführende Rechtsbeziehungen bestimmen nach dieser sozialistischen Auffassung Handlungen, Bindungen und Verhaltensweisen in der Familie und zwischen Eltern und Kindern.

Wegen solcher gesellschaftspolitischer »Reformen« erfüllen heute Angst und Sorge vor der Zukunft Eltern wie Kinder. Die »heile Welt« wird diffamiert, das Bemühen des einzelnen Menschen und sein persönliches Glück an den gesellschaftskritischen Pranger gestellt, Zufriedenheit als eine Negativposition abgetan. Wir erleben heute in den Massenmedien – vor allem auch in jenen, die kraft öffentlich-rechtlicher Struktur und ihres Monopolcharakters zu besonderer Verantwortung verpflichtet wären –, in Schulen und Universitäten zunehmend eine Berieselung mit den Klassenkampf- und Agitationsthesen von Konsumterror, Entfremdung, Ausbeutung, Manipulation, Leistungsdruck und wie jene die Revolution vorbereitenden Schlagworte der linken Heilsbringer alle heißen.

Zwar lassen solche Rattenfänger-Vokabeln die Mehrheit der Menschen in unserem Lande kalt, kaum einer fühlt oder sieht sich entfremdet, manipuliert, ausgebeutet, kaum einer versteht sich als Opfer des Konsumterrors – bei der Jugend aber finden die Agitatoren überdurchschnittlich großen Zulauf. Diese soll vor allem auch mit dem Schlagwort vom Leistungsdruck im Sinne linker Intentionen mobilisiert werden. Leistungsdruck – wie lächerlich und deplaziert mutet dieser Kampfruf an, zudem von jenen am lautesten geschrien, die Leistung in den seltensten Fällen aus eigener Erfahrung kennen! – wenn man sich ins Bewußtsein ruft, daß zwei Drittel der Weltbevölkerung hungern, während das restliche Drittel mindestens drei Fünftel der weltweit erzeugten Güter allein konsumiert.

Wie lächerlich und abwegig ist aber das Lamento über den angeblichen Leistungsdruck gerade bei uns in der Bundesrepublik Deutschland, im freien Teil unseres Vaterlandes! Wir erleben doch in nächster Nähe, jenseits der Elbe und jenseits von Mauer und Stacheldraht, eine Zwangsherrschaft totalitärer und totaler staatlicher Macht unmittelbar vor unseren Augen. Wie gerne würden die im marxistischen Paradies lebenden Genossen ihre sozialistische Freiheit mit unserem Leistungsdruck vertauschen, würden aus verplanten Untertanen normale Bürger werden, würden gerne ihre Freiheit mit der unseren tauschen. Nur weil sie die Wirklichkeit dort nicht sehen dürfen oder nicht sehen wollen, kehren immer wieder Delegationen und Abordnungen aller möglichen Gruppierungen, von den Jungsozialisten bis zu Teilen der Gewerkschaftsjugend des DGB, aus dem anderen Teil Deutschlands schwärmerisch begeistert zurück, als ob sie einen Blick in den Himmel getan hätten.

Diffamierung der Leistung

Es ist merkwürdig und trotzdem verständlich, daß gerade jene bei uns besonders lautstark den Zwang zur Leistung beklagen, die sonst nicht genug Hilfe und Umverteilung unsererseits – und das gilt für die Bundesrepublik Deutschland ebenso wie für die anderen Industrienationen des Westens – zugunsten der übrigen Welt verlangen können. Wie aber sollen die ständig sich verschärfenden Spannungen, wie soll der soziale Graben zwischen, weltweit gesehen, Nord und Süd, ja wie sollen nur schon die unterschiedlichen Wohlstandsausprägungen innerhalb Europas verringert werden, wenn nicht durch höhere Leistungen in den Industriestaaten, also auch durch höhere Leistungen bei uns? Jene, die gegen den Leistungsdruck predigen, sollten bei Marx nachschlagen, wo sie lesen können, daß Kapital vorgetane Arbeit ist. Nur wer produziert und auf den Konsum der Leistung verzichtet, schafft Kapital. Aber nur neues Kapital und eigene Leistung sind im Stande, die Lebensbedingungen in den weniger entwickelten Gebieten Europas und in den unterentwickelten Gebieten der Dritten Welt zu verbessern. Der relative Reichtum der Industrieländer ist doch nicht die Folge der Ausbeutung der Entwicklungsländer nach dem Motto Egon Bahrs, daß die Armut der Entwicklungsländer eine Folge des Reichtums der Industrieländer sei. Aber nicht Umverteilung schafft Wohlstand, sondern Leistung. Das gilt im Innern unseres Landes wie als weltweiter Maßstab.

Wer für soziale Gerechtigkeit, wer für die Befreiung der Völker aus Unwissenheit, aus Not und aus menschlicher Willkür eintritt, kann nicht gleichzeitig ohne den Verlust jeder Glaubwürdigkeit gegen die Leistungsgesellschaft zu Felde ziehen. Wie eigentlich sollen allein schon bei uns die jetzt Dreißigjährigen einmal eine gesicherte Altersversorgung haben bei unserem erschreckenden Geburtendefizit, wenn die zahlenmäßig abnehmenden jüngeren Jahrgänge nicht Zusätzliches leisten. Was soll geschehen, wenn womöglich auch noch dem Wachstum der Investitionen und damit der Produktivität der Garaus gemacht wird? Wie soll der Mensch Selbstbestätigung und Selbstachtung als leistungsloses Mitglied einer Filzpantoffelgesellschaft finden können? Sind nicht gerade auch Qualität und Leistung Mittel zur menschlichen Selbstverwirklichung? Monotonie der Arbeit – und kein vernünftiger Mensch wird sich hier möglichen Verbesserungen in den Weg stellen – mag zur »Selbstentfremdung« führen, eine leistungslose Gesellschaft aber, so kurz sie auch nur Bestand haben könnte, wirkt mindestens ebenso destruktiv auf Wesen und Glück des Menschen.

Revolutionärer Eifer der Sozialisten läßt sich von Einsichten nicht bremsen, marxistische Utopien haben in linken Köpfen Vorrang vor menschlicher Wirklichkeit und geschichtlicher Erfahrung. »Die Revolution in überkommenem Sinn scheint nicht mehr zur Diskussion zu stehen. Die plötzliche und gewaltsame Umwälzung der gesellschaftlichen Verhältnisse kann in westeuropäischen Industriestaaten kein Ziel für Sozialisten sein«, hatte allerdings schon Anfang der siebziger Jahre der damalige Jungsozialistenfunktionär und spätere SPD-Bundestagsabgeordnete Norbert

Gansel in einer Anweisung mit dem bezeichnenden Titel »Überwindet den Kapitalismus!« erkannt. Dies sei deshalb so, weil die Bereitschaft »der Beherrschten und Unterdrückten, alles zu wagen, nicht mehr vorhanden ist«. In Konsequenz dieser Erkenntnis habe nur, so Gansel in dankenswerter Offenheit, »eine langfristig angelegte Aufklärungs- und Mobilisierungsstrategie die Chance, das System zu transformieren«, die Partner für den Marsch zu diesem Ziel wurden definiert: »Progressiv oder links ist nur, wer die Forderung nach Demokratisierung in ein strategisches und taktisches Konzept zur Systemveränderung einbaut.«

Bildungspolitik als sozialistische Waffe

Als schärfste Waffe und wichtigsten Hebel im politischen Kampf zur Abschaffung des »Systems« und zur Abschaffung bewährter menschlicher Tugenden dient die Bildungspolitik. Dies gilt für den Bereich der Hochschulen ebenso wie für den der Schulen. Nach den Krawallen und Gewalttätigkeiten früherer Jahre werden die Universitäten heute eher heimlich und gewissermaßen »ordentlich« unterwandert. Die Berufungskumpanei der Linken funktioniert vortrefflich. Angeführt von Stamm- und Ziehvätern wie dem Marburger Professor Wolfgang Abendroth konfirmieren sich die Linken selbst gegenseitig zu Hochschullehrern. Rafft sich der Staat wenigstens hin und wieder in Fällen, in denen allzu offenkundige kommunistische Aktivisten zu akademischen Lehrern bestellt werden sollen, zu einer Abwehrreaktion auf, setzt ein sorgfältig geplanter und wohl einstudierter Protestmechanismus ein, der vorgibt, demokratische Rechte und Regeln in Gefahr zu sehen, wenn es der Staat ablehnt, Feinde unserer demokratischen Grundordnung in Dienst und Sold zu nehmen.

Der Entwicklung und der Lage an unseren Hochschulen stehen jene heute am ratlosesten gegenüber, die deren Verursacher sind. Die Ereignisse sind nicht wie ein unabwendbares Schicksal hereingebrochen, sie sind die unmittelbare

Folge einer verfehlten Politik. Mit vordergründigen Schlagworten wie »Bildung ist Bürgerrecht« und mit einem Wettlauf zwischen den einzelnen Bundesländern um den höchsten Abiturienten-»Ausstoß« ist ein entscheidendes, in der Demokratie zulässiges Kriterium für die Zuteilung besonderer Sozialchancen, nämlich der Nachweis besonderer Leistung, weitgehend auf der Strecke geblieben. Die vor allem von SPD-regierten Bundesländern in der Art eines sportlichen Wettbewerbs mitgeteilten Erfolgszahlen in Sachen Abitur – auch wenn es sich dabei, wie mittlerweile hinlänglich bekannt und allgemein anerkannt, nur um Pyrrhus-Siege handelte – trafen auf eine Öffentlichkeit, die 1964 von Georg Picht mit dem düsteren Zukunftsbild einer »Bildungskatastrophe« geschreckt worden war und sich, unter Anführung von Kreisen, die es hätten eigentlich besser wissen müssen, in eine wahre bildungspolitische Hysterie hineintreiben ließ.

Der Bildungsstand und die wirtschaftliche Wettbewerbsfähigkeit einer Nation hängen nicht nur von der Zahl der Abiturienten und Akademiker ab. Unser Volk, unsere Gesellschaft, unsere Wirtschaft brauchen den gutausgebildeten Facharbeiter, Handwerker, Werkmeister, Techniker genauso wie den qualifizierten Akademiker. Deshalb hält unsere Politik unbeirrbar an dem Grundsatz der Gleichwertigkeit, der allgemeinen und der beruflichen Bildung fest. Deshalb muß eine verantwortungsbewußte Bildungspolitik ständig ihr Augenmerk auch auf die Zusammenhänge zwischen Beschäftigungs- und Ausbildungssystem richten, sie muß die Grenzen sehen, die einer uferlosen Akademisierung gesetzt sind. Gerade sozialistische »Reformer« weigern sich hartnäckig, diese Zusammenhänge zur Kenntnis zu nehmen und Schlußfolgerungen daraus zu ziehen. Es zeigt sich, daß das Gesetz von Angebot und Nachfrage auf dem Arbeitsmarkt durch idealisierende und egalisierende Bildungsideologien nicht außer Kraft gesetzt werden kann. Dies erkennen allerdings unsere Abiturienten schneller als mancher sozialistische Bildungspolitiker. Unter dem Eindruck schwindender Berufschancen in den traditionellen akademischen Berufen verzichten immer mehr Abiturienten auf ein Hochschulstudium. Auch hier erweist sich, daß eine vernünftige Studien- und Berufsberatung mehr vermag als alle planerischen Utopien und Eingriffe.

Das Massenproblem an unseren Hochschulen war und ist nicht auf eine plötzlich sprunghaft angestiegene Intelligenz unter den Abiturienten, sondern, was heute kaum mehr bestritten wird, auf gesenkte Ansprüche zurückzuführen. Zum Problem der Quantität kommt jenes der Qualität. Gerade der Bereich der Hochschule soll zum Vehikel für die Durchsetzung marxistisch-sozialistischer Bildungsvorstellung werden, für die es in offener demokratischer Feldschlacht in unserem Lande keine Mehrheiten gibt. Die sozialistischen Bildungsstrategien wissen seit eh und je, daß ihre Formeln der Gleichmacherei auf Kosten der Freiheitlichkeit, was auch Unterschiedlichkeit heißt, von der Mehrheit des Volkes für falsch gehalten wird. So geht es den Veränderern darum, alte marxistische Hüte in hochtönendes und dem Normalbürger nicht mehr verständliches Revolutionssoziologisch zu hüllen.

Kampffeld Hochschule

Mit Hilfe einer geschickten Agitation wurde an den Hochschulen und Universitäten eine Manipulationsmaschinerie in Gang gesetzt, die verheerende Folgen ausgelöst hat. Die Forderung nach und die Einführung von überzogener, sachfremder und sinnwidriger Mitbestimmung war der bevorzugte Weg der Systemüberwinder, er ist es immer noch. Die sozialistische Politisierung machte sich die Autonomie der Universität, die für die Freiheit geistigen Arbeitens notwendig ist, zunutze. Dieses System einer autonomen, weitgehend staatsfreien »Gelehrtenrepublik« konnte nur so lange funktionieren, solange unterschiedliche Positionen der Gesellschaftsdeutung in einem gedanklichen Wettstreit miteinander standen. In dem Augenblick, in dem eine Gruppe begann, ihre Weltanschauung absolut zu setzen, konnte dieses

System autonomer Selbstgestaltung nicht mehr funktionieren.

Die Neomarxisten – bei denen es sich durchweg um Altmarxisten und Steinzeitsozialisten handelt! – begannen damit, zunächst kleinere Teilbereiche der autonomen Universität zu erobern. War es dann gelungen, einen marxistischen Professor unterzubringen, brachte dieser als Mitarbeiter nur noch Marxisten mit. Diese zogen wiederum Marxisten nach, und bei Berufungsfällen wurde strikt darauf geachtet, ausschließlich Gesinnungsgenossen unterzubringen. Der Ruf »Marx an die Uni«, der immer mit der Verwirklichung eines angeblich fehlenden Wissenschaftspluralismus begründet wurde, war und ist nichts anderes als der kontinuierlich fortgesetzte Versuch, für Gegner unserer demokratischen Staatsordnung Freiräume zu erkämpfen, aus denen heraus sie ohne Sorge um das eigene Einkommen und um die pensionsgesicherte Zukunft die »Überwindung des Systems« betreiben können.

Ich will keineswegs behaupten, daß in CDU/CSU-regierten Bundesländer im Hochschulbereich keine Fehlentwicklungen zu verzeichnen wären. Manche auf unserer Seite fielen den Verlockungen eines angeblich wehenden Zeitgeistes zum Opfer. Dennoch, wir haben verhängnisvolle Entwicklungen rechtzeitig erkannt, sind auf Gegenkurs gegangen, während sozialistische Bildungspolitiker als Gefangene ihrer Ideologie sich auch heute noch gegen Einsicht und Erfahrung und gegen die daraus zu ziehenden Schlußfolgerungen sträuben. Die Autonomie der Hochschulen – das kann nicht heißen, hier könne ein herrschaftsfreier Raum etabliert werden. Freiheit der Wissenschaft muß etwa so organisiert sein wie vergleichbar die richterliche Unabhängigkeit: Bei der Festlegung der Forschungsgegenstände, denen er sich zuwenden will, bei der Anwendung der Methode und bei der Bewertung von Tatbeständen muß der Wissenschaftler frei von Direktiven sein – gleich, von wem immer sie kommen mögen.

Da er sich darüber hinaus aber, soweit er staatliche, also Mittel aller Steuerzahler für seine Arbeit in Anspruch nimmt, in eine Behördenorganisation eingliedern muß, unterliegt er hinsichtlich der äußeren Erfüllung seiner Verpflichtungen, insbesondere bei der Lehre und bei der Beachtung der Grundsätze unserer freiheitlich-demokratischen Grundordnung, staatlichen Pflichten und Weisungen. Ein Verlangen nach Hochschulautonomie, das diesen einfachen Sachverhalt leugnet, gehört entweder in die Rubrik »Systemüberwindung« oder »Privilegienegoismus«. Beides ist reaktionär, beides hat mit demokratischen Prinzipien nichts zu tun.

Die Definition, Wissenschaft sei herrschaftsfreier Dialog, bietet sich bestenfalls für Witzeleien an. Träfe diese Definition zu, so könnte man ja sagen, daß jeder Wirtshausstammtisch eine Klein-Universität sei. Das Schlimme und für verantwortlich denkende Staatsbürger Unerträgliche ist nur, daß es an zahlreichen Universitäten, die unter dieser linken Maxime organisiert worden sind, was Niveau und Bedeutung des dort Be- und Getriebenen angeht, kaum noch einen Unterschied zur Stammtischrunde gibt. Die Klagen über den Leistungsverlust unserer Hochschulen – bemerkenswerterweise auch in anderen Ländern, wo die deutsche Universität stets einen besonderen Ruf genoß – gehört ebenso hierher wie der Hinweis auf die Universität Bremen oder die Freie Universität Berlin, deren Zustand zeigt, wohin sozialistische Hochschulpolitik führt.

Gerade das Beispiel der Universität Bremen, als »rote Kaderschmiede« bekannt geworden, zeigt, wohin sozialistische Hochschulpolitik führt. Wenn Professor Golo Mann zu den berüchtigten hessischen Rahmenrichtlinien feststellte: »Am Ausgang der Schule wartet der Spartakus«, so sagen Fachleute, daß er in der Universität Bremen bereits drinnen ist und sie total beherrscht. Die Praxis dieser Hochschule zeigt eine Linksideologisierung aller Lehrbereiche, welche von einer allumfassenden Kritik ausgeht, die zu einer permanenten Konfliktsituation führt. Die Welt und Wirklichkeit unseres liberalen Rechtsstaates, der verfassungsmäßigen parlamentarischen Demokratie und der Sozialen Marktwirtschaft wird völlig negiert. Die Bundesrepublik Deutschland wird als eine monopolkapitalistische Gesellschaftsform dargestellt, die von einem unternehmerischen Ausbeutertum beherrscht werde und der ausschließlich das sozialistisch-marxistische System gegenübergestellt wird.

Dazu kommt, daß die Zeit der Hochschullehrer, die für Forschung und Lehre bestimmt sein sollte, nicht nur durch bürokratische Tätigkeit in Anspruch genommen wird, sondern auch durch endlose und meist auch sinnlose Diskussionen über Probleme, die es gar nicht gäbe, wenn es nicht die Gremien gäbe, in denen sie diskutiert werden müssen. Wir brauchen die Leistungshochschule, nicht die Palaverhochschule.

Als Hoffnungszeichen ist zu werten, daß sich, zumindest außerhalb des sozialistischen Lagers, auf breiter Grundlage der Wille zur Umkehr gefestigt hat. Der Sinn für das Vernünftige ist wieder eingekehrt. Die Einsicht, daß die Revolution auf dem Bildungswege verhindert werden muß, wenn unser Staatswesen in Zukunft noch Bestand haben will, setzt sich immer mehr durch. Hochschulpolitik, wie ich sie vertrete, muß, auch aus Gründen der Billigkeit und Gerechtigkeit gegenüber allen Mitbürgern, mit deren Steuergeldern die Hochschulen finanziert werden, wieder von dem Gleichklang aus Freiheit und Leistung bestimmt werden.

Klassenkampf im Klassenzimmer

Während aber die Alarmsignale über die Zustände an den Hochschulen der Bundesrepublik bereits zu schrillem Dauerton geworden sind, hat sich an manchen unserer Schulen eine nicht minder gefährliche Entwicklung vollzogen – eine Entwicklung, die Millionen von Eltern in Sorge und Schrecken versetzt. Unter dem Vorwand, sie zu selbständig denkenden Menschen mit kritischem Vermögen zu erziehen, hinter der gleißenden Formel von der »emanzipatorischen Erziehung«, werden heute schon von vielen Lehrern unsere Kinder mit Parolen und Anweisungen indoktriniert, die eindeutig den Stellenwert der Bildung in der Gesamtstrategie der Linken ausweisen und ohne jedes Wenn und Aber in die klassenkämpferische Position des Marxismus münden.

Von der Basis her versuchen die linksradikalen Teile der deutschen Pädagogenschaft – und nirgends ist der Anteil kommunistischer Mitglieder und Aktivisten bezeichnenderweise so hoch wie in der GEW, der Gewerkschaft Erziehung und Wissenschaft – die überkommene Erziehung aufzurollen. Geschult werden diese Lehrer vornehmlich in SPD-regierten Bundesländern, in Bremen und Hamburg, in Berlin, in Nordrhein-Westfalen und im roten Musterland Hessen. Nicht mehr die hinfort als »bürgerlich« zu denunzierende Objektivität und Ausgewogenheit des Bildungsangebotes darf nach den Worten eines der linken Politkommissare im Professorenrock, des Darmstädter Pädagogikprofessors A. J. Gamm, das Prinzip unseres Bildungswesens sein, sondern das Gegenteil, die Parteilichkeit. Welche Art von Parteilichkeit gemeint ist, liegt auf der Hand; man nimmt kein Blatt vor den Mund, wenn man als Zielprojektion der Bildung fordert, die »Produktionsverhältnisse zu ändern«. Denn menschenwürdig würden Bildung und pädagogische Arbeit nur, »wenn die Voraussetzung für den Sozialismus erfüllt ist, wenn die Arbeiter Eigentümer der Produktionsmittel geworden sind«.

Die heilige Aufgabe, geradezu die Berufung des Lehrers ist es demnach, »politische Umstände zu dechiffrieren«, die den Zug zum erklärten Endziel einer sozialistischen Gesellschaft anhalten oder bremsen könnten. Soziale Unterschiede müssen als Klassengegensätze, »Sozialisationsdefizite« von Arbeiterkindern als mit Absicht aufrechterhaltene Bildungshindernisse »verdeutlicht« werden. Diese Technik des »Entlarvens«, das Handwerk der politisierenden Kritik, das Mißtrauen gegen alles Vorhandene, ist eines der wichtigsten Leitziele der systemüberwindenden Pädagogik. Wie sehr sich die linke Bildungstheorie auch historisch in den Kontext der sozialistisch-kommunistischen Weltrevolution einfügt, wird deutlich, wenn man einmal die Schriften der führenden bolschewistischen Theoretiker aus der Zeit um 1917 auf ihre Aussagen zum Thema Bildung hin abklopft. »Das wesentliche Ziel des Proletariats ist es, die Schule aus den Händen der herrschenden Klassen zu reißen und sie umzuformen von einem Unterjochungsinstrument zu einem Instrument der Emanzipation.« Der Satz stammt nicht, wie man nicht nur auf den ersten Blick meinen könnte, von einem SPD-Kultusminister der siebziger Jahre – die Altbolschewikin und Lebensgefährtin Lenins, Nadesha Krupskaja, hat ihn mit dem Ziel geschrieben, eine neue »wirklich demokratische Schule« zu schaffen.

Bei ihrem Kampf um die Schule – und das heißt, um das Bewußtsein unserer Kinder – stehen die linken Theoretiker nicht allein: In der Praxis wird der Kampf um die »wirklich demokratische Schule« von Lehrern, die der DKP nahestehen oder ihr angehören (in großer Zahl besonders im SPD-regierten Stadtstaat Hamburg), oder den Jungsozialisten der SPD und von verschiedenen Gruppen von Erich Fristers GEW geführt, vor allem von deren mehrheitlich linksradikal bestimmter Arbeitsgemeinschaft junger Lehrer und Erzieher (AJLE).

Trotzdem – die Erfolgsaussichten jener, die den Schulkatheder zur Revolutionstribüne umfunktionieren, wären nur gering, wenn ihnen nicht in den SPD-regierten Bundesländern, aus den Reihen der Kultusminister selbst, eine Unterstützung entgegengebracht würde, die sich aus einem ideologischen Gleichklang linker Seelen, aus der gleichen Tendenz zur »Emanzipation«, zur »Selbst- und Mitbestimmung« speist. Wovon die linken Bildungsrevolutionäre einst kaum auch nur als von einer fernen Utopie zu träumen wagen konnten, wird ihnen mittlerweile von sozialistischen Kultusministern als Geschenk angeboten, ja geradezu aufgedrängt: Die Kulturrevolution wird auf dem Amtsweg und von Amts wegen verordnet. An der Spitze der beamteten Kulturrevolutionäre stand über Jahre hin der hessische Kultusminister Ludwig von Friedeburg, der zwar im Herbst 1974 seinen Posten räumen mußte, aber den roten Hausgeist zurückließ.

Die besonders berühmt-berüchtigt gewordenen hessischen Rahmenrichtlinien für den Unterricht in den Fächern Deutsch und Gesellschaftslehre würden sogar vor den strengen Augen der Nadesha Krupskaja bestehen können. Die den Marxisten unbequemen Fächer Geschichte und Erdkunde wurden darin praktisch abgeschafft, wurden dafür mit dem früheren Fach Sozialkunde zu einem »integrierten Lernzielzusammenhang« zusammengefaßt, wie es im linken Rotwelsch heißt. Die in Hessen vorgelegte Begründung für die Abschaffung des Faches Geschichte hätte auch in Moskau geschrieben worden sein können. Wortwörtlich nämlich wurde das eigenständige Fach Geschichte und mit ihm das historische Erkennen »als objektivistischer Irrtum« ausgewiesen, »das heißt als bloße Vorspiegelung von wissenschaftlicher Objektivität.«

Vom Zweck der »roten Reformen«

Den roten Reformern kommt es ohnehin nicht auf objektive Erkenntnisse an, sondern darauf, »inwiefern die Auseinandersetzung mit Vergangenem zu einer reflektierten Einschätzung gegenwärtiger gesellschaftlicher Verhältnisse« beiträgt. Diese bewußt in einer für den Normalbürger kaum verständlichen revolutionären Tarnsprache abgefaßte Programmatik bedeutet im Klartext, daß Geschichte nur noch in einem Sinn und Ausmaß betrieben werden soll, die zur Begründung und Rechtfertigung einseitiger Meinungen und vorgefaßter Doktrinen beitragen können.

So marxistisch wie der wissenschaftstheoretische Ansatz sind auch die Richtlinien selbst. Sie muten Lehrern und Schülern zu, Gott und die Welt, Geschichte und Gegenwart, Wirtschaft und Literatur als Ausdruck eines permanenten, uralten und einzigartigen Konflikts der Interessen – Lenin würde sagen des »Antagonismus der Klassen« – zu verstehen. Wie die Pädagogik der neuen Linken es fordert, wie Lenins Krupskaja es sich ersehnt hat, werden hier in einem fort »Herrschaftsinteressen entlarvt«. Auch das bewußte Bekenntnis zur Parteilichkeit ist nicht zu überlesen. Nicht nur die Gesellschaftslehre, sondern auch der Deutschunterricht ist auf etwas ausgerichtet, was als »die Analyse der gesellschaftlichen Situation der Bundesrepublik« angepriesen wird. Dabei sind vor allem »die gesellschaftlichen Unterschiede, Gegensätze und Widersprüche aufzudecken«. Um dieses hehre rote Ziel zu erreichen, wird die bewußte Parteinahme verordnet.

So ist es nur sozialistische Konsequenz, daß in solcherart Schulpolitik Lenins doppelte Moral und seine Theorie vom gerechten und ungerechten Krieg zum erstenmal außerhalb der Grenzen des kommunistischen Blocks fröhliche Urständ feiert. Ganz unbefangen wurde den Schülern als Lernziel die »Erkenntnis« verordnet, daß die böse, bürgerliche, imperialistische, westliche »rechte« Gewalt des Teufels ist – die gute, emanzipatorische Gegengewalt den Gewalttäter aber geradewegs in den roten Himmel des Sozialismus führt. Denn es kommt ja nur noch, so der erwähnte Professor Gamm, darauf an, ob Gewalt »der Ausübung von Herrschaft dient, oder ob sie im Sinne von Gegengewalt zur Bekämpfung von ökonomischer, politischer und militärischer Unterdrückung verstanden werden kann«.

Fast die gleiche marxistische Tendenz wie in Hessen, in einigen Punkten sogar noch verschärft, haben die dort »Unterrichtsmaterialien« genannten Richtlinien eines anderen Kultusministers der SPD, nämlich des nordrhein-westfälischen Ministers Girgensohn. Es geht nicht mehr darum, daß die Kinder mit einem soliden Fachwissen ausgestattet werden, mit dessen Hilfe sie sich ein eigenes Urteil bilden könnten. Denn nicht auf die Vermittlung von Wissen und Bildung kommt es den Veränderern an, sondern auf die Steuerung des politischen Verhaltens der zukünftigen Staatsbürger, der Wähler, der Beamten, der Arbeitnehmer der nächsten Generation, auf sozialistische Indoktrination.

Die roten Mandarine des Fortschritts werden nicht müde, die Vorzüge solcher Schulpolitik zu loben und ihre bundesweite Einführung zu fordern, also auch in Ländern, in denen CDU und CSU bislang die Schule vor dem Zugriff der Linken weitgehend bewahrt haben. Bezeichnenderweise verurteilte DGB-Vorsitzender Heinz Oskar Vetter Kritik an den hessischen Schulplänen als »Hetze« und stellte den fortschrittlichen Kultusministern bei Bedarf die hilfreiche Hand der Arbeiterklasse in Aussicht – offensichtlich nicht mehr wissend, daß gerade in den Familien unserer Arbeiter die Verbitterung über die zielstrebige Radikalisierung und Indoktrinierung der Kinder besonders groß ist. Daß der DGB dann Ende der siebziger und Anfang der achtziger Jahre unbekümmert um seine Pflicht zu parteipolitischer Neutralität Schulter an Schulter mit den sozialistischen »Reformern« für die Abschaffung unseres bewährten gegliederten Schulwesens und für die Einführung der Gesamtschule marschierte, paßt ins Bild.

Flankiert nämlich werden die Ziele der Kulturrevolutionäre von unten und von oben durch zwei Strategien: Sie zielen erstens auf die Zerschlagung der überkommenen Schulstrukturen, auch da, wo sie noch intakt sind, zweitens auf die Abtrennung und Herauslösung des Schülers aus seiner Einbindung in das Elternhaus. Ein deutliches Indiz dafür, wie sehr die Eltern in den betroffenen Bundesländern seit Jahren spüren, wohin die Reise gehen soll, war und ist der entscheidende Widerstand gegen die offen oder verdeckt verbindliche Einführung der sozialistischen Rahmenrichtlinien und Handreichungen – bis hin zum erfolgreichen Aufstand der Bevölkerung Nordrhein-Westfalens gegen die sozialistischen Schulpläne für die Einführung der Gesamtschule.

Die Wachsamkeit und Sorge der Eltern ist begreiflich. Aus sozialistischen Rahmenrichtlinien und Unterrichtsmaterialien müssen sie, ebenso wie aus den ihnen bekannt gewordenen Unterrichtsbeispielen, befürchten, daß in der Schule ein Keil geschnitzt wird, der sich gegen die Familie richtet und die Kinder ihren Eltern entfremdet. Wie nahezu alles in den Rahmenrichtlinien wird nämlich auch die Familie als schichten- oder klassenspezifische Erscheinung abgehandelt. Die schulischen Systemüberwinder geben vor, daß Kinder bei Konfliktsituationen in der Familie fälschlicherweise glaubten, die Eltern würden sich subjektiv entscheiden, sie könnten sich aber jederzeit auch anders verhalten. Tatsächlich aber seien doch die Eltern durch ihre Herkunft, ihre soziale Stellung, ihren Beruf, ihre Vermögensverhältnisse, durch ihre »klassenspezifischen« Eigenschaften also, so festgelegt, daß sie gezwungenermaßen immer so handeln müßten, wie sie handeln. Die klassenspezifische Einbindung, so die pädagogischen Politführer, könne bei den Kindern doch nur zu besserem Verständnis der Eltern führen.

Zwischen Engels und Lenin

In der Wirklichkeit sozialistischer Schulpolitik erfahren Vater und Mutter, daß das vorgebliche Verständnis sich nur als Mitleid für die armen, dummen und von ihrer »Klassen-Norm« abhängigen Eltern äußert. Der »progressive« Schüler »progressiver« Lehrer »weiß« dann nämlich nach dem Unterricht anhand »progressiver« Richtlinien, daß seine bedauernswerten Eltern eben festgelegt sind, daß ihnen einfach nicht mehr zu helfen ist. Eine solche Erziehung – und das liegt ja wohl auch in der Absicht der dafür verantwortlichen Kulturrevolutionäre – bringt die Klassenkampfsituation in die Familie, auch wenn diese elegant und vermeintlich unverfänglich als »wirkliches Verständnis« verpackt wird.

Mit dieser Art schulischer Zielsetzung gerät neben der Krupskaja ein zweiter führender Marxist als Stammvater der »reformierten« Bildung ins Bild. Es war nämlich Friedrich Engels, der – und die Linken sind ja immer auf dem neuesten Stand der Wissenschaft! – vor jetzt 100 Jahren über die Familie spekulierte und sie für historisch bedingt und veränderbar erklärte. In seinem Traktat über den »Ursprung der Familie, des Privateigentums und des Staates« hatte er die damals wie heute nicht bewiesene Behauptung aufgestellt, die Familie habe sich erst mit der Entstehung des Privateigentums entwickelt. Die Entstehung der Familie ist für Engels Markierung, mit der der ursprünglich paradiesische Zustand der Menschheit, nämlich das Leben in der glücklichen Urhorde, abgelöst worden ist. Erst im Kommunismus werde, so der ideologische Ahnherr der heutigen linken Schulreformer, diese Gesellschaftsnorm des Lebens im Familienverband wieder aufgelöst werden und durch das Prinzip von individueller Gleichheit und Brüderlichkeit ersetzt.

Die zweite schulische Front, an der die als Reformer getarnten Revolutionäre unverdrossen am Werk sind, betrifft die organisatorische Gestalt der Schule. Unser funktionierendes, bewährtes und anerkanntes dreigliedriges Schulsystem (Hauptschule, Realschule und Gymnasium) soll der Erosion und der Zerstörung ausgesetzt werden. Den Gesamtschulversuchen und den bisher angestellten wissenschaftlichen Vergleichen fehlt dabei jede Spur auch nur eines Beweises, daß die gleichmacherische Gesamtschule unserem erprobten gegliederten Schulwesen etwa gleichwertig oder gar überlegen wäre. Dabei ist noch in den Vergleichstests so verfahren worden, daß das Modell »integrierte Gesamtschule« mit vorbedachter Absicht besser ausgestattet wurde – ob es sich um Räume, Lehrmittel oder Lehrpersonal handelte.

Es ist auch eine Täuschung der Öffentlichkeit, wenn die Sozialisten sagen, sie seien für die Beibehaltung des dreigliedrigen Schulsystems neben der Gesamtschule. Das Beispiel Kassel sollte die Augen öffnen und warnen. Die sozialistische Mehrheit im Stadtrat hat beschlossen, sämtliche Gymnasien, Real- und Hauptschulen zu beseitigen – ein totaler Kahlschlag, obwohl in den zehn Stadtschulbezirken eine Befragung bei Elternbeiräten, beim Personalrat der Schulleitung und den Schülern jeder Schule 83 Prozent Gegenstimmen gegen diesen SPD-Stadtschulentwicklungsplan ergeben hatte.

»Muß es uns nicht absurd vorkommen, wenn man einen Schnellzug, einen Eilzug und einen Personenzug zur gleichen Zeit starten, mit gleicher Geschwindigkeit hintereinander herfahren und an allen Stationen halten läßt – damit jemand, der sich erst nach Fahrtbeginn entschließt, vom Personenzug in den Schnellzug umzusteigen, dies jederzeit tun könnte? Eben dies ist nämlich das Prinzip der integrierten Orientierungsstufe, der Gesamtschule und ihrer ›kooperativen‹ Vorformen«, urteilt Professor Hatto H. Schmitt. »Bürgerrecht auf Bildung« – so ein Schlagwort von Ralf Dahrendorf aus der Mitte der sechziger Jahre, an das dieser heute sicherlich nicht mehr gerne erinnert werden will – darf nach Professor Schmitt nicht zur Bürgerpflicht werden, sich aus ideologischen Gründen mit einer normierten Halbbildung begnügen zu müssen. Deshalb sein beschwörender Appell: »Es muß ein Ende haben mit dem grenzenlosen Dilettantismus in der Bildungspolitik, mit dem atemlosen Hetzen von Neuerung zu Neuerung, mit der Ideologisierung der Bildungspolitik und mit der Hilflosigkeit gegenüber dieser Ideologisierung. Wir brauchen mehr Ruhe, mehr Geduld, mehr Augenmaß; wir brauchen eine Bildungspolitik mit mehr Verantwortungsgefühl. Es muß endlich wieder klar werden, daß unsere Kinder zu freien Individuen erzogen werden und nicht zu vorprogrammierten Maschierern der Gesellschaftsveränderung. Wir können kein Schulsystem brauchen, das auf eine platte Egalisierung der Erfolgschancen hinausläuft. Chancengerechtigkeit, Chancenausgleich kann nur bedeuten, daß dem aus Anlage- oder Milieugründen langsamer Startenden Hilfen geboten werden, sich im Wettbewerb zu behaupten. Der Chancenausgleich kann und darf nicht erreicht werden durch die Hemmung der Schnellerstartenden. Dem anderen erwächst daraus kein Nutzen. Aber der zu schnellerem Tempo Befähigte erleidet eine Minderung seiner Chancen – und das ist Diebstahl; Diebstahl am Kostbarsten, was der Mensch auf Erden hat und was ihm niemand wiedergeben kann: an Glückserfüllung, an Selbstverwirklichung in der kurzbemessenen Lebensfrist.«

Für ein gegliedertes Schulwesen

Nach allen bisherigen Erfahrungen ist das gegliederte Schulwesen besser geeignet, Begabungen zu entdecken, Begabungen zu fördern und Begabungen zur vollen Entfaltung zu bringen. Gerade von der Entdeckung und Förderung der ganz dünnen Schicht der Hoch- und Höchstbegabten aber hängen langfristig technischer Fortschritt, wirtschaftliches Wachstum und soziale Leistungskraft ab. Nur eine verblendete Ideologie kann sich zu dem Gedanken versteigen, daß von oben nach unten nivelliert werden muß. Hier zeigt sich der ganze verderbliche Wahn einer – bewußt oder unbewußt – völlig falsch verstandenen Demokratisierung. Begabung und Talent bedürfen nicht pseudodemokratischer Gleichmacherei, sondern der speziellen Förderung – nur dann nämlich kann eine Entwicklung gedeihen, von der Wohlstand und Wohlergehen der breiten Masse einer tüchtigen und fleißigen Bevölkerung abhängig sind.

Wir wären heute ein Entwicklungsland, eine Region der Armut, ein Elendsgebiet, wenn wir nur auf unsere natürlichen Schätze angewiesen wären, auf unsere eigene Energie, auf unsere eigenen Rohstoffe. Wir brauchen in unserer Lage ganz besonders den »Rohstoff Geist«, das heißt die Begabungen unserer Menschen, vor allem jener der jungen Generation. Begabungen kann man nicht durch die Zahl der höheren Schulen vermehren und auch nicht durch immer mehr Ausbildungsplätze an den Universitäten und schon gar nicht durch die grenzenlose Steigerung der Abiturientenzahl. Was hat es für einen Sinn, 50 Prozent aller jungen Menschen zu einem Abitur zu verhelfen, sie langwierig und kostspielig auf Berufe vorzubereiten, in denen sie dann doch nicht unterkommen können, und damit erst eine gesellschaftskritische, bis zur Revolutionsbereitschaft aufheizbare Stimmung und Haltung herbeizuführen?

Es geht darum, daß die vorhandenen Begabungen durch ein Schulsystem am sichersten entdeckt werden und nicht in einem gleichmacherischen pädagogischen Einheitsbereich untergehen, daß sie gepflegt werden, daß sie entfaltet werden, daß sie gefördert werden. Selbst wenn wir an dem Grundsatz, daß der Mensch gleich ist vor Gott, gleich ist vor dem Recht, gleich ist vor der Verfassung, gleich ist vor der Verwaltung, gleich ist mit seiner Stimme bei der politischen Entscheidung, ehern und eisern festhalten – an einem ändert keine Gleichheitstheorie und keine Gleichheitsutopie etwas: nämlich daran, daß die überwiegende Mehrheit unserer fleißigen, intelligenten, arbeitsbereiten Menschen eine Chance für weiteren Aufstieg nur hat, wenn die relativ dünne Schicht führender, schöpferischer, genialer, geistiger Kräfte entdeckt, gepflegt und zur vollen Entfaltung gebracht wird. Wer deshalb der Menschheit eine Einheitsschule unter der verhängnisvollen Parole »Chancengleichheit statt Chancengerechtigkeit« aufzwingen will, wer in der Schule eine Nivellierung der Leistungen und eine Gleichheit der materiellen Ergebnisse herbeiführen will, der dient weder der Gerechtigkeit noch der Gleichheit, sondern der bewirkt den Rückschritt vom Fortschritt, der bewirkt den Rückfall und der bewirkt die Verarmung und Verelendung unseres Volkes.

Wir werden uns dafür einsetzen, daß den Kindern in der Bundesrepublik Deutschland die nivellierende Gesamtschule als Regelschule erspart bleibt. Wir werden ein bewährtes gegliedertes Schulsystem leistungsfähig erhalten und es dort verbessern, wo es verbessert werden kann und muß. Wir werden dabei auch nicht vergessen, daß die Schule bei allen Leistungsanforderungen, die gestellt werden müssen – und wer sie an die Jugend nicht stellt, versündigt sich an dieser Jugend! –, auch eine Stätte sein muß, in der es fröhlich zugehen kann und darf. Wir werden darüber wachen, daß unsere freiheitlichen und geschichtsbewußten Wertvorstellungen im Erziehungs- und Bildungsauftrag des Staates verwirklicht werden. Wir werden uns mit aller Kraft gegen die Umfunktionierung der Schule zum Einübungsraum für Gesellschaftsveränderungen wehren. Mit dem, was Sozialisten harmlos klingend als »demokratische Schule« anbieten und anstreben, ist die akute Gefahr der massiven Politisierung und der ideologischen Indoktrination gegeben, ist die Umwandlung des Klassenzimmers in eine Stätte des Klassenkampfes zu befürchten. Nach sozialistischen Lern- und Lehrrezepten – an skandalösen Kostproben hat es in den letzten Jahren nicht gefehlt – müßten die Schüler bald die Überzeugung haben, daß aus der offensichtlich allerschlechtesten aller denkbaren Welten nur der Weg der Systemveränderung führt. Um so leichter würden sie dann, so mögen die linken »Reformer« hoffen, dem roten Stern folgen, der ein paradiesisches Leben in der fernen Zukunft einer heilen Welt des demokratischen Sozialismus verspricht.

Die Schlußfolgerung liegt auf der Hand: Schulpolitik ist eine der entscheidenden Fronten, an der nicht nur die Zukunft unserer Kinder, sondern die Zukunft unserer Gesellschaft und unseres Staates überhaupt entschieden wird. Marxistisch-sozialistische Schulpolitik führt zu einer Bildung und Erziehung, deren Ergebnis eine konflikt-theoretisch verbogene, revolutionär aufgeladene und mit mangelndem Wissen versehene junge Generation ist. Ich kämpfe für eine Bildung und Erziehung, die jedem jungen Menschen die Chance gibt, seine persönlichen Fähigkeiten entfalten zu können, eine frohe Jugend zu haben und mit einem Wissen ausgestattet zu werden, das ihn für das Leben fähig macht, das ihn in den Stand versetzt, durch eine Lebensleistung selbst persönliche Erfüllung zu finden und zur Gesamtleistung der Gesellschaft beizutragen. Ohne Leistung gibt es keine Zukunft – wer dies nicht sieht und sagt, wer es vor allem nicht der jungen Generation nahebringt und danach handelt, verspielt für Kinder und Kindeskinder das Morgen.

VI

Wirtschaftsordnung der Freiheit

Die Wurzeln der Probleme · SPD kontra Marktwirtschaft · Gemeinwohl und Eigennutzen · Anspruchsinflation und Neid · Sozialistische Irrtümer · Ideologen gegen Tatsachen und Erfahrungen · Ziele Sozialer Marktwirtschaft · Sozialismus für eine »andere Republik« · Gewitterwolken über der Weltwirtschaft · Für eine Vielfalt von Unternehmen · Die Aufgabe der Wirtschaft · Grundlage der Stabilität

Zehn Jahre SPD-Politik haben genügt, die wirtschaftlichen, finanziellen und sozialen Grundlagen unseres Staates zu gefährden und zu erschüttern. Was durch den Fleiß und die Solidarität unserer Bürger auf dem größten Trümmerhaufen der Geschichte, abgesichert durch eine dynamisch-moderne Wirtschaftspolitik, aufgebaut worden ist, wurde in wenigen Jahren in Frage gestellt. Gegen den erbitterten Widerstand der SPD, die sozialistische Plan- und Staatswirtschaft um jeden Preis wollte, haben wir in den Jahren 1948 und 1949 die großartige Idee der Sozialen Marktwirtschaft in die Wirklichkeit umgesetzt. Bis heute hat sich an dieser ideologisch bedingten grundsätzlichen Ablehnung der Marktwirtschaft durch die SPD nichts geändert. Trotz aller gegenteiligen Beteuerungen, die mehr der Tarnung eigentlicher Vorstellungen dienen, können Sozialisten mit einer freiheitlichen, auf Selbstverantwortung in sozialer Bindung begründeten Wirtschaftsordnung nichts anfangen. Sozialisten waren, sind und bleiben die Erzfeinde marktwirtschaftlicher Freiheit. Sie stehen in einer inneren Antihaltung zum Markt und seinen Gesetzen.

Die Ordnung der Sozialen Marktwirtschaft, von den Unionsparteien CDU und CSU in zwei Jahrzehnten aufgebaut und weiterentwickelt, ist in einem weiteren Jahrzehnt durch eine SPD-geführte Politik in ihrer Funktionsfähigkeit erheblich angeschlagen worden. Die in diesem Zeitraum entwikkelte widerstands-, anpassungs- und verkraftungsfähige Struktur unserer Wirtschaft ist durch klassenkämpferische Hetze, dauernde Erprobung der Belastungsfähigkeit, ist an ihre Grenzen und darüber hinaus durch eine pfuschende Politik des Gasgebens und Bremsens aus den Fugen geraten.

Bis zum Jahre 1969 entwickelten und betrieben CDU und CSU eine organische Politik der Sozialen Marktwirtschaft. Eine auf persönlicher Freiheit, auf Selbstverantwortung, auf Leistungswettbewerb und auf einem sozial abgesicherten wirtschaftlichen Erfolgssystem beruhende Ordnungspolitik brachte unserem materiell und moralisch zerstörten Land staatliche Unabhängigkeit, unserer Demokratie eine stabile ökonomische Grundlage, der Bundesrepublik eine Spitzenstellung im Welthandel, für jeden Mitbürger aber ein hohes Maß persönlicher Freiheit durch Selbstverständlichkeit des Arbeitsplatzes, durch Stabilität des Geldwertes und durch soziale Sicherung im Alter, gegen Krankheit und andere Wechselfälle des Lebens, einen in der Welt unvergleichbar hohen Mindestwohlstand durch Ausbau der Infrastruktur, des Wohneigentums sowie des Sozialwohnungswesens, der privaten Vermögensbildung, der Freizeitzunahme, der Mobilität. Auch die erhebliche Ausweitung der allgemeinen Bildungschancen für jedermann gehört hierher.

Was in angenehmer Gewöhnung an einen vermeintlich für unbegrenzte Zeit garantierten wirtschaftlichen Wohlstand und Aufstieg schier undenkbar geworden schien, ist unter SPD-geführten Bundesregierungen wieder Realität geworden: Das Phänomen der Arbeitslosigkeit, von vielen älteren Mitbürgern für immer überwunden geglaubt und von Millionen junger Mitbürger nach zwei Jahrzehnten erfolgreicher Unions-Wirtschaftspolitik nicht einmal gekannt, rückte Mitte der siebziger Jahre in den Mittelpunkt der wirtschaftspolitischen Diskussion.

Die Sorge um die wirtschaftliche Zukunft, die in besonderer Weise die Sorge um die ausreichende wirtschaftliche Sicherung des Alters einschließt, geht um. Diese Sorge kommt nicht von ungefähr und sie ist nicht kurzfristiger Natur – die Aussichten für die wirtschaftliche Entwicklung in der Bundesrepublik Deutschland und in den Ländern der westlichen Welt sind auch mittel- und langfristig besorgniserregend. Mit dem Hinweis auf das Energieproblem im allgemeinen und auf Ölverknappung und -verteuerung allein kann dieser negative Trend nicht begründet werden, auch wenn der in der Tat nur schwer zu verkraftende Anstieg der Ölpreise manchen Regierungen der westlichen Welt, auch und vor allem der SPD-geführten Bundesregierung in Bonn, zur Generalausrede für eigene Versäumnisse und eigenes Versagen geworden ist. Die Bundesregierung tut seit 1974 so, als ob die Probleme unserer Wirtschaft unverschuldet nur von außen ins Haus gekommen seien. Gerade das aber ist nicht wahr – sie sind im Grundsatz »home made«.

Die Wurzeln der Probleme

Die Wurzeln der gegenwärtigen und die Schwierigkeiten der kommenden Jahre liegen tief und reichen weit zurück. Einkommenspolitischer Wahlopportunismus, eine immer weiter um sich greifende Anspruchsinflation sowie ein in Vorurteil und Unfähigkeit sowie ideologischer Verblendung begründeter Mangel an wirtschafts- und gesellschaftspolitischem Weitblick haben dazu geführt, daß die Industriegesellschaften des Westens seit Jahren über ihre Verhältnisse leben und von der Substanz zehren. Hinzu kommt, daß die durch diese Grundhaltung ausgelöste Inflation zu kurzfristig irreparablen Strukturschäden geführt hat. Eine gegen individuelle Leistung und auf höheres Wohlleben heute programmierte Gesellschaftspolitik forderte eine über das reale Wachstum des Volkseinkommens hinausreichende Steigerung der Masseneinkommen. Dies geschah zu Lasten von Gewinnen und damit von Investitionen für neue Arbeitsplätze, aber auch zu Lasten der über Gewinn und damit Steuern auszubauenden Infrastruktur und zu Lasten des Geldwertes. Die gesellschaftspolitischen »Reformen« – selten wurde in der politischen Diskussion ein Wort so schillernd und so verfälschend eingesetzt! – bewirkten in den öffentlichen Haushalten einen ungeheuren Personalkostenanstieg zu Lasten der Investitionen.

Inflation ist in der Tat ein geeignetes Mittel zur Zerstörung der Sozialen Marktwirtschaft. Selbst dort, wo dieses Ziel nicht aus marxistischer Überzeugung verfolgt, sondern aus Unfähigkeit angesteuert wird, ist das Ergebnis das gleiche: Überkapazitäten in Konsumgüterindustrien mit der Folge von Struktur- und Beschäftigungskrisen in der Gesamtwirtschaft und ein Fehlbestand in den für die Zukunftssicherung entscheidenden Investitionen.

Herrscht Inflation, so veranlaßt das Vorteilsdenken die Wirtschaftspartner nicht mehr zu gewinnorientierten Dispositionen, vielmehr bestimmt das Interesse an der Wertsicherung das Handeln. Als Folge solcher Einstellung wandern die immer knapper werdenden Ersparnisse in unproduktive Anlagen, zum Beispiel in Eigentumszweitwohnungen, auch »Betongold« genannt, während es an ausreichender Kapitalversorgung des Staates und der für den langfristigen Infrastrukturausbau erforderlichen Wirtschaftszweige mangelt. Da die sich aus Strukturschäden ergebenden Mangellagen erst mit beträchtlichem zeitlichen Abstand allgemein spürbar werden und da die durch die Inflation sowie durch den damit zusammenhängenden Anstieg der Wiederbeschaffungskosten unvermeidlichen Rentabilitätsminderungen eine gewisse Zeit durch eine Politik des leichten Geldes verdeckt werden konnten, suchte seit 1969 in Bonn eine die Stabilität vernachlässigende Regierungspolitik der Bevölkerung einzureden, daß inflationäre Entwicklungen der unvermeidliche Preis der Sicherheit der Vollbeschäftigung seien.

Bei Übergang von der letzten CDU/CSU-geführten Regierung auf die neue SPD/FDP-Regierung hatten wir weniger als 2 Prozent Geldentwertung, einen leeren Arbeitsmarkt, 600000 offene Stellen, ein reales Wachstum von 7 Prozent. Wir konnten sogar die damals bescheidene Verschuldung um eine halbe Milliarde Mark abbauen, bei Verzicht auf Kreditaufnahme im Jahre 1969 überhaupt. Dann wurde kein Fehler mehr versäumt. Mit einer in dieser Lage sinnlosen Politik der Vollbeschäftigung wurde das Inflationsklima angeheizt. Versprechen von Steuersenkungen, Aufforderungen zu einer expansiven Lohnpolitik, eine jede stabilitätsbewußte Haushaltspolitik sprengende Ausgabenpolitik der öffentlichen Hände, dann Dämpfungsmaßnahmen lange Zeit fast nur mit Geld- und Kreditpolitik, abgesehen von einer höchst wirtschaftsfeindlichen Erhöhung der ertragsunabhängigen, also substanzverzehrenden Steuern, eine Strafsteuer für Investitionen im Mai 1973, dann Investitionszulagen im November 1974, Fortsetzung der Hochzinspolitik bis 1975 mit vermeidbarer Vernichtung von Zehntausenden von kleinen und mittleren Unternehmen, Verkennung des richtigen Zeitpunktes für konjunkturpolitisches Umschalten durch Steuersenkung, dann vermehrte Kreditaufnahme für »deficit spending«, so daß die Schuldenlast des Bundes die von 1949 bis 1969 von 0 auf 14 Milliarden DM in 20 Jahren angestiegen war, sich von 1970 bis 1979 auf über 200 (!) Milliarden DM erhöhte – all das sind, in kurzem dargestellt, die Stationen einer aus ideologischer Verblendung, reformerischem Eifer und aus der Unfähigkeit, marktwirtschaftliche Zusammenhänge psychologischer und materieller Art zu erkennen, betriebenen Fehlpolitik.

Kaum glaubte man, die Geldentwertungsrate unter 4 Prozent gedrückt zu haben und auf 3 Prozent zuzusteuern, näherte man sich schon wieder der 6-Prozent-Grenze. Ludwig Erhard ging, als die Inflationsrate 2,8 Prozent erreicht hatte – heute feiert man 3 Prozent als sensationellen Erfolg und nimmt 5 Prozent schon wieder als höhere Fügung auf sich! Natürlich wird so die Lohn-Preis-Spirale wieder in Bewegung gesetzt, die für den Bestand der Arbeitsplätze eine ernste Gefahr darstellt und nicht als Märchen auf den Schrotthaufen gehört, wie einige Gewerkschaftsführer wider bessere Einsicht sagen.

Helmut Schmidt prägte ein gefährliches und volkswirtschaftlich unsinniges Wort, als er, damals noch Bundesfinanzminister, von einer Alternative sprach, die sich zu keinem Augenblick stellte: »Ich lehne es ab, Stabilität oder

Wirtschaftswachstum in einem höheren Rang zu sehen als Vollbeschäftigung. Mir scheint, daß das deutsche Volk – zugespitzt – 5 Prozent Preisanstieg eher vertragen kann, als 5 Prozent Arbeitslosigkeit.«

So mußte es kommen, wie es gekommen ist: Plötzlich erlebten und erleben die Arbeitnehmer am eigenen Leib und im eigenen Betrieb, daß Inflation und Arbeitslosigkeit nicht Alternativen, sondern voneinander abhängige Konsequenzen mit zunächst zeitlicher Verzögerung sind, dann aber lange Hand in Hand gehen, ja daß Rückgang des Sozialprodukts und vermehrte Arbeitslosigkeit mit Inflation zusammen anhalten können – vom massiven »deficit-spending« über »Stagflation« zur »Schrumpflation«.

Inflation führt zwangsläufig zu Rezession und Arbeitslosigkeit. Inflation zerstört die Substanz und die Realgewinne und damit auch die Möglichkeiten für Investitionen in neue Arbeitsplätze. Inflation zerstört aber vor allem das Vertrauen in die Stabilität der Währung und auch das Vertrauen in die politische Führung. Ohne Vertrauensstabilität aber gibt es keinen Konsens unter den Bürgern. Die Grundlagen und Voraussetzungen für das Funktionieren Sozialer Marktwirtschaft und parlamentarischer Demokratie werden zerstört.

SPD kontra Marktwirtschaft

Entscheidend hängt dies damit zusammen, daß die SPD trotz aller anderslautenden Bekundungen kein unbefangenes oder gar positives Verhältnis zur Sozialen Marktwirtschaft gewinnen konnte. Dies gilt auch für jene SPD-Politiker, die sich der Öffentlichkeit gegenüber in feierlichen Sonntagsreden gerne als »Marktwirtschaftler« präsentieren. Zu diesen gehört Helmut Schmidt, der es bemerkenswerterweise einige Male offen gesagt hat, was er von der Sozialen Marktwirtschaft hält, nämlich nichts. Die Sozialdemokratie habe sich niemals, so erläuterte er schon 1972, das »Schlagwort« von Ludwig Erhards »Sozialer Marktwirtschaft« zu eigen gemacht. Vier Jahre später wurde er in Wien noch deutlicher: »Marktwirtschaft ist von sich aus niemals sozial... Man muß intervenieren, die soziale Politik im engeren wie im weiteren Sinne ist immer das krasse Gegenteil von Marktwirtschaft.« Was Schmidt gelegentlich sagt, sagt die ständig wachsende Linke in der SPD unablässig. Die Auswirkungen einer solchen Haltung sind in der deutschen Politik seit 1969 deutlich zu beobachten und klar festzustellen: die Diffamierung der Sozialen Marktwirtschaft durch systematische Verfälschung der Begriffe mit dem Ziel der Bewußtseinsveränderung. Hierzu sollen sozialistisch-marxistische Schlagworte wie »Profitgier«, »Wachstumsfetischismus«, »Nullwachstum«, »Konsumterror«, »Wegwerfgesellschaft« und ähnliche beitragen.

Der ungeduldige Ruf nach immer mehr Staat, Forderungen nach Systemveränderung, das immer wiederkehrende Verlangen nach Investitionsmeldestellen und nach Investitionslenkung, das Schüren der Anspruchsinflation, wie Verleumdung von Leistungswillen und Risikobereitschaft des einzelnen, vor allem aber auch des Unternehmers – all das bewirkt das Heranzüchten einer geistigen Grundhaltung, die Eigenverantwortung ganz klein und die Verantwortung des Staates für die Befriedung aller möglichen und unmöglichen Bedürfnisse ganz groß schreibt. Die sozialistischen Verhaltensmuster in Agitation und Praxis hierzu sind bekannt. Einige seien herausgegriffen:

Die systematische Züchtung dreier menschen- und gesellschaftsfeindlicher Eigenschaften: Neid, Feigheit, Faulheit.

Der Mißbrauch des sozialen Netzes, das CSU und CDU für die Schwachen in unserer Gesellschaft geknüpft haben, und das mehr und mehr zur »Hängematte« für Bequeme, Faule und ihre ideologischen Vorbeter wird.

Die unvertretbare Ausweitung des »staatlichen Korridors«; der Anteil der Staatsausgaben am Bruttosozialprodukt stieg von 37,3 Prozent im Jahr 1969 auf fast 47 Prozent im Jahr 1978.

Der unaufhaltsame Marsch in den Abgaben- und Steuerstaat: Von 1970 bis 1977 stiegen die Steuern und Sozialabgaben mit 150 Prozent fast doppelt so schnell wie die Bruttolöhne und -gehälter mit 81 Prozent. Von jeder zusätzlichen verdienten Mark flossen 1977 48 Pfennige Lohnsteuer und Sozialabgaben in die Kassen des Staates, dessen Lohnsteueraufkommen sich in 7 Jahren verdreifachte.

Der Wildwuchs bürokratischer Vorschriften mit seiner staatlichen Bevormundung des Bürgers, der von der Gesetzgebungs-, Verordnungs- und Vorschriftenmaschinerie immer mehr durch eine Normenflut überrollt wird.

Angesichts dieser seit mehr als zehn Jahren anhaltenden Fehlentwicklungen einer sozialistischen Wirtschafts- und Gesellschaftspolitik ausgerechnet von der SPD oder von SPD-geführten Bundesregierungen eine Rückbesinnung auf die Grundsätze und Kräfte der Sozialen Marktwirtschaft zu erwarten, wäre eine vergebliche Hoffnung und ein verhängnisvoller Fehler. Dies ist auch deshalb so, weil die Antriebskräfte der Sozialen Marktwirtschaft in Tugenden wurzeln, die insgesamt als konservativ einzuordnen sind und die nicht zuletzt deshalb den Systemveränderern und -überwindern ein Dorn im Auge sind: Bildung, Leistung, Sparsamkeit, Verantwortungsbereitschaft und -fähigkeit, Einsatzfreude, Hilfsbereitschaft und Partnerschaft. Hinzu kamen und kommen die am Gemeinwohl ausgerichteten Grundsätze der Wirtschaftspolitik von CDU und CSU, nach denen den Investitionen vor dem Konsum, der individuellen Verantwortung vor der Sozialisierung der Vorzug zu geben war und ist. Eine solche Orientierung der Wirtschaftspolitik entspricht dem Verständnis von Sozialer Marktwirtschaft, die den Eigennutzen in den Dienst des Gemeinwohls stellt. Insofern unterscheidet sich Soziale Marktwirtschaft ganz klar vom Kapitalismus des vorigen Jahrhunderts.

Gemeinwohl und Eigennutzen

Selbstverständlich geht in der Sozialen Marktwirtschaft, richtig verstanden und richtig angewandt, Gemeinwohl stets vor Eigennutzen. Eigennutzen erhalten ihre Berechtigung allein daraus, daß ihre Summe einen höchsten Gemeinnutzen bewirkt. Die hierfür unbedingt erforderliche Kanalisierung der Eigennutzung fällt allerdings in das Aufgabengebiet übergreifender Ordnungspolitik in allen Bereichen. Dabei liegt die Voraussetzung für die volle Entfaltung der Leistungskraft aller Beteiligten in der Berücksichtigung der Subsidiaritätsidee durch die Finanz- und Wirtschaftspolitik. Nach diesem Grundsatz dürfen Finanz- und Wirtschaftspolitik nie das Marktgefüge durch Subventionen zerstören.

Wenn wir unsere gegenwärtigen wirtschaftlichen Probleme lösen und die zukünftigen in den Griff bekommen wollen, dann ist es als Konsequenz der Sozialen Marktwirtschaft nötig:

1. von einer Politik der durch immer neue Konjunkturprogramme, Konjunktursonderprogramme, Zukunftsprogramme belebten konsumorientierten Nachfrage umzuschalten auf eine systematische Förderung der ertragsorientierten Politik des Angebots – dazu ist aber eine erhebliche jährliche Zuwachsrate der Anlage- und Ausrüstungsinvestitionen für Erhaltung, Modernisierung und Erweiterung der Unternehmen erforderlich;
2. neue Produkte anzubieten – dazu ist eine systematische Förderung der Forschung erforderlich, im privatwirtschaftlichen Bereich besonders der angewandten Forschung und der Zweckforschung;
3. neue Märkte zu erobern – dazu ist unternehmerische Beweglichkeit und Risikobereitschaft unerläßlich.

Für alle drei Aufgaben aber bedarf es einer günstigen Umsatzrendite, das heißt relativ hoher Erträge und ausreichender Gewinne. Die der Marktwirtschaft zugrundeliegende Subsidiaritätsidee wird entscheidend von zwei Prinzipien bestimmt: Von dem der Identität von Kostenträger und Nutznießer sowie von dem der Solidarität in der sozialen Absicherung der Leistungsschwachen. Mit anderen Worten: Wer den Nutzen hat, soll auch persönlich die Kosten tragen, es sei denn, ihm kommt wegen persönlicher Leistungsschwäche die Solidarität der Mitbürger in Form schützender Sozialgesetze zugute. Die sozialistische Vorstellung geht dagegen nicht vom Leistungsansporn, sondern von der Bedarfsdeckung aus, möchte am liebsten die Gesamteinkommen der Bürger in einen großen Topf tun und daraus einem jeden eine weitgehend gleiche Lebensdarstellung finanzieren.

So entspricht es auch sozialistischer Vorstellung von Umverteilung, daß Kinderfreibeträge abgelehnt werden – und zwar mit der Begründung, daß der Staat den Besserverdienenden nicht noch mehr »geben« dürfte. Diese Denkweise und diese Argumentation sind enthüllend. Denn sie gehen davon aus, daß das individuell erworbene Einkommen grundsätzlich dem Staat gehört, der einen – prozentual absinkenden – Anteil davon den Bürger zurückerstattet. Normale und vernunftsgemäße Einstellung geht davon aus, daß das individuell erworbene Einkommen grundsätzlich dem einzelnen Bürger gehört, der davon natürlich einen Teil dem Staat in Form von Steuern, Abgaben, Beiträgen, Sparleistungen und ähnlichem zur Finanzierung seiner Aufgaben abtreten muß. Besteuerung nach Leistungsfähigkeit – Kinder mindern die Leistungsfähigkeit der Familie – und nicht nach Gleichmacherei ist ein Hauptgrundsatz echt fortschrittlicher Steuerpolitik.

Die Verantwortlichen in der SPD förderten, teils aus wirtschaftlichem Unverstand, teils aus marxistischer Zielsetzung, seit 1969 das Wohlleben zu Lasten der Substanz, feierten die Verteilung der Gewinne unter die Arbeitnehmer – ohne sich und der Bevölkerung klarzumachen, daß auf solche Weise das »Saatgetreide« verzehrt und, auf dem Wege zurückgehender Investitionen, dank mangelnder Aussaat in der Zukunft niedrigere »Ernten« verursacht würden.

Zwar vermag demagogische Beschönigung und ein törichtes Spiel mit dem Schwarzen Peter angesichts der seit geraumer Zeit für jedermann spürbaren und offensichtlichen Krisenerscheinungen den Menschen in unserem Lande nicht die wachsende Sorge vor der Zukunft zu nehmen – aber die Regierenden in Bonn setzten alle propagandistischen Mittel ein, von den Auswirkungen des eigenen wirtschaftspolitischen Versagens und von den Folgen sozialistischer Gesellschaftsveränderung und freiheitseinengender Demokratisierungsbestrebungen abzulenken. Die volksverdummenden Ausflüchte reichen vom Vorwurf der Reformfeindlichkeit an die Adresse der Unionsparteien über die Preistreiberei-Agitation gegen die Unternehmen bis hin zu der geradezu abenteuerlichen Behauptung, Unternehmer würden selbst und bewußt Krisen und Konkurse herbeiführen, um die Regierung zu Fall zu bringen.

Anspruchsinflation und Neid

Anspruchsinflation und Demokratisierungseifer, angetrieben von einer Politik des Neides, erschüttern auf die Dauer die wirtschaftliche, die politische und die gesellschaftliche Sicherheit in unserem Land. So nimmt es nicht wunder, daß die politische Entwicklung zunehmend gekennzeichnet ist durch sich verschärfende soziale Konflikte. Die ideologische Neidpropaganda der Sozialisten hat bei Teilen der Bevölkerung Wohlstandshoffnungen und Ansprüche an Wirtschaft und Politik geweckt, die materiell weder heute, geschweige denn morgen erfüllt werden können. Zugleich werden der Leistungswille und die Sparbereitschaft der Fleißigen und Tüchtigen durch die undifferenzierte soziale Ausschüttung leistungsloser Einkommen gemindert, ja verhöhnt. Schon ist es soweit, daß sich die Fleißigen durch die Faulen ausgebeutet fühlen. In allen Bereichen wurde die Unzufriedenheit der Menschen geschürt. Man machte ihnen, wie es in der Sprache der marxistischen Theoretiker heißt, »ihre Lage bewußt«. Sozialisten aller Schattierungen machten sich auf, in der Bundesrepublik eine »Gesellschaft der Unzufriedenen« und eine »Gesellschaft der Verantwortungslosen« zu schaffen. So ist es auch möglich, daß zum Beispiel in manchen Fällen verheiratete Sozialhilfeempfänger mit zwei Kindern mehr Verfügungseinkommen haben als normale Arbeiter, die Steuern und Sozialabgaben zahlen oder daß Familien mit höherem Bruttoeinkommen individueller Art weniger Verfügungseinkommen haben als andere mit niedrigerem Bruttoeinkommen, die aber dafür, weil sie innerhalb gewisser Förderschwellen liegen, so viel an Transferzahlungen erhalten, daß sie finanziell besser dastehen als mehrverdienende Personen.

Als man das in mehr als 20 Jahren von den Unionsparteien auf der Basis einer weltweit als beispielhaft geltenden Währungsstabilität errichtete und ausbalancierte System der Einkommensgerechtigkeit und Vermögensbildung, der sozialen Sicherheit und der Vollbeschäftigung als »ausbeuterisch« verächtlich machte, gefährdete man nicht nur die Sicherheit, Gerechtigkeit und Vollbeschäftigung, sondern auch Demokratie und Freiheit. Der Bazillus des Neids stärkt die Gruppenegoismen und veranlaßt die Vertreter organisierter Interessengruppen, natürlich stets unter Berufung auf das Gemeinwohl, von einem inzwischen schon kleiner werdenden Kuchen immer größere Stücke zu fordern – zu Lasten des Ganzen.

Eine ungehinderte Weiterentwicklung dieses Prozesses müßte unabwendbar zur Selbstzerstörung der demokratischen Gesellschaft und ihrer materiellen Grundlagen, zur Zerstörung der freiheitlichen und wirtschaftlichen Zukunft unserer Kinder und Enkel führen. Die »Reformpolitik« einer Linksregierung hat zur Prämiierung der Arbeitslosigkeit, zur Herausbildung von Fehlstrukturen und zur Verschleierung der Mißwirtschaft beigetragen. Dies paßt in das sozialistische Vorurteil, daß Gewinngeschäfte von Übel seien.

Nicht nur in Kreisen der systemverändernden Linksradikalen in all ihren Abstufungen, sondern auch in offiziellen Zirkeln der SPD gibt es Kräfte, die sich über das »Nullwachstum« – eine der Wortparadoxien marxistischer Ideologen! – auch noch freuen; zumal, weil das angeblich ideologisch erwünscht sei, zum zweiten, weil darin die »Unfähigkeit« der Sozialen Marktwirtschaft offenbar werde, und zum dritten, weil die eigene wirtschaftspolitische Ignoranz vorübergehend verborgen bleibe, wenn man ohnehin politisch »Nullwachstum«, also das Stehenbleiben auf dem Fleck, als wünschenswertes Ziel propagiert.

Dann gibt es noch jene keineswegs kleine Gruppe in der SPD, die Inflation und Krise, durch sozialistische Regierungspolitik herbeigeführt, begrüßen und als Agitationsvorwand für die Systemumwandlung in den Sozialismus, für die Verstaatlichung der Banken und Versicherungen, für die Investitionslenkung in der Industrie, für die Preisfestsetzung im Handel benutzen möchte. Es sind dies jene Kreise, die von Anbeginn des »Machtwechsels« an gegen die Autonomie der Bundesbank, vor allem gegen deren vorrangige Ausrichtung auf Währungsstabilität agitierten, die der Vollbeschäftigung stets und um jeden Preis Vorrang vor der Strukturverbesserung gaben, die den Masseneinkommen einseitig Priorität vor der Kapitalbildung einräumten und dem staatlichen »deficit-spending«, dem Schuldenmachen, als Mittel hoher Regierungskunst das Wort redeten, zu Lasten der Produktivitätserhöhung der Wirtschaft.

Von 1969 an waren von diesen Negativprinzipien die wirtschafts- und finanzpolitischen Maßnahmen während der Amtstätigkeit der sich in immer kürzeren Abständen ablösenden Finanzminister Möller, Schiller, Schmidt, Apel und Matthöfer geprägt. Undifferenzierte Wachstumsauffassung, sozialistischer Hang zum Dirigismus, eine ökonomisch unzulässige Staatsfinanzierung durch immer stärkere Inanspruchnahme des Kapitalmarktes, ein hektisches Hin und Her in der Kulturpolitik, Geringschätzung wichtiger psychologischer Fakten wie Vertrauen, Sicherheitsgefühl, Optimismus – oder Pessimismus – der in der Wirtschaft handelnden Personen, gefälligkeitspolitische Einkommensverteilung und -verwendung, ungleichgewichtige Außenhandels- und Produktionsstruktur – alle diese Faktoren wirkten zusammen und bewirkten, daß die ersten Finanzminister der SPD/FDP-Regierung, Schiller und Möller, fluchtartig Regierung und Ministeramt zu verlassen sich veranlaßt sahen. Beide hatten erkannt, daß die opportunistische Verteilungspolitiik zu Lasten staatlicher Investitionen und zukünftiger Generationen ging, daß die Bundesgesetze in unangemessener Weise Länderhaushalte und Kommunen belasteten und verschuldeten, daß zugleich der langfristige Kapitalmarkt zerstört und über öffentliche Zinsmanipulationen die Rentabilität der Wirtschaft und ihre Struktur beeinträchtigt wurden.

Doch nicht nur die Methode sozialistischer Wirtschaftspolitik beeinträchtigte die Funktionen des marktwirtschaftlichen Prozesses, der 20 Jahre lang reibungslos gelaufen war – abträglicher für neues Wirtschaftswachstum, ja schon nur für die Erhaltung der Produktivität, Rentabilität und unternehmerischen Unabhängigkeit war die Ausrichtung und Motivation der neuen Wirtschaftspolitik. Sie setzte nicht nur das Leistungsprinzip voraus, sondern das Bedarfsprinzip. Es wurde vergessen, daß vor der Einkommensverteilung erst einmal die Einkommenserwirtschaftung zu stehen hat. Es wurde eine Einkommensverteilungs- und Vollbeschäftigungspolitik um jeden Preis betrieben, dies auch bewußt auf Kosten der Sanierung der Produktionsstruktur, der erforderlichen Umgruppierungen, vor allem aber auf Kosten der Kapitalversorgung der Unternehmen. Die einkommenspolitischen Maßnahmen veranlaßten eine Kapitalverwendung zur Steigerung des Sozialkonsums, volkswirtschaftlich unbedingt notwendige Leistungs- und Produktivitätssteigerungen aber blieben aus. Durch die Art der Verwendung des Wirtschaftsertrages in der Gegenwart minderte man von vornherein die Ertragskraft der Gesamtwirtschaft in der Zukunft.

Die wirkliche Lage wird weitgehend durch eine fragwürdige Sozialproduktbestimmung und eine manipulierte Warenkorb-Geldwertdefinition verschleiert. Aber die Stunde der Wahrheit wird kommen, für viele ist sie schon da.

Ursächlich für die wirtschaftspolitischen Fehler und Gefahren des letzten Jahrzehnts ist die unausrottbare, freilich durch keinerlei praktische Erfahrungen belegte sozialistische Überzeugung, daß Wirtschaft prinzipiell beliebig machbar und veränderbar sei – und zwar durch beschäftigungspolitische, einkommenspolitische, finanzpolitische, industriepolitische, regionale oder sektorale strukturpolitische, außenpolitische und sozialpolitische Maßnahmen – und dies ohne Rücksicht auf die Psychologie, auf Zustimmung und Bereitschaft der davon Betroffenen und der im Rahmen des wirtschaftlichen Lebens tätigen Mitbürger. Eine weitere sozialistische Irrlehre liegt in der Annahme, daß der Ausgleich zwischen Angebot und Nachfrage nur durch staatliche Eingriffe, nicht aber auf dem Wege einer sich selbst regulierenden Marktentwicklung bewältigt werden könne. In den Bereich der fundamentalen Irrtümer der Bonner Wirtschaftspolitik seit 1969 gehört auch die These, daß der Entwicklung der Geldeinkommen entschieden Vorrang vor der Sicherung der Geldvermögen zukomme – glaubt man doch allen Ernstes in der SPD, die Zerstörung des Geldwertes so lange hinnehmen zu können, solange dank staatlicher Einkommenspolitik die Inflationsraten nur einigermaßen ausgeglichen werden.

In der Praxis hat sich seit 1969 immer wieder gezeigt, daß trotz aller gegenteiligen Bekundungen die SPD mit den Grundsätzen der Sozialen Marktwirtschaft nur wenig anzufangen weiß. In der Marktwirtschaft bedarf es keiner Eingriffe in Unternehmensentscheidungen. Vielmehr läßt sich das richtige Verhalten der Wirtschaft durch eine finanz- und wirtschaftspolitisch bewirkte Veränderung der Rentabilitäten abzubauender oder auch aufzubauender Strukturteile der Wirtschaft erzielen. Indem diese nach ihrem Vorteil handelt und der Staat durch steuerpolitische Einflüsse unterschiedliche Vorteile in unterschiedlichen Branchen je nach wirtschaftspolitischen Erfordernissen bewirkt, wird eine harmonische Wirtschaftsstruktur herausgebildet. Auf diese Weise wurden in den zwei Jahrzehnten der Regierung von CDU und CSU – um nur einige Beispiele staatlichen Einwirkens auf die Herausbildung der für die Zukunft als notwendig erkannten Wirtschaftsstruktur zu nennen – die Lebensfähigkeit Berlins gesichert, eine deutsche Flotte wiederaufgebaut, durch ein Investitionshilfegesetz eine entsprechende Weichenstellung für die Entwicklung der Schwerindustrie vollzogen und der soziale Wohnungsbau finanziert. Wenn es heute wieder zahlreiche strukturelle Probleme – bis hin zur Existenzgefährdung für ganze Wirtschaftszweige – gibt, so liegt das daran, daß sozialistische Politiker jahrelang keine Strukturpolitik betrieben haben und statt dessen ausschließlich auf die konjunkturpolitische Aufgabe der Voll- und

Überbeschäftigung festgelegt waren. Wer durch solche Überstrapazierung der Konjunkturpolitik die andernfalls gewissermaßen tägliche, aber dabei dann nur relativ geringfügige Umgliederung der Wirtschaft verhindert, sieht sich am Ende einem großen Block unrentabler und in sich falsch zusammengesetzter Strukturen gegenüber.

Bei funktionierender Sozialer Marktwirtschaft bereitet der Staat die richtige Herausbildung von öffentlicher Infrastruktur und privater Wirtschaftsstruktur dadurch rechtzeitig vor, daß er sich das Gewinninteresse der Unternehmer zunutze macht und dort durch steuerliche Einwirkung die höchste Rentabilität marktwirtschaftlichen Tätigwerdens offeriert, wo dem Staat im Hinblick auf die Zukunftsanforderungen eine Strukturausweitung geboten erscheint. Damit ist die volkswirtschaftliche Steuerungsfunktion des Gewinns angesprochen und genau hierin zeigt sich, daß es eine Marktwirtschaft ohne leistungsdifferenzierte Gewinnentwicklung nicht geben kann, weil sonst die Wirtschaft für die sie lenkende Regierung zu einem Gefährt ohne Steuerrad werden würde. Um im Bilde zu bleiben: Die vom Sozialismus unter Mißachtung dieses Gewinnhebels angestrebte und durch ein Netz von Planungen bestimmte gesellschaftliche Zukunft ist mit einem Fahrzeug vergleichbar, das von den Reisenden geschoben und dessen Räder durch gemeinsame körperliche Anstrengung in die gewünschte Richtung gedreht werden müssen. Auf diese Weise kommt man weder besonders schnell noch besonders billig vorwärts. Das Schieben des volkswirtschaftlichen Gefährts kostet mehr Energie gegenüber der Nutzung freier Unternehmerinitiative als kräftigen Motors der Marktwirtschaft, sie kostet mehr als die Verwendung der aus Gewinn resultierenden Rücklagen zur Ausstattung dieses Gefährts im Interesse der darin beförderten Mitbürger.

Sozialisten aller Art, auch die in der Bundesrepublik Deutschland vertretene und seit einigen Jahren sich selbst so bezeichnende Spielart des »demokratischen Sozialismus«, gehen über erfahrungsgehärtete Grundsätze hinweg, setzen an die Stelle differenzierter Strukturpolitik globale Wachstumssteuerung und verstehen darunter die Steigerung der Nominal-Masseneinkommen. Dadurch wird nicht nur die optimale Selbstregulierungsfähigkeit der Wirtschaft durch Veränderung von Kosten und Preisen über Subventionen und administrative Dirigismen weitgehend außer Kraft gesetzt, die Wirkung reicht dadurch, daß der Wirtschaftsgaul von hinten, vom Bedarf her, aufgezäumt wird, noch weiter.

Während eine auf gezielte strukturelle Eingriffe ausgerichtete Marktwirtschaftspolitik auf eine möglichst hohe Leistung ausgerichtet ist und die Bedarfsdeckung hieraus ableitet, werden von den Vertretern sozialistischer Globalsteuerung die Daten und Indikatoren der Wirtschaftsgestaltung aus dem Bereich des Bedarfs entnommen, wird hierauf, soweit es sich beeinflussen läßt, das wirtschaftliche Geschehen ausgerichtet. Dies mag auf den ersten Blick plausibel erscheinen – nur bleibt dabei unberücksichtigt, daß der Urtrieb allen wirtschaftlichen Tätigwerdens erst durch Leistungsansporn geweckt werden muß. Eine Politik, die von vornherein jedem das gleiche geben will und damit den Menschen völlige Sicherheit – ohne gleichzeitige Verpflichtung zu Mindestleistungen als Voraussetzung für die Erlangung dieser Sicherheit – garantiert, erstickt den Leistungsanreiz bei den Wirtschaftspartnern. Wo an die Stelle einer punktuellen Intervention liberaler Ordnung eine systematische Globalsteuerung der gesamten wirtschaftlichen Entwicklung tritt, kann die Wirtschaftspolitik nicht mehr dazu dienen, in den ökonomischen Ablauf korrigierend einzugreifen – vielmehr will sie alle Daten von vornherein selbst setzen. Die Absicht staatlicher Regulierung des Wirtschaftsgeschehens wird deutlich.

Immer offensichtlicher wurden und werden auch die Absichten der sozialistischen Ideologen, unternehmerische Investitionsplanungen in staatliche Entscheidungsgewalt zu überführen, Investitionsmittel den Firmen direkt zuzuteilen und zu limitieren. Der Weg zu einer solchen Entwicklung wurde seit dem Machtwechsel von 1969 konsequent vorbereitet und geebnet, er wurde von Jahr zu Jahr, besonders aber von Parteitag zu Parteitag deutlicher, bis hin zum SPD-Kongreß vom Dezember 1979 in Berlin. Die feststehende ökonomische Erkenntnis beispielsweise, daß ohne ausreichende anteilige Kapitalversorgung aus Selbstfinanzierung eine private Unternehmerwirtschaft auf Dauer nicht existieren kann, interessiert sozialistische Gesellschaftskritiker wenig. In der Sozialen Marktwirtschaft verhindern die Selbstregulierungs- und Selbstheilungskräfte der Wirtschaft ein länger andauerndes Ungleichgewicht zugunsten des Konsums und zu Lasten der Investitionen. Im Gegensatz dazu kann man, wenigstens zeitweise, im Rahmen globaler Wachstumspolitik zur Wiederherstellung oder Aufrechterhaltung der Vollbeschäftigung rentabler wie unrentabler Kapazitäten die Krisengefahren inflationär überspielen – bis die dann doch zwangsläufig kommende Krise entweder zu einer Änderung der Wirtschaftsordnung oder zur großen Arbeitslosigkeit führen muß. Die Arbeitslosigkeit hat dann auch mit dem Regierungsantritt der SPD Einzug in der Bundesrepublik Deutschland gehalten, nachdem sie in zwanzigjähriger Regierungsverantwortung von CDU und CSU zum »unbekannten Wesen« geworden war.

Die Soziale Marktwirtschaft hält es für richtig, die Voraussetzungen des Wachstums wirtschaftspolitisch zu beeinflussen – die sozialistische Wirtschaft will statt dessen das Wachstum selbst manipulieren. Allerdings – soll die Wirtschaft Mut zum Investitionsrisiko aufbringen, dann muß die staatliche Politik für das Vertrauen in die längerfristige Beständigkeit ihrer Maßnahmen und der dadurch gesetzten Daten sorgen, vor allem und vorrangig auch für das Vertrauen in die anhaltende Stabilität des Geldwertes. Wer solche psychologischen Vertrauensgrundlagen gering achtet, wer bewußt an die Stelle der Geldwertstabilität eine Politik leichten Geldes setzt, wer die Sicherheit langfristiger Maßnahmen durch ein Gefüge kurzfristiger situationsbedingter Steuerungsvorkehrungen ablöst, der muß kurz über lang, wie es dann auch geschehen ist, eine Pleite seiner Politik erleben.

Ziele Sozialer Marktwirtschaft

Während einerseits die Wirtschaftspolitik der Sozialisten den Anspruch erhebt, die Wirtschaft insgesamt und von vornherein zu lenken, ihre Preise, Zinsen und Löhne gemäß mittel- und langfristiger Perspektiven in gewünschter Weise festzulegen und zu beeinflussen, gelang es ihr nicht einmal, ihr vorrangiges Ziel zu erreichen, dem sie bedenkenlos alle anderen Ziele vernünftigen Wirtschaftens unterordnete, nämlich die Vollbeschäftigung. Gegen die von SPD-Regierungen zu verantwortenden Arbeitslosenzahlen nehmen sich die Zahlen der Rezessionsjahre 1966 und 1967 ausgesprochen harmlos aus. Dabei ist das Alleinziel Vollbeschäftigung ohnehin bescheiden genug gesteckt. Wenn man es nämlich als Hauptaufgabe der Wirtschaftspolitik erachtet, für den rationellsten Einsatz aller verfügbaren Arbeitskräfte, für die rentabelste Verwendung des möglichst billig zu haltenden knappen Kapitals, für ein großes Kapitalmarktvolumen und für die sinnvollste Nutzung der beschränkten Ressourcen zu sorgen sowie für ein qualifiziertes, leistungsorientiertes und mit hohen Gewinn- und Selbstfinanzierungschancen ausgestattetes Unternehmertum das Arbeitsfeld zu bereiten, dann leitet sich daraus Vollbeschäftigung ohnehin als Notwendigkeit und Folge ab.

Der Erfolg einer marktwirtschaftlich orientierten Wirtschaftspolitik, wie sie 20 Jahre lang der Bundesrepublik einen ökonomischen Aufstieg ohne Beispiel gebracht hat, liegt prinzipiell in der Steigerung der Wirtschaftlichkeit, in der Förderung der Rentabilität der Unternehmen und schließlich in der Mehrung des öffentlichen und privaten Wohlstandes aller Bürger heute, morgen und übermorgen – und damit auch in ihrer andauernd gesicherten Vollbeschäftigung.

Allein an diesem Erfolg läßt sich die Wirksamkeit und die Rechtfertigung der staatlich betriebenen Wirtschaftspolitik in einem System freier und sozialer Marktwirtschaft messen. Somit bleibt die Frage, ob die seit 1969 in Bonn betriebene Wirtschaftspolitik in Übereinstimmung mit marktwirtschaftlichen Treueschwüren wirklich noch auf die Verfestigung unserer Ordnung der Sozialen Marktwirtschaft gerichtet ist oder ob es sich dabei nicht längst um eine beabsichtigte Wirtschaftspolitik des Übergangs zu Formen syndikalisierter Planwirtschaft handelt, ohne daß dies den Bürgern und Wählern bislang regierungsamtlich offen gesagt wird. Längst sind die Seifenblasen der sozialistischen Versprechungen geplatzt. SPD-geführte Bundesregierungen, ob unter Brandt oder unter Schmidt, haben den marktwirtschaftlichen Test nicht bestanden.

Man fordert von seiten der SPD mehr soziale Gerechtigkeit und agiert gleichzeitig gegen Gewinne, aus denen allein die Mittel sowohl für Arbeitsplatzinvestitionen als auch für staatliche Sozialkassen fließen können. Man spricht vom mündigen Bürger – und will gleichzeitig diesen Bürger der totalen Vormundschaft staatlicher oder anonymer Funktionärsapparate unterordnen. Man begründet das Verlangen nach immer mehr Mitbestimmung mit der zweifellos notwendigen höheren Selbstverwirklichung des arbeitenden Menschen – gleichzeitig aber will man von einem auf betriebsangehörige Arbeitnehmer beschränkten Mitbestimmungsrecht und von demokratischer Direktwahl ebensowenig wie von Minderheitenschutz im Unternehmens- und Betriebsverfassungsrecht wissen, weil diese dem Machtanspruch von Funktionären zuwiderlaufen würden.

Sozialismus für eine »andere Republik«

Zwangsläufig sind die sozialistischen Anschläge auf die Soziale Marktwirtschaft nicht ohne gefährliche Folgen geblieben. Die durch eigene Sünden gegen die Funktionsweise der Sozialen Marktwirtschaft angerichteten Schäden werden nun, um das Übel noch schlimmer zu machen, als Motiv für Systemveränderung verwendet. Die Linken sehen in der Verfälschung und Umkehr von Ursache und Wirkung die Chance, die Marktwirtschaft aus den Angeln zu heben, d.h. den Teufel mit dem Beelzebub auszutreiben. Dies soll geschehen durch noch mehr Dirigismus, Verplanung, staatliche Bevormundung, Einschränkung der Entscheidungsfreiheit des Unternehmers wie des Arbeitnehmers, staatliche Strukturpolitik in Wirtschaftsprogrammen und Subventionen und durch die Steuerpolitik. Damit soll dem Ziel einer »anderen Republik« nähergekommen werden.

Die Gefahr liegt nicht in einer revolutionären Umwälzung, für die trotz aller wirrköpfigen Parolen jede Voraussetzung fehlt. Die Gefahr liegt auch nicht in einer Hauruckgesetzgebung, die mit einem Schlag alles ändern will. Die Gefahr liegt in der Vielzahl kleiner Schritte in der gleichen Richtung mit dem Ziel der Endstation: sozialistische Gesellschaft! Jeder Schritt erscheint für sich harmlos, vielleicht sogar, oberflächlich betrachtet, gut. Der erste wird kaum wahrgenommen, der zweite erscheint unbedenklich, der dritte als unvermeidbare Folge der beiden ersten, bis schließlich nach einem längeren Zeitraum der andere Staat, die andere Gesellschaft Wirklichkeit geworden sind.

Schlimm, aber folgerichtig und bezeichnend ist es, daß mit diesen Methoden das Problembewußtsein, das Wissen um die inneren Zusammenhänge und gegenseitigen Abhängigkeiten aller Probleme in weiten Bevölkerungsschichten abgestumpft worden ist, daß man glaubt, es werde immer so und im Zweifelsfalle besser weitergehen, daß man nicht mehr an die Begleichung der Rechnung denkt, die von den Verschwendern der Gegenwart der nächsten Generation bereitgehalten wird.

Als Parteien der Sozialen Marktwirtschaft müssen CDU und CSU in den vor uns liegenden Auseinandersetzungen eines für unser Jahrhundert kritischen Jahrzehnts grundsätzliche Positionen besetzen, vom Sozialismus verschütteten Prinzipien wieder zur Geltung verhelfen und mutige Entscheidungen treffen.

In der Auseinandersetzung zwischen Sozialer Marktwirtschaft auf der einen und wachsendem Dirigismus auf der anderen Seite dürfen wir nicht länger darauf vertrauen, daß die Überzeugungskraft der wirtschaftlichen Faktoren ausreichend ist, die politische Auseinandersetzung zu bestehen. Hier gilt die biblische Weisheit, daß der Mensch nicht vom Brot allein lebt. Er braucht eine Idee, nach der er sein Handeln richtet. Darum ist es unsere Aufgabe, die ideellen und humanen Grundwerte der Sozialen Marktwirtschaft offensiv zu vertreten und ihre freiheitssichernden Funktionen in den Vordergrund zu rücken. Vertragsfreiheit, Eigentumsgarantie, Eigentum an Produktionsmitteln, freier Leistungswettbewerb, freier Marktzugang, freie Verbrauchsentscheidung, Freiheit der Investitionsentscheidung, Freiheit der Wahl des Arbeitsplatzes und Freiheit der Tarifparteien sind hier die Markierungspunkte.

Darum ist die Soziale Marktwirtschaft für uns – neben der parlamentarischen Demokratie, neben dem freiheitlichen Rechtsstaat und neben der föderativen Ordnung – eines der vier tragenden Elemente unserer freiheitlichen Staats- und Gesellschaftsordnung überhaupt und als solches unentbehrlich.

Wir werden unsere Wege für ein Wachstum in Stabilität statt inflationärer Scheinerfolge aufzeigen. Wir werden Zeichen dafür setzen, daß wir auch in schwierigen wirtschaftlichen Situationen für die Freiheit der Handels- und Zahlungsströme eintreten, statt in Protektionismus zurückzufallen.

Gewitterwolken über der Weltwirtschaft

Die aufziehenden Gewitterwolken am Horizont der Weltwirtschaft signalisieren Sturm. Energie und Rohstoffe sind zu politischen Waffen geworden, deren Anwendung gegen uns für unsere politischen, wirtschaftlichen und sozialen Systeme genauso gefährlich ist wie die sowjetische Raketenrüstung. Hier sollten wir merken, daß unsere industriellen

Massengesellschaften ungeheuer abhängig, verwundbar, erpreßbar sind. Hier sollten die Europäer aufwachen und begreifen, daß heute militärische und wirtschaftliche Sicherheit nicht mehr voneinander zu trennen sind.

Es wird höchste Zeit, daß wir die erschütterten Fundamente unserer Wirtschafts-, Finanz- und Sozialpolitik gegen die Unbilden der Zukunft absichern. Wir brauchen dafür wieder eine konsequent marktwirtschaftliche Konjunktur- und Währungspolitik, die gekennzeichnet ist durch ein echtes, nicht staatlich gefüttertes, sondern marktwirtschaftlich erzieltes Wachstum, durch die Stärkung der Investitionsbereitschaft und -fähigkeit der Unternehmen aufgrund einer ermutigenden Ertragslage, durch die Stärkung der Innovationsfähigkeiten nicht nur der Großunternehmen, sondern auf allen Ebenen. Nur dadurch können der überfällige Abbau der Arbeitslosigkeit und die Sicherung der Arbeitsplätze erreicht werden. Dafür notwendig ist nach meiner Überzeugung eine Verbesserung der Rahmenbedingungen: die Entlastung der Wirtschaft von Steuern und Abgaben, verbunden mit einer leistungsgerechten Steuertarifpolitik; die Umsetzung des von CSU und CDU erklärten Ziels, die Staatsquote von heute fast 47 Prozent endlich abzusenken und in absehbarer, aber längerer Zeit wieder an 40 Prozent heranzukommen; die Eindämmung der Gesetzesflut, der bürokratischen Bevormundung durch die Verminderung der Bürokratisierungskosten.

Weiter geht es darum, daß endlich Schluß gemacht wird mit der Flut von Programmen und Sonderprogrammen, deren Ausgabevolumen in keinem Verhältnis zum wirtschaftlichen Erfolg steht. Es muß ein Ende haben, daß der Bund ständig in die regionale Strukturpolitik der Länder hineingreift, deren Mittel bindet und über Fragen mitbestimmt, die verfassungsrechtlich aus guten Gründen in die Zuständigkeit der Länder verwiesen worden sind.

Dafür ist aber auch notwendig, daß Schluß gemacht wird mit einer mittelstandsfeindlichen Politik, die zum Massensterben jener Betriebe geführt hat oder zu führen droht, die für das Funktionieren der Sozialen Marktwirtschaft und damit für die freiheitliche Ordnung unentbehrlich sind. Dafür muß den jungen Menschen wieder das Vertrauen in die eigene Zukunft und der Wille zur Gründung einer selbständigen wirtschaftlichen Existenz vermittelt werden, statt sie zu passiven Kostgängern eines allumfassenden Sozialstaats degenerieren zu lassen.

Für eine Vielfalt von Unternehmen

Die Soziale Marktwirtschaft bewegt sich weder in einem staats- oder rechtsfreien noch in einem wertfreien Raum. In ihr hat eine Vielfalt von Unternehmensgrößen und -formen Platz. Und vorrangiges Ziel dieser Unternehmen muß es sein, im Rahmen der Wettbewerbswirtschaft Gewinne zu erzielen und Erträge zu erwirtschaften. Nur dadurch können diese Unternehmungen auf die Dauer an der Spitze des technischen Fortschritts marschieren, Arbeitsplätze sichern und zum materiellen Wohlstand und zur sozialen Sicherheit der ganzen Gemeinschaft beitragen. Eine Wirtschaft, in der keine Gewinne erzielt werden, hat genausoviel Leistungsfähigkeit wie ein Auto, das keinen Treibstoff hat. Ein solches Auto dient nur noch dazu, ins Museum gestellt zu werden.

Ich habe mich immer und überall in meinem politischen Leben im Rahmen des Möglichen und der gegebenen Umstände dafür eingesetzt, eine möglichst große Zahl von Selbständigen zu erhalten, und dafür, daß nicht mehr Selbständige ihre Selbständigkeit aufgeben, als andere wieder bereit sind, das Risiko einer selbständigen Existenz einzugehen. Das geschah nicht etwa aus einer Mittelstandsideologie heraus – ich halte mich lieber an meine Weltanschauung, deshalb brauche ich keine Ideologie. Aber ich meine, je mehr Selbständige es gibt, desto mehr Menschen gibt es, die eigenverantwortlich planen und handeln, überlegen und entscheiden sowie etwas riskieren. Je höher der Prozentsatz derer in einem Volke ist, die in diesem Sinne eigene Verantwortung übernehmen, desto größer ist auch in diesem Volk die demokratische Reife.

In den Ländern, in denen der Staat die Rohstoffe verteilt und zuteilt, die Produktion anordnet, die Märkte ohne Wettbewerb zumißt, die Gewinnspannen festlegt und dem Bürger mitteilt, was er jeweils bekommen kann, weil es zufällig auf dem Markt zur Verteilung ist – wie es ja heute noch in vielen Ländern der Fall ist, für deren Gesellschaftssystem das Herz mancher im Westen schlägt, die sonst alles bestreiten außer ihren Lebensunterhalt –, ist der Bürger ein gegängeltes Objekt und nicht Herr seiner Entscheidungen. Gerade die Reichhaltigkeit des Marktes auf der einen und die begrenzte Kaufkraft auf der anderen Seite erzwingen täglich Millionen neuer Entscheidungsprozesse. Dabei darf die Bedeutung für den inneren Wert des Individuums, für die Erhaltung der Individualität der einzelnen Person nicht übersehen werden. Hier liegt auch ein Unterschied zwischen dem total betreuten Staatsbürger und dem mündigen Staatsbürger. Der eine ist Objekt und der andere ist Subjekt des staatlichen und gesellschaftlichen Geschehens.

Ich betone immer wieder, daß ich in jedem kleinen Unternehmer bis hin zum letzten selbständigen Handwerker oder Einzelhändler einen manchmal zuverlässigeren oder jedenfalls überzeugenderen Gewährleister für eine freiheitliche Ordnung sehe als in jedem hochdotierten, in allen Gesellschaftssystemen einsetzbaren, jederzeit austauschbaren Manager aus den Vorstandsetagen eines Großbetriebes oder einer wirtschaftlichen Großorganisation.

Selbstverständlich weiß ich auch, daß der Großbetrieb unentbehrlich ist, daß bestimmte wirtschaftliche Ziele ohne Großbetriebe nicht mehr erreicht werden könnten. Wie könnten zum Beispiel heute noch Automobile, Kraftwerke, Industrieanlagen wettbewerbsfähig hergestellt werden, wenn nicht in der Form des Großbetriebs? Das kann keine Gemeinschaft mittelständischer Handwerker oder eine Vielzahl kleiner Unternehmen mehr bewältigen. Dennoch ist eine große und breitgefächerte mittelständische Unternehmerschaft sozusagen das Netz, das System der Sprungfeder für ein elastisches, verkraftungsfähiges Wirtschaftssystem, für eine freiheitliche wirtschaftliche Ordnung.

Natürlich ist auch eine solche Zahl von kleinen und mittleren Existenzen schwerer oder überhaupt nicht zu sozialisieren. Sie können nur liquidiert werden durch eine erdrükkende bürokratische Vorschriftenlast, durch eine abwürgende Steuer- und Abgabenlast. Hier ist ein weiterer Gesichtspunkt von Bedeutung: Je größer ein Unternehmen ist, das in Schwierigkeiten geraten ist, um so schwieriger ist es für den Staat, nicht helfend und reparierend einzugreifen. Wenn 1000 Bauern ihren Hof, wenn 2000 Handwerker oder Einzelhändler ihren Betrieb aufgeben und dabei 4000 bis 5000 Arbeitsplätze im Laufe eines Jahres verlorengehen, dann wird das als ein notwendiger Strukturanpassungsprozeß bezeichnet und es ereifert sich niemand darüber. Ist es ein einziges Unternehmen mit derselben Zahl von Arbeitsplätzen, die auf einen Schlag gefährdet sind, dann entsteht ein schwerer politischer Druck und eine massive sachliche Notwendigkeit, hier von Staats wegen einzugreifen, um diesem Ereignis vorzubeugen, es nicht zustande kommen zu lassen oder zumindest die Folgen möglichst gering zu halten.

Deshalb geht es bei der notwendigen Förderung des Mittelstandes und der Mittelschichten nicht um Zugeständnisse an Gruppen, sondern um eine politische Strategie zur Sicherung der Anpassungs- und Leistungsfähigkeit der marktwirtschaftlichen Ordnung und unserer freiheitlichen Gesellschaft. Eine breite und leistungsfähige Mittelschicht von Selbständigen in Handel, Gewerbe, Handwerk und Landwirtschaft, in den freien Berufen sowie von Angehörigen des unselbständigen Mittelstands ist eine wesentliche Voraussetzung für die Funktionsfähigkeit und den Bestand der freiheitlichen Gesellschaft. Eine zukunftsorientierte Mittelstandspolitik zielt darauf ab, die Rahmenbedingungen für kleine und mittlere Unternehmen so weit zu verbessern, wie es mit dem Ziele notwendig ist, diesen Unternehmen die Wahrnehmung ihrer vielfältigen Funktionen in der Sozialen Marktwirtschaft zu ermöglichen. Sie hat die strukturellen Nachteile der Unternehmen des gewerblichen Mittelstands gegenüber den Großunternehmen durch Maßnahmen auf dem Gebiet der Steuerpolitik, der Wettbewerbspolitik, der

Kreditpolitik, des öffentlichen Auftragswesens und durch eine Verbesserung der Betriebsberatung auszugleichen. Der mittelständischen Wirtschaft muß der Zugang zu den internationalen Märkten erschlossen und erleichtert werden. Die ganze Breite der Gesetzgebung und des Verwaltungshandelns ist auf ihren Mittelstandseffekt hin zu prüfen. Alle sinnvollen Möglichkeiten zur Reprivatisierung von Aufgaben der öffentlichen Hand sind wahrzunehmen. Mittelstandspolitik in einer dynamischen Wirtschaft kann nicht jede einzelne mittelständische Existenz garantieren, aber sie muß den Selbständigen eine faire Chance geben, sich aus eigener Kraft im ökonomischen Wandel zu behaupten. Der Zugang zur selbständigen Betätigung muß offengehalten werden.

Die Aufgabe der Wirtschaft

Was Sinn und Aufgabe der Wirtschaft ist, hat die Partei, an deren Spitze ich seit 1961 stehe, verbindlich formuliert: Aufgabe der Wirtschaft ist es, dem Menschen zu dienen. Weil Freiheit unteilbar ist, bedingen wirtschaftliche, politische und persönliche Freiheit einander. Die Freiheit, etwas zu beginnen, zu leisten und aufzubauen, Eigentum zu erwerben, zu besitzen und zu veräußern, gehört zu den unabdingbaren Prinzipien unserer Wirtschafts- und Gesellschaftsordnung. Jahrzehntelange Erfahrung hat gezeigt, daß die Soziale Marktwirtschaft allen anderen Wirtschaftsordnungen überlegen ist. Die Christlich Soziale Union tritt daher entschlossen für die Erhaltung der Sozialen Marktwirtschaft und ein freies Unternehmertum ein. Sie wird ihre freiheitlichen und sozialen Komponenten weiterentwickeln.

Damit ist auch klar, warum die seit 1969 von der SPD getriebene Politik keine freiheitliche Wirtschaftspolitik nach meinen Vorstellungen ist. Zwar fehlt es nicht an regierungsamtlichen Lippenbekenntnissen zur Sozialen Marktwirtschaft. Die Wirklichkeit aber spricht eine andere Sprache. Aus sozialdemokratischer wird im Lauf der Zeit unaufhaltsam sozialistische Politik. Sozialistische Politik aber, mit ihrem Vorrang für kollektivistisches Denken und für eine Behandlung des Bürgers als Objekt totaler staatlicher Vor- und Fürsorge, vermag offenkundig mit Sozialer Marktwirtschaft nichts anzufangen. Die ständig an Einfluß gewinnenden Ideologen des Sozialismus drängen auf die Abschaffung der Marktwirtschaft, auch in der praktischen Politik geht der Weg in diese Richtung. Die Gefahr, die unserem in zwei Jahrzehnten durch den Fleiß aller Bürger und durch eine vernünftige Politik von CDU und CSU geschaffenen wirtschaftlichen Fundament droht, wächst von Tag zu Tag. Besserung und Hilfe sind von jenen, die diese Gefahr herbeigeführt haben, nicht zu erwarten. Nur ein prinzipieller Wechsel vermag noch zu helfen.

Unser Land hat eine der freiheitlichsten Verfassungen der Welt, und die Existenz in Freiheit und Wohlstand verpflichtet die Bürger zu Anstrengung und Vorsorge für die Sicherung der freiheitlichen Existenz ihrer Nachkommen und zum Einsatz für die Freiheit der Menschen in jenen Teilen der Welt, die in größter und oftmals erbärmlicher materieller und politischer Abhängigkeit leben müssen. Das aber erfordert von jenen, die in Wohlstand und Freiheit leben, höhere Leistung. Es verlangt die Nutzung des wirksamsten Wirtschaftssystems zugunsten der unterentwickelten Länder – und die Wirksamkeit der Sozialen Marktwirtschaft kann ernsthaft von niemandem, auch und gerade nicht von den Ländern des kommunistischen Blocks, bestritten werden. Schließlich könnten die Staaten des Ostblocks ohne die Nahrungsmittelüberschüsse der westlichen Welt nicht mehr existieren, obwohl ihre landwirtschaftlichen Flächen größer und die dort eingesetzten Menschen zahlreicher sind und obwohl das aufgebotene sozialistische Kapital höher ist als im Westen und obwohl alle diese Länder noch vor einigen Jahrzehnten weltweit Agrarüberschüsse liefern konnten. Die Welt braucht Kapital, und nur das auf Privateigentum beruhende System der freien Marktwirtschaft vermag wirksam und ohne Unterdrückung Kapital zu produzieren.

Grundlage der Stabilität

Die wirtschaftliche Leistungskraft der Bundesrepublik Deutschland und die der westlichen Welt legt das Fundament für die gesellschaftliche, soziale und politische Stabilität. Nachdem bei uns die Soziale Marktwirtschaft in schwerster Zeit ihre Bewährungsprobe über Jahrzehnte hin bestanden hat, wäre es lebensgefährlicher Übermut, ohne Not einen bewährten Kurs aufzugeben. Deshalb treten wir auch mit aller Entschlossenheit den sozialistisch-marxistischen Systemüberwindern entgegen. Wir in den Unionsparteien haben die Soziale Marktwirtschaft geschaffen, gegen sozialistischen Widerstand durchgesetzt und weiterentwickelt. Wir werden auch weiterhin für eine Wirtschaftsordnung sorgen, in der jeder Bürger das Recht auf einen seinen Fähigkeiten, seiner Ausbildung und seiner Leistung entsprechenden Arbeitsplatz, die Freiheit der Arbeitsplatzwahl, das Recht auf Absicherung der Risiken von Krankheit, Invalidität und Alter, ein Mitwirkungsrecht an der Gestaltung der Arbeitsbedingungen und Mitverantwortung am Arbeitsplatz hat. Nicht minder wichtig ist das Recht auf Eigentum. In einer freiheitlichen Wirtschaftsordnung ist das Privateigentum an Produktionsmitteln einschließlich Grund und Boden unverzichtbar. Auch die Freiheit der Konsumwahl ist ein wirtschaftliches Grundrecht.

Für uns ist die Wirtschaftsordnung der Sozialen Marktwirtschaft eine Garantie der Freiheitsrechte aller Bürger. Sie ist daher eine wesentliche Bedingung einer am Prinzip Freiheit orientierten gesellschaftlichen und staatlichen Ordnung. Die Soziale Marktwirtschaft hat bewiesen, daß sie diese Rechte am besten zu sichern weiß. Sie beruht auf Privateigentum, freiem Wettbewerb, Steuerung des Einsatzes der Produktionsmittel durch den Markt, durch Vertrags- und Koalitionsfreiheit, durch Tarifautonomie, Chancengerechtigkeit und optimale soziale Absicherung. Die Soziale Marktwirtschaft vereint größte wirtschaftliche Leistungsfähigkeit mit einem Höchstmaß an individuellen Selbstverwirklichungschancen. Sie hat ein umfassendes soziales Sicherungssystem und einen weitgehenden sozialen Ausgleich ermöglicht.

Darüber hinaus ist die Soziale Marktwirtschaft das System, das jene Leistungen zu vollbringen vermag, deren wir in der Bundesrepublik Deutschland und in der freien Welt bedürfen, um die Voraussetzungen zum Bestehen der weltpolitischen Herausforderungen der kommenden Jahre und Jahrzehnte zu haben. Eine Politik der Freiheit braucht eine Wirtschaftsordnung der Freiheit. Diese Ordnung ist die Soziale Marktwirtschaft.

VII

Sozialpolitik als freiheitliche Ordnungspolitik

Aufbau durch die Union, Abbau durch die SPD · Häufung der Risiken · Sozialistische Gleichheitsideologie · Vom Rang der Familie · Materielle und ideelle Werte · Für eine andere Wohnungspolitik · Familie unter gesellschaftlichem Druck · Fragen an die Zukunft · Sozialpolitik mit Eigenverantwortung

Freiheitliche Politik, wie ich sie vertrete, hat den Auftrag, die Würde des Menschen in seinen vielfältigen Lebenslagen und Lebensbezügen zu sichern. Freiheit und Würde eines Menschen bestehen zu wesentlichen Teilen gerade auch darin, daß er zu einer eigenverantwortlichen Lebensgestaltung fähig ist. Auch der behinderte Bürger, der sozial Schwache, der kranke oder alte Mitmensch wie jene Bürger insgesamt, die besondere Lasten zu tragen haben – beispielsweise kinderreiche Familien –, haben in diesem Sinne um des Eigenwertes ihrer Persönlichkeit willen den selbstverständlichen Anspruch auf ein menschenwürdiges Dasein. Freiheitliche Sozialpolitik soll also die Selbstentfaltung des einzelnen fördern, ihn nicht durch eine überzogene und totale Betreuung entmündigen und ihm nicht seinen eigenverantwortlichen Freiraum nehmen. Alle Maßnahmen der Sozialpolitik haben deshalb in erster Linie Hilfe zur Selbsthilfe zu sein. Ich sage ebenso entschieden ja zu einem verantwortungsbewußten und gerechten Sozialstaat, wie ich entschlossen nein sage zu einem allumfassenden und den Bürger bevormundenden Wohlfahrtsstaat.

Keine Behinderung und keine soziale Schwäche dürfen jemals Anlaß und Rechtfertigung dafür sein, daß die Betroffenen unter der Maßgabe der totalen Betreuung total gegängelt, schließlich entmündigt und zum willenlosen Objekt und Opfer eines allmächtigen öffentlichen Sozialapparates gemacht werden. Nicht sozial, sondern sozialistisch also sind Maßnahmen, bei denen durch staatliche und bürokratische Eingriffe dem Bürger Entscheidungen abgenommen werden, die er selbst treffen könnte und die ohne Rücksicht auf individuelle Bedürftigkeit auf eine finanzielle Umverteilung abzielen.

Es gehört zu den Verfallserscheinungen des politischen Denkens in der Bundesrepublik Deutschland, aber auch in anderen Ländern der westlichen Welt, daß von vielen Politikern, vornehmlich von solchen mit einem sozialistischen Vorzeichen, so getan wird, als ob sich Sozialpolitik losgelöst von allen anderen politischen Bereichen vollziehen lasse. Dabei unternimmt man mit dieser Flucht in die Irrealität nur den freilich untauglichen Versuch, sich der bohrenden und zwingenden Frage nach der Finanzierbarkeit der Sozialpolitik schlechthin zu entziehen. Auch wenn es eine Binsenwahrheit ist: verantwortungsbewußte Politik kann – will sie nicht den gefährlichen und am Ende existenzbedrohenden Ausweg in inflationstreibende Schuldenpolitik suchen – der einen Gruppe von Bürgern nur soviel geben, wie sie einer anderen Gruppe von Bürgern verweigert oder wegnimmt.

Deshalb ist es unverantwortlich, dem Bürger vorzulügen, daß das Netz der sozialen Sicherung ein Eigenleben führe und unabhängig vom allgemeinen politischen und vor allem wirtschaftlichen Gang der Dinge sei. Die Frage nach den Grenzen des Sozialstaates rührt zweifelsohne an ideologische und politische Tabus. Sie ist aber nichts anderes als die Frage nach der Belastbarkeit der Bürger schlechthin.

Allein diese Frage aufzuwerfen, macht schon verdächtig, man wolle den Sozialstaat demontieren, man wolle berechtigte Sozialleistungen abbauen. Ich selbst habe dabei einschlägige Erfahrungen gesammelt, als ich schon vor Jahren ein Trommelfeuer sozialistischer Angriffe auf mich zog, weil ich eine entsprechende Frage wagte. Schlagartig setzte die Diffamierungskampagne gegen mich ein – und zwar mit der bewußt verlogenen Unterstellung, als ob mit Grenzen des

Sozialstaates das Ende des Sozialstaates gemeint sei. Grenzen wird es im menschlichen Leben immer geben – nicht einmal das Universum ist unbegrenzt – ein Ende der gesellschaftlichen Entwicklung und der sozialen Verpflichtung aber gibt es nie.

Aber inzwischen, mit Beginn der krisenbedrohten achtziger Jahre, ist die Zeit überfällig, dem mündigen Bürger reinen Wein einzuschenken – und inzwischen stehe ich dabei auch nicht mehr ganz allein. Vor allem ist es Zeit, mit der wohlfahrtsstaatlichen Lebenslüge aufzuräumen, wonach das Netz der sozialen Sicherung ungeachtet der wirtschaftlichen Entwicklung, ungeachtet der Innovationsfähigkeit der Wirtschaft, ungeachtet der Ertragskraft der Unternehmen, der Entwicklung des Brutto- oder Nettosozialprodukts und unabhängig vom System der Sozialen Marktwirtschaft, unabhängig vom Beschäftigungsgrad, zu knüpfen und zu sichern sei. Das Netz der sozialen Sicherung ist im Gegenteil eine Funktion der Leistungsfähigkeit unserer Wirtschaft. Darum ist es auch unverantwortlich, wenn immer mehr und immer neue Sozialleistungen versprochen werden, ohne daß gleichzeitig die wirtschaftliche Leistungskraft gesteigert wird und ohne daß der einzelne mehr leistet.

Aufbau durch die Union, Abbau durch die SPD

Wir, die Unionsparteien, haben dank der Sozialen Marktwirtschaft bis in die siebziger Jahre hinein unser gegliedertes und solides System der sozialen Sicherung ausgebaut. Aus der großen Zahl sozialer Großtaten – von denen sozialistische Utopisten durch Jahrzehnte hin nicht einmal zu träumen wagten – möchte ich ein Beispiel herausgreifen, das 1957 in Kraft getretene Gesetz zur Reform der Rentenversicherung, das die Einführung der bruttolohnbezogenen dynamischen Rente brachte. Unter einer SPD-geführten Bundesregierung ist hier der gefährliche Einbruch erfolgt, durch den dieses System garantierter und berechenbarer sozialer

Sicherheit im Alter empfindlich angeschlagen wurde, als nach einer langen Periode der Vollbeschäftigung man nichts gegen die Übervollbeschäftigung unternahm und bald bei erheblicher Unterbeschäftigung ankam. Der Ausfall an Steuern und Beiträgen je 1 Million Arbeitsloser belief sich auf 10 Milliarden DM pro Jahr.

Das Rentenbeispiel steht nicht allein. Im politischen Alltag erlebte sozialistische Regierungskunst den ernüchternden Zusammenstoß von Wirklichkeit und Utopie. Das Ergebnis läßt den von der SPD gegen die Unionsparteien gepflegten Vorwurf, diese wollten die soziale Demontage, mit voller Wucht auf die Urheber selbst zurückfallen. Die SPD/FDP-Koalition war seit Mitte der siebziger Jahre gezwungen, insgesamt 44 Maßnahmen zum Abbau oder zur Aufhebung sozialer Leistungen zu beschließen.

Dies hatte schmerzliche soziale Einbußen für die Betroffenen zur Folge. Die Aussetzung der bruttolohnbezogenen Rentenformel war dabei der spektakulärste Eingriff – vor allem auch deshalb, weil er erfolgte, obwohl die Bundesregierung und die Koalitionsparteien, obwohl vor allem Helmut Schmidt über lange Zeit wider besseres Wissen und wider bessere Einsicht so getan hatten, als sei die Rentenfinanzierung selbstverständlich gesichert, als seien ernste Probleme überhaupt nicht gegeben. Dieses Verhalten im Umfeld der Bundestagswahl von 1976 ist mittlerweile als der »Rentenbetrug« in die Geschichte der Bundesrepublik Deutschland eingegangen.

Wie nachhaltig und schmerzlich sich die negativen Veränderungen der Beschäftigungslage, der Rückgang der Investitionen, die Verteuerung der Rohstoffe und Energien auf unser System der sozialen Sicherung bereits in den letzten Jahren auswirkten, wissen die davon Betroffenen nur allzu gut:

Pro Jahr mußten die Rentenversicherungsträger 4 bis 5 Milliarden Mark Beitragsausfälle als Folge von durchschnittlich einer Million Arbeitsloser hinnehmen.

In der Rentenversicherung mußten und müssen von 1976 bis 1980 rund 82 Milliarden Mark an Defiziten aufgefangen werden.

In der Arbeitslosenversicherung mußten die Defizite aus Steuermitteln ausgeglichen werden, was allein für das Jahr 1979 in einer Größenordnung von knapp 5 Milliarden Mark veranschlagt wurde.

In der Krankenversicherung wurde die Kostenexpansion über die Beitragssätze auf die Versicherten abgewälzt.

Die Finanzsituation in der Rentenversicherung ist trotz der drei Sanierungspläne seit den Bundestagswahlen 1976 nach wie vor äußerst angespannt. Neben dem tiefgreifenden Geburtenrückgang ist die künftige Entwicklung der Rentenfinanzen vor allem mit zwei Risiken verbunden: Zum einen legt die Bundesregierung ihren Berechnungen zur Finanzsituation der Rentenversicherung ebenso wie früher zu »optimistische«, nämlich inflationäre Lohnsteigerungsraten zugrunde, zum anderen kommen auf die Rentenversicherung durch die vom Bundesverfassungsgericht bis 1984 geforderte Gleichbehandlung von Mann und Frau in der Hinterbliebenenversorgung weitere Belastungen zu. Aber bis heute gibt es keine konkreten Vorstellungen darüber, wie die zusätzlichen Ausgaben für diese »Partnerschaftsrente« oder »Teilhaberrente« finanziert werden können. Inflationäre Lohnsteigerungen bringen zwar mehr Geld in die Rentenkassen als normal, aber sie führen zu mehr Arbeitslosigkeit und wenige Jahre später zu höheren Rentenzahlungen.

In den zurückliegenden 17 Jahren haben sich die Gesamtausgaben für Sozialleistungen von damals 58,4 Milliarden oder 20 Prozent des Bruttosozialprodukts einschließlich 1977 auf 379,2 Milliarden oder 32 Prozent des Bruttosozialprodukts, also um das Siebenfache, erhöht. Wir geben heute jede dritte verdiente Mark für Sozialleistungen aus. In seinem bisherigen Umfang kann das System der sozialen Sicherung jedoch nur bei einem durchschnittlichen realen Wirtschaftswachstum von etwa 4,5 Prozent im Jahr finanziert werden. Dieses Wirtschaftswachstum aber ist nur bei einer jährlichen Zunahme der Investitionen um real 8 bis 9 Prozent zu erzielen.

Nach dem Finanzplan 1978–82 hält die Bundesregierung ein reales Wirtschaftswachstum im Durchschnitt der Jahre

1978–82 von rund 4 Prozent und einen gesamtwirtschaftlichen Preisanstieg von rund 3 Prozent – es sind inzwischen wieder 4 und mehr Prozent geworden! – für möglich. Nach einer Prognose des Ifo-Instituts wird das Trendwachstum der achtziger Jahre jedoch nur 3,5 Prozent erreichen. Diese Prognose berücksichtigt noch nicht weitere, heute noch nicht übersehbare Entwicklungen, die unsere Versorgung mit Energie und Rohstoffen zu bezahlbaren Preisen ernsthaft in Frage stellen könnten. Schon jetzt kann man sagen, daß die Prognosen, die zum Ende des Jahres 1979 erstellt wurden, für 1980 und für die Jahre danach nicht mehr stimmen, weil man zwar von statistischen Annahmen ausging, die negative Dynamik weltpolitischer und weltwirtschaftlicher Entwicklung aber außer Ansatz ließ. Deshalb wird aller Wahrscheinlichkeit nach das reale Wachstum unter 3 Prozent sinken.

Häufung der Risiken

Die Aufzählung der Risiken für die soziale Sicherung ist damit nicht beendet. Besonders gefährlich nämlich ist der tiefgreifende Geburtenrückgang und der damit verbundene Bevölkerungsschwund. Er stellt den Generationenvertrag, nach dem die aus dem Arbeitsprozeß ausgeschiedenen Bürger an dem dynamischen Wachstumsprozeß der Wirtschaft auch in der Höhe und im jährlichen Zuwachs ihrer Rente noch beteiligt sein sollen, grundsätzlich in Frage. Sollte das Geburtendefizit andauern, wird die Bevölkerung der Bundesrepublik von gegenwärtig 61,4 Millionen auf 55,6 Millionen im Jahre 2030 zurückgehen. Gleichzeitig wird sich dank der Steigerung der Lebenserwartung der Altersaufbau verändern: Das Verhältnis zwischen Erwerbstätigen und nicht mehr Erwerbstätigen beträgt zur Zeit etwa 3:1. Noch in diesem Jahrhundert wird ein Verhältnis von 2:1 gelten. Das Verhältnis von Beitragszahler zu Rentenempfänger ist noch ungünstiger. Das Prognos-Institut hat verschiedene Modellrechnungen über die möglichen Beitragssätze in der gesetzlichen Rentenversicherung vorgelegt, die je nach verschiedenen

Annahmen eine kontinuierliche Steigerung der Beitragssätze in der Rentenversicherung auf 26,6 Prozent im Jahre 2030 ausweisen – gegenüber 18 Prozent zur Zeit.

Rechnet man noch die Steuerabgaben hinzu, so wären die Bürger dann gezwungen, etwa zwei Drittel der Einkommen an den Fiskus und die Sozialversicherungsträger abzuführen. Auch bei hohem Wirtschaftswachstum ist es schwer vorstellbar, daß die Erwerbstätigen in der Lage wären, Beitragssätze von über 30 Prozent allein für die Rentenversicherung auf sich zu nehmen, zumal auch Mehrbelastungen in der Krankenversicherung unausweichlich sind. Somit drohen in einem permanenten Prozeß ständige Eingriffe in das Leistungsrecht.

Man muß hier auch daran denken, daß die Beiträge der Arbeitgeber zu den verschiedenen sozialpolitischen Einrichtungen zum Arbeitseinkommen gehören, auf das der Arbeitnehmer seinen gesetzlichen Anspruch hat. Würde dem Arbeitnehmer sein volles Bruttoeinkommen ohne Abzüge einschließlich der Arbeitgeberbeiträge ausbezahlt und müßte er selbst dann Steuern und Abgaben entrichten, die nach geltendem Recht vom Arbeitgeber einbehalten und zusammen mit den eigenen Beiträgen an die öffentlichen Kassen als unbezahlte Dienstleistung abgeführt werden, dann würde ihm noch schmerzlicher bewußt werden, wie wenig von seinem Arbeitseinkommen ihm als Verfügungseinkommen bleibt und wie noch weniger ihm von jeder zusätzlich verdienten Mark verbleibt.

SPD-geführte Bundesregierungen haben seit mehr als einem Jahrzehnt nichts unternommen, um den Geburtenrückgang wirksam zu bekämpfen und auf das generative Verhalten der Bevölkerung durch ideelle und materielle Maßnahmen einzuwirken. Auch hier gehört es zu den Verhaltensmustern sozialistischer Politik, abzuwiegeln, zu beschönigen, zu täuschen. Als das Problem des Geburtenrückgangs in seiner Dramatik längst auch jedem Durchschnittsbürger eingängig war, gab sich Helmut Schmidt im Sommer 1979 noch völlig unberührt:

»Die Probleme der Welt sind aufs Ganze gesehen nicht

durch eine Abnahme der Bevölkerung gekennzeichnet, sondern durch Überbevölkerung. Neben der Zahl der Werktätigen sind viele Faktoren für die wirtschaftliche Leistungsfähigkeit eines Volkes und damit für den Wohlstand aller und für die Möglichkeiten der eigenen Entfaltung ausschlaggebend. Deshalb machen es sich diejenigen allzu einfach, die den bisherigen Geburtenrückgang rechnerisch fortschreiben und auf dieser unsicheren Grundlage zum Beispiel die künftigen Rentenzahlungen in Frage stellen. Das System der Rentenversicherung lebt ja nicht nur von der Zahl der Versicherten, sondern auch von ihrer Leistungsfähigkeit als aktiver Arbeitnehmer. Für Katastrophenstimmung ist kein Anlaß, aber auch nicht für eine Verklärung der vorindustriellen Familie, in der im Regelfall die Armut Dauergast war.«

Das heißt doch nichts anderes, als daß der verantwortliche Bundeskanzler in seiner bekannt forschen Weise des Umgangs mit Problemen die geradezu skandalöse Meinung vertritt, daß der Bevölkerungsschwund in der Bundesrepublik Deutschland der erwünschte Ausgleich für die Übervölkerung in anderen Regionen der Erde sei. Weiß er, was er damit sagt? Ich hoffe: Nein! Soll etwa die Aufnahme von Ausländern aus diesen Übervölkerungsländern bei uns das Problem lösen? Denkt auch er an eine Art »Maschinensteuer« wie sein Arbeits- und Sozialminister, der nach einem nicht näher bezeichneten Schlüssel rationell arbeitende technische Anlagen wie vielleicht Mikroprozessoren mit einem Zuschlag auf den Arbeitgeberanteil zur Sozialversicherung bedenken will, um höhere Beiträge zu erzielen?

Wie ohne Linie und Konsequenz sich SPD-Politik vollzieht, geht daraus hervor, daß sich derselbe Helmut Schmidt drei Wochen später wieder ganz anders vernehmen ließ und dafür plädierte, alle in Deutschland geborenen und über 18 Jahre alten Kinder unserer ausländischen Arbeitnehmer einzubürgern, »weil die deutsche Wirtschaft bei sinkenden Geburtenzahlen auf die Arbeitskraft der hier lebenden Ausländer angewiesen« sei. Die SPD schob dazu noch als kuriose Neuheit die Möglichkeit einer Einbürgerung »per Postkarte« für diesen Personenkreis nach.

Das ist weder eine solide Familienpolitik noch eine seriöse Politik gegenüber den ausländischen Arbeitnehmern, denen wir zum Teil den wirtschaftlichen Erfolg der Bundesrepublik Deutschland zu verdanken haben. Gerade deshalb wäre es unverantwortlich, wenn sie aus der rechtlichen Verankerung ihrer Heimat ohne deren Zustimmung losgerissen würden. Freilich legen viele Indizien den Verdacht nahe, daß es der SPD bei derlei Plänen weniger um soziale Politik für ausländische Arbeitnehmer als um die mögliche Gewinnung neuer Wählerschichten geht.

Bedroht die Geburtenentwicklung unser soziales Netz, so tut es sozialistische Schuldenpolitik nicht weniger. Hier ist man an das Wort Konrad Adenauers erinnert, daß Sozialisten vom Geld nur zusammen so viel verstünden, als das Geld anderer Leute auszugeben: »Sozial ist, wenn andere zahlen.« Immer bedrohlicher für den Sozialstaat wird die Grenze, die durch eine bereits ins Unvorstellbare angewachsene Staatsverschuldung gezogen wurde. Nach dem Finanzplan der Bundesregierung waren für 1980 Bruttokreditaufnahmen des Bundes in Höhe von 49 Milliarden DM vorgesehen. Die Nettokreditaufnahme belief sich auf 24,2 Milliarden DM. 38 Milliarden DM sind allein für Tilgung und Zinsen aufzubringen. Das bedeutet, daß 1980 der Schuldendienst der zweitgrößte Ausgabenblock im Bundeshaushaltsplan hinter den Sozialausgaben ist. Die Bruttokreditaufnahme im Jahre 1982 wird im Finanzplan mit knapp 60 Milliarden DM angeboten, davon entfallen dann bereits 56 Milliarden DM auf Tilgung und Zinsen. Die Nettokreditaufnahme 1982 soll sich auf 23 Milliarden DM belaufen. Nach dem regierungsoffiziellen Finanzplan werden bereits 1983 die Ausgaben allein für Zinsen höher sein als die Nettokreditaufnahme.

Der Schuldendienst, also Tilgung und Zinszahlung werden 1983 mehr als ein Fünftel der Gesamtausgaben des Bundes ausmachen. Durch einen so hohen Schuldendienst wird der Spielraum für andere staatliche Leistungen immer mehr eingeengt. Diese Staatsverschuldung beutet die nachwachsende Generation aus. Unsere Kinder und Enkel werden die trügerischen, weil mit überhöhten Schulden finanzierten Wohltaten bezahlen müssen, in deren Glanz sich die jetzt Regierenden noch immer zu sonnen versuchen. Sie gefährdet ebenso den gesicherten Lebensabend der Alten. Sie unterhöhlt die Grundlage des Sozialstaates. Sie ist ein Inflationspotential ersten Ranges.

Wenn man bedenkt, daß alle CDU/CSU-geführten Bundesregierungen zusammen von 1949 bis 1969 insgesamt 14 Milliarden DM Nettokredit aufgenommen haben und daß sich der Schuldenstand des Bundes von 1970 bis 1979 auf über 200 Milliarden DM erhöht hat, dann sind in den letzten 10 Jahren fast 14mal so viel Schulden aufgenommen worden wie in den vorangegangenen 20 Jahren. Wenn man bedenkt, daß in wenigen Jahren die Zinsen für die aufgenommenen Schulden höher sein werden als die neu aufzunehmenden Schulden, dann begreift man, daß durch diese liederliche Schuldenwirtschaft der öffentliche Kredit seinen Sinn, seinen Zweck, seine Funktion verfehlt, nämlich öffentliche Investitionen zu finanzieren.

Hohe Schuldenaufnahme trägt sich insoweit selbst, als sie immer wieder hohe und zum Teil noch höhere Schuldenaufnahme nach sich zieht. Wenn Helmut Schmidt immer wieder auf amerikanische Statistiken hinweist, weil die Verschuldung des Staates in Amerika im Verhältnis zum Volkseinkommen höher sei als bei uns, dann vergißt er in dem bei ihm üblichen Leichtsinn der Problembehandlung, daß bei uns der Staat 1923 und 1948 durch eine radikale Währungsreform seine Kriegsschulden auf die Bürger abgewälzt und sich völlig entschuldet hat, während in den USA und in Großbritannien der Staat seine Kriegsschulden selbst bezahlt und nicht den Bürger durch einen fast totalen Geldwertschnitt belastet hat. Diesen »kleinen Unterschied« sollte Helmut Schmidt kennen!

Die Ursachen des Versagens sozialistischer Sozialpolitik liegen wie auf vielen anderen politischen Feldern im verhängnisvollen ideologischen Ansatz. Während liberale, soziale und konservative Politik auf der Grundlage christlicher Verantwortung auch im sozialen Bereich die Hilfe zu gesicherter persönlicher Freiheit als vorrangig ansieht, strebt sozialistische Politik auch in diesem, den einzelnen Menschen besonders berührenden Sektor eine fatale Nivellierung an. Im Dienste einer utopischen Gleichheitsideologie sollen alle Ungleichheiten beseitigt werden. Dies auch dann, wenn sie durch eigenes Unvermögen, Versagen und mangelnden Leistungswillen hervorgerufen waren.

Die Bonner Koalition hat ihre Sozialpolitik im Sinne der sozialistischen Gleichsetzung – von Gleichmachung – des einzelnen im Kollektiv mit sozialer Gerechtigkeit angelegt. Man kann aber nur die Gerechtigkeit der Chancen, niemals die Gleichheit der Ergebnisse versprechen. So hat es sozialistische Politik folgerichtig auch bewußt unterlassen, den Leistungswillen und die Opferbereitschaft des einzelnen, aber auch solcher sozialer Gemeinschaften, die nicht ins kollektivistische Gesamtbild passen, zu fordern und zu fördern.

Sie hat damit im sozialen Bereich eine sowohl finanz- wie allgemein staatspolitisch verhängnisvolle Anspruchsmentalität gegenüber dem Staat herangezüchtet. Das Bewußtsein, daß man vom Staat bei jeder Schwierigkeit milde Gaben, umfassende Versorgung, wenn nicht gar die Verwirklichung persönlichen Glücks erwarten dürfe, kann vielleicht dem absolutistischen Obrigkeitsstaat, nicht aber der freiheitlichen Demokratie, dem Staat aller Bürger, gegenüber angemessen sein.

Der schwächste unter vielen schwachen Punkten sozialistischer Sozialpolitik ist die Familienpolitik. Mit bestürzender Geschwindigkeit geht es seit 1969 mit der Familie bergab. SPD-Sozialpolitik hat die Familie nicht nur nicht materiell oder ideell gestärkt, vielmehr wurden Eigenständigkeit und Leistungskraft der Familie zunehmend ausgehöhlt. Die

Familie soll zu einer bloßen Erziehungsagentur des Staates, der sich denn auch massiv in das Leben der Familie einmischt, herabgewürdigt werden. Das neue Scheidungsrecht, die Neuregelung des Rechtes der elterlichen Sorge und Pläne für ein neues Jugendhilferecht sind nur die alarmierenden Signale sozialistischer Familienfeindlichkeit. Unter dem Vorwand notwendiger gesellschaftlicher Veränderung, Anpassung und Modernisierung soll der angestammte individuelle Freiraum Familie staatlich geregelt und gegängelt sowie anfällig für die leichtere Zerschlagung gemacht werden.

Angesichts solcher Entwicklungen hat Politik aus christlicher Verantwortung in unserer Zeit in besonderem Maße die Aufgabe, mit aller Kraft, mit allem Mut, aber auch mit aller Zuversicht die Werte und die Ordnung zu verteidigen, die allein die Persönlichkeit des Menschen, seine Würde und seine Integrität garantieren. Deshalb ist für uns die Stärkung der Familie und ihrer Erziehungskraft ein Kernpunkt unserer Politik. Die Familie ist für uns nicht irgendeine soziale Institution unter vielen anderen, nicht nur irgendeine Rechts-, Wirtschafts-, Sozialisations- oder Reproduktionsgemeinschaft. Sie ist die ursprünglichste und notwendigste Gemeinschaft, in der der Mensch seine Persönlichkeit, seine Menschlichkeit erleben und entfalten kann.

Vom Rang der Familie

Die Familie trägt als Ursprung des sozialen Seins ihren Sinn in sich selbst. Sie besteht um des Menschen willen und leitet ihr Dasein nicht vom Staat ab. Darum steht die Familie nicht zur beliebigen freien Verfügung des Staates. Ihr Bestand und ihr Innenleben entziehen sich auch der demokratischen politischen Entscheidung. Der freiheitliche Rechtsstaat muß diese Stellung der Familie respektieren und fordern. Gerade darin besteht seine Freiheitlichkeit. Wer auch die Familie »demokratisieren« will, der versucht einen der wesentlichen Freiräume unter seinen Einfluß zu bringen, in dem der einzelne vor dem Zugriff des Kollektivs noch sicher sein kann. Darum ist die Auseinandersetzung über den künftigen Weg der Familienpolitik nur Ausdruck der großen geistesgeschichtlichen Auseinandersetzung zwischen Freiheit und Kollektiv, die das ausgehende 20. Jahrhundert bestimmen wird.

Unsere politische Aufgabe muß es deshalb sein, die aufgrund äußerer Ursachen angeschlagene und schwächer gewordene Institution Familie rechtlich, materiell und vor allem ideell wieder so zu stärken und in der staatlichen Ordnung zu verankern, daß sie ihre durch keine andere Einrichtung oder Lebensform zu ersetzende Aufgabe zum Wohle der Menschen und der Gemeinschaft erfüllen kann.

Die Familie gewährt allen Mitgliedern dauerhaftes Glück, begründet in dem gemeinsamen Sich-Weitergeben der Eltern in den Kindern und des Lebenssinnes an die Kinder, bildet die Keimzelle von Staat, Gesellschaft und Demokratie und sichert den wirtschaftlich-existentiellen und biologischen Bestand eines Volkes. So gesehen ist die Familie in sich ein Selbstzweck, Staat wie Gesellschaft haben ihrer Entwicklung und ihrem Schutz zu dienen. Staat und Gesellschaft haben aber nicht in die Familie hineinzuregieren, es sei denn, in den Extremfällen blanker Not, asozialer Verantwortungslosigkeit oder Gewalt.

Der sozialistische Anschlag auf die Familie gehört zu einer »Reformsucht«, die in Wirklichkeit mit echten Reformen nichts zu tun hat. Reform ist im sozialistischen Sprachgebrauch zu einem Synonym für Veränderung um jeden Preis geworden, wobei längst nicht mehr gefragt wird, ob durch die angestrebte oder herbeigeführte Veränderung etwas besser wird. Die Hauptsache ist, es wird anders und es stimmt mit dem Welt- und Menschenbild eines reaktionären, dem 19. Jahrhundert entstammenden Sozialismus marxistischer Provenienz zusammen!

Muß sich die Familie verändern, damit sie zur Gesellschaft paßt, oder muß sich die Gesellschaft verändern, damit sie zur Familie paßt? Diese Frage hat Bayerns Kultusminister Professor Hans Maier gestellt und beantwortet: »Diese alternative Fragestellung ist so töricht nicht. So vernünftig es nämlich ist, die Familie in ihrer geschichtlich wandelbaren Erscheinungsform den jeweiligen gesellschaftlichen Verhältnissen anzupassen und die jeweiligen gesellschaftlichen Verhältnisse so zu verändern, daß sie dem Wesenskern der Familie, also dem Kern, der auch im Laufe der Geschichte nicht wandelbar ist, gerecht werden, so unvernünftig ist das, was wir seit Jahren erleben: die Familie radikal an vorgegebene gesellschaftliche Verhältnisse anzupassen, ja weiter, die Familie selbst in ihrer Existenz radikal in Frage zu stellen, weil sie angeblich in unsere moderne Gesellschaft nicht mehr paßt. Ist die Familie der Gesellschaft vorgegeben oder ist die Gesellschaft der Familie vorgegeben? Was wir heute offensiv in die Diskussion einbringen müssen, ist, daß die Bedeutung der Familie in ihrem Wesenskern unwandelbar ist, daß die Familie insofern jeder Gesellschaft in jeder geschichtlichen Phase vorgegeben ist und daß die gesellschaftlichen Verhältnisse so zu gestalten und notfalls so zu verändern sind, daß die Familie zu ihrem Recht kommt. Die Familie ist eine natürliche Grundform menschlichen Zusammenlebens. Sie ist die erste Gemeinschaft, die den Menschen in die Gesellschaft integriert und sie ist gleichzeitig die erste Gemeinschaft, die dem Menschen die Entfaltung seiner Person ermöglicht. Unsere Frage lautet daher: Wie muß die Gesellschaft gestaltet oder gar verändert werden, damit sie der Familie als einer in der Natur des Menschen wurzelnden gesellschaftlichen Grundform menschlichen Zusammenlebens die Unterstützung zuteil werden läßt, die erforderlich ist, damit Familie Menschen in die Gesellschaft integrieren und Raum zur personalen Entfaltung bieten kann.«

Hans Maier fährt fort: »Wer heute einen Blick auf gesellschaftskritische Literatur linker Prägung oder auf bestimmtes Lehrmaterial im politischen Unterricht wirft, weiß, wie sehr Familie unter dem ständigen Druck steht, sich und ihre Existenz rechtfertigen zu müssen. Da wird behauptet, die Familie könne nur autoritätshörige Untertanen hervorbringen, da die Familie eine autoritäre Struktur sei. Der Mann unterdrücke die Frau und die Eltern gemeinsam beherrschten ihre

Kinder. Die Familie sei undemokratisch und sie verhindere nicht nur die freie Entfaltung ihrer Mitglieder, sondern leiste totalitären und faschistischen Gesellschaftsformen Vorschub. Unsere immer wiederkehrende Rede muß daher sein: Wer Staat und Gesellschaft vor die Familie setzt, zerstört Familie, Gesellschaft und Staat. Wer Familie vor Staat und Gesellschaft setzt, der trägt zum Aufbau eines menschenwürdigen Zusammenlebens aller bei.«

Materielle und ideelle Werte

Familienpolitik hat in ganz besonderem Maße eine materielle und eine ideelle Seite. Wenn die Familie in unserer staatlichen und gesellschaftlichen Wertordnung nicht wieder einen vorrangigen Platz erhält, können die ausgeklügeltsten Hilfen nicht die notwendige grundsätzliche Wende herbeiführen. Es ist Sache einer kraftvollen Politik, einem Zeitgeist entgegenzuwirken, der die Familie verächtlich macht und für überflüssig erklärt, der, um ein besonders verabscheuungswürdiges Beispiel herauszugreifen, in einem »ökologischen Manifest« zu Beginn der siebziger Jahre »Kindersegen als unmoralisch« deklarierte. Andererseits hat eine verantwortungsbewußte Familienpolitik klarzustellen, daß die Forderung nach vollem staatlichen Kostenersatz für das Aufziehen von Kindern nicht angeht. Bei unseren Kindern handelt es sich schließlich nicht um ein ökonomisch kalkulierbares Problem von Kosten und Nutzen, sondern um einen wesentlichen Inhalt des Lebens schlechthin, dessentwegen die Menschen arbeiten und kämpfen.

Wenn man Leben als die Folge von Generationen versteht, nicht auf Tun und Fühlen eines Individuums begrenzt, dann kann man schließlich nicht eine Spanne dieses Lebens kostenmäßig der Gemeinschaft voll in Rechnung stellen. Wer davon ausgeht, und meine politische Grundeinstellung tut dies, daß sich im Kinderhaben und im Kindererziehen elterliches Glück vollzieht, kann nicht den totalen staatlichen Kostenersatz fordern. Familienpolitik muß daher Subvention zum Ausgleich materieller Not gewähren und sie muß durch zusätzliche Maßnahmen, beispielsweise solchen steuerlicher Art, den höheren Bedarf kinderreicher Familien anerkennen bzw. die durch Kinder geminderte Leistungsfähigkeit der Familie insoweit berücksichtigen, daß der Staat ihr vom Individualeinkommen weniger wegnimmt.

Es reicht nicht aus, eine kinderfeindliche Mentalität hierzulande – im Gegensatz etwa zu romanischen Ländern wie Italien – zu beklagen. Aufgabe einer mutigen Politik ist es, hierfür Zeichen zu setzen. So hat meines Erachtens die Gesetzgebung zu verhindern, daß Gerichtsurteile Kinder als »Unglücksfälle« einstufen können, für die vom Verursacher »Schadenersatz« zu leisten ist: Im niedersächsischen Celle verurteilte das Gericht ein Krankenhaus, einer Frau nach mißglückter Sterilisation einen monatlichen Unterhalt für das ungewollte Kind zu zahlen. Ein derartiger Richterspruch ist in sich bedenklich und geht an die moralischen Grundlagen unseres Staates. Statt dessen sollte, wie es Josef Kardinal Ratzinger formuliert hat, »im Kind nicht die Zerstörung unserer Freiheit, sondern ihre Chance« gesehen werden.

Es könnte sehr wohl durch die Gesetzgebung kinder- und familienfeindlichen und damit letzten Endes staatsgefährdenden Vertragsangeboten ein Riegel vorgeschoben werden. Als in diesem Sinne sittenwidrig und unter Sanktion zu stellen sollten etwa Wohnungsanzeigen gelten, bei denen in Klammern »Kinder unerwünscht« angegeben wird. Natürlich muß es dem Vermieter im Rahmen der Vertragsfreiheit freigestellt sein, sich die Mieter nach eigener Entscheidung auswählen zu können, aber daraus darf kein Recht auf öffentliche Stimmungsmache gegen Familien mit Kindern erwachsen. Andererseits könnte der Staat die Eigentümer von mit staatlichen Mitteln geförderten Wohnungen dazu verpflichten, in angemessenem Umfang bevorzugt kinderreiche Familien aufzunehmen.

Im Rahmen einer sinnvollen Familienpolitik kommt überhaupt dem Thema Wohnung besondere Bedeutung zu. Deshalb bedarf die Wohnungspolitik einer anderen Ausrichtung. Schon die Änderung steuerrechtlicher Vorschriften kann hier wesentliche Verbesserungen bringen, beispielsweise hinsichtlich des zu fördernden Zusammenlebens der Drei-Generationen-Familie. Daß nämlich vielfach schon aus Wohnungsgründen der Lebensabend von Millionen älterer Mitbürger in Altenheimen vorherbestimmt ist, müßte nicht sein. Derzeit aber wird die familiäre Trennung der Großeltern von den Familien steuerlich geradezu erzwungen. Wer die Einliegerwohnung im eigenen Haus den Eltern oder Schwiegereltern überläßt oder gegen eine geringe Gebühr vermietet, wird dennoch vom Fiskus so besteuert, wie wenn er die ortsübliche Miete von einem wildfremden Mieter kassiert. Der Verzicht auf Einnahmen wird vom Finanzamt als »Aufwendung für die private Lebensführung« angesehen. Das Finanzamt hat jedoch nichts dagegen, daß fremde Leute die Nutznießer solchen Mietgeschenks sind – etwa die Eltern der Nachbarn. Diese Praxis zerstört nicht nur den Zusammenhalt der Drei-Generationen-Familie, sondern ist auch insofern skurril, als bei billiger Überlassung der Zweitwohnung im Eigenheim an die Eltern dem Staat Wohngeldzahlung oder Sozialhilfeaufwand erspart werden. Man bleibt jedoch steuerlich verschont und hat sogar beträchtliche fiskalische Vorteile, wenn man die Eltern des Nachbarn bei sich billig zur Miete wohnen läßt und die eigenen Eltern beim Nachbarn einquartiert. Selbst diese billige Miete kann dann als außergewöhnliche Belastung nach dem § 33 und 33 a Einkommensteuergesetz geltend gemacht werden. Diese Bestimmungen sind aber nicht anwendbar, wenn es darum geht, den Mietwert einer unentgeltlich an unbemittelte nahe Verwandte überlassene Wohnung ganz oder teilweise als zwangsläufige Aufwendung und damit als »außergewöhnliche Belastung« geltend zu machen, weil nur bare Auslagen »Aufwendungen« im Sinne des Gesetzes sind. Allein aus familienpolitischer Sicht sollte diese steuerliche Abnormität schnellstens beseitigt werden.

Gerade in letzter Zeit haben verschiedene Expertisen deutlich gemacht, daß kinderreiche Familien durch die praktizierte Wohnungspolitik unmittelbar benachteiligt werden. Die unbefriedigenden Verhältnisse im sozialen Wohnungsbau sind bekannt. Die »Fehlbeleger« blockieren einen nicht unerheblichen Teil dieser Wohnungen, die eigentlich für junge Familien mit Kindern benötigt werden. Somit ist der Dirigismus am Wohnungsmarkt nicht nur unsozial, sondern familienfeindlich. Dies sogar in einem ganz besonderen Sinne: Weil man mit dem Auszug aus der Sozialwohnung die an das Objekt gebundene Subvention verliert und selbst bei Erhalt einer neuen Sozialwohnung jüngeren Datums regelmäßig eine viel höhere Miete zahlen müßte, verzichten viele junge Paare auf Kinder. Sie wollen nicht zusätzlich zu den Einkommenseinbußen bei Aufgabe des Arbeitsplatzes durch die junge Mutter und dem nun vom Vater allein zu bestreitenden Mehraufwand für das Kind auch noch eine höhere Quadratmetermiete zahlen – denn die Mietzahlung als solche wird bei zusätzlich benötigtem Wohnraum ja in jedem Fall größer.

Sie brauchte aber nicht um soviel größer zu werden, wenn mehr Marktwirtschaft im Wohnungsbereich gegeben wäre. Eine der aus der Sicht der Familienpolitik wichtigsten wohnungspolitischen Forderungen wäre daher die Beschränkung der Objektsubventionierung auf den Wohnungsbau für Familien mit drei und mehr Kindern und die Verlagerung des Förderungsschwerpunktes von der Objektsubventionierung zur Finanzierung der Subjekte, also der Bürger. Mit anderen Worten: Nicht mehr die Häuser sollten finanziert werden, sondern die Wohnungssuchenden, sofern sie bedürftig sind. Solche Verlagerung der Subventionen auf das Wohngeld hat nicht nur den Vorteil der Beschränkung auf die Zeit der Bedürftigkeit, sondern auch in der Öffentlichkeit bislang kaum bewußtgemachte Wirkungen hinsichtlich einer Verbesserung des Wohnmilieus: Wenn die Städte nicht mehr »Sozialviertel« einzurichten brauchen und die Bauherren und Bauunternehmer von vornherein nicht für bestimmte Bevölkerungsschichten bauen, ist die »Durchmischung« in einkommensmäßiger und altersgemäßer Hinsicht weit größer.

Familie unter gesellschaftlichem Druck

Unter SPD-geführten Bundesregierungen ist in der Bundesrepublik Deutschland die Familie nicht nur materiell, sondern auch gesellschaftlich massiv unter Druck geraten. Viele Momente haben dabei zusammengespielt. Entscheidend aber dürfte ein materialistisch-sozialistischer und liberalistischer Fortschrittsglaube gewesen sein, der von der Machbarkeit aller Dinge, sowohl im persönlichen wie im gesellschaftlichen Bereich ausgeht. »Die einen, die gern beanspruchen, besonders liberal zu sein, reduzieren die Person auf das aller Bindungen beraubte Individuum, und die anderen, die gern beanspruchen, besonders sozial zu sein, konstruieren unterdessen die gesellschaftlichen ›Hilfeeinrichtungen‹, damit das nicht mehr selbstmächtige Individuum in den weichen Polstern des Versorgungsstaates gut aufgefangen werden kann«, urteilt dazu Hans Maier, um an Hand des seit dem 1. Juli 1977 geltenden Ehe- und Familienrechtes zu beweisen, was es im Konkreten mit dem Druck auf die Familie und mit der Politik gegen die Familie auf sich hat:

»Hier ist die Ehescheidung zu einem automatischen Ergebnis des Ablaufs von Trennungsfristen geworden. Wer die Ehe nicht weiterführen will, beachtet bestimmte gesetzlich fixierte Trennungsfristen und die Ehe muß geschieden werden. Was für unser Rechtsempfinden früher unerträglich war, daß der ehewillige Gatte vom eheunwilligen Gatten einfach verstoßen wird, das ist heute rechtens. Würden ähnliche Rechtsgrundsätze im Arbeitsrecht, im Mietrecht oder beim Umweltschutz eingeführt, dann gäbe es Empörung und Aufstand. Wer das Recht wahrt, dessen Recht wird mit Füßen getreten, wer das Recht bricht, der wird unter Umständen durch die zu regelnden Scheidungsfolgen – etwa den Unterhalt oder die Alterssicherung – noch belohnt. Wie lange hält das eigentlich unser Rechtsempfinden noch aus? Während man die Ehe privatisiert und mehr oder weniger der Beliebigkeit der Ehepartner anheimgibt, schickt man sich an, die Familie, also das Zusammenleben der Eltern mit ihren Kindern, zu verstaatlichen. Eine Konkretisierung dieser Sozialisierungstendenz findet sich im Gesetzentwurf zur Reform des elterlichen Sorgerechts. In bestimmten Fällen sollten zum Wohle des Kindes wichtige Aufgaben der Eltern auf den Staat übertragen werden. Die Familie hat nicht nur durch die gesellschaftspolitische Diskussion der letzten Jahre eine Abwertung erfahren, und sie ist auch nicht nur durch bestimmte rechtspolitische Maßnahmen geschwächt worden, sie leidet vielmehr auch darunter, daß bestimmte ihrer Funktionen, die die Familie früher selbstverständlich wahrgenommen hat, auf die Gesellschaft insgesamt übergegangen sind, dort aber nur unvollkommen wahrgenommen werden.«

Von dem besonderen Schutz für Ehe und Familie, den die Verfassung unseres Staates zwingend vorschreibt, kann hier nicht mehr die Rede sein. Die Familie darf aber nicht zum Experimentierfeld der Systemveränderung werden. Ihr Bestand und ihr Innenleben entziehen sich auch der demokratischen politischen Entscheidung. Ein freiheitlicher Rechtsstaat respektiert und fördert diese Stellung der Familie. Auch darin besteht seine Freiheitlichkeit. Wenn also sozialistische Ideologen die Familie »demokratisieren« wollen, dann wollen sie damit nur den letzten Freiraum in den Griff bekommen, in dem der einzelne vor dem Zugriff des Kollektivs noch sicher sein kann.

Wenn man die angeschlagene und geschwächte Institution Familie wieder gesunden lassen will, sind zunächst vier Punkte zu beachten:

1. Eine der Verfassung entsprechende Familiengesetzgebung, die die Familie nicht zur Disposition des Staates stellt;

2. steuerliche und unmittelbare finanzielle Hilfen für die Familie;

3. ein familiengerechter und kinderfreundlicher Wohnungsbau einschließlich der Maßnahmen der Stadtplanung;

4. eine systematische Förderung einer kinderfreundlichen Mentalität, einschließlich einer auf die Familie und ihre Möglichkeiten Rücksicht nehmenden Politik einer menschlichen Schule für unsere Kinder.

Nach einem Jahrzehnt SPD/FDP-geführter Politik in Deutschland ist die Sozialpolitik in eine tiefe Krise geraten. Nur eine Politik der Vernunft, des Maßes und der festen menschlichen Werte kann sie aus dieser Krise herausführen. Wenn heute nach den Grenzen des Sozialstaates gefragt wird, dann kann es nach meiner Überzeugung sicher nicht um den Abbau berechtigter Sozialleistungen gehen, etwa bei

- den Anwartschaften, die in einem langen Arbeitsleben erworben worden sind, also den Renten;
- den Leistungen im Bereich des sozialen Entschädigungsrechts, vor allem bei der Kriegsopferversorgung, die ein Ausgleich sein sollen für die besonderen Opfer, die der einzelne durch den Einsatz von Gesundheit und Leben für die Gemeinschaft erbracht hat;
- den Leistungen in solchen Fällen, in denen besondere Lebenslagen bewältigt werden müssen und in denen kein Raum für die zusätzliche Eigenverantwortung vorhanden ist;
- den Leistungen für eine aktive und erfolgreiche Familienpolitik zur Verbesserung unserer Geburtenrate, zur Wiederherstellung der Familie als des Fundamentes unserer gesellschaftlichen Ordnung und zur Unterstützung der allein erziehenden Mütter oder Väter.

Fragen an die Zukunft

Es geht vielmehr um die Frage, wie in Zukunft angesichts unsicher werdender Finanzierungsmöglichkeiten eine den tatsächlichen Bedürfnissen angemessene, das heißt differenzierte Entwicklung der Sozialleistungen möglich ist, also eine Sozialpolitik, die den erreichten hohen Standard sichert und die erforderlichen Leistungen für die erbringt, die sich ein Anrecht darauf erworben haben oder die auf besondere

Leistungen der Gemeinschaft angewiesen sind. Es ist dabei nicht genug getan, da oder dort ein paar Mark einzusparen oder bisherige Steigerungsraten nicht fortzusetzen. Notwendig ist eine echte Kurskorrektur in der Gesellschaftspolitik des Bundes. An ihrem Ende muß wieder eine den finanziellen Möglichkeiten wie den Grundsätzen freiheitlicher Politik entsprechende Sozialpolitik stehen. Sie muß vor allem wieder darauf angelegt sein, die Kräfte des einzelnen zu wekken, zur Selbstverantwortung und zur Selbständigkeit zu erziehen.

In der Vergangenheit ist bei den Forderungen nach zusätzlichen Leistungen zu oft und unkritisch immer neuen Gruppeninteressen und den Versuchungen der Wahltaktik nachgegeben worden. Dabei wurde die Frage nach der inneren Rechtfertigung dieser neuen Leistungen kaum mehr gestellt. Es muß auch ein Ende damit haben, daß immer neue Problemgruppen zur sozialen »Betreuung« entdeckt und damit einer staatlichen Sozialomnipotenz ausgeliefert werden. Ich erinnere hier nur an die gefährlichen Entwicklungen, die etwa von den neuen Gesetzentwürfen zum Jugendhilferecht drohen.

Stärkung der Eigenverantwortung im Sozialbereich müßte zum Beispiel heißen:

In der Rentenversicherung: Spielraum für eigene Vorsorge ab einer bestimmten Einkommenshöhe zu schaffen.

In der Arbeitslosenversicherung: die gesetzlichen Voraussetzungen für den Bezug von Arbeitslosengeld zu verschärfen und im Vollzug auch wirklich durchzusetzen mit dem Ziel, eine größere Beweglichkeit der Arbeitslosen zu erreichen und ein Nebeneinander von Arbeitskräftemangel und Arbeitslosigkeit zu verhindern.

In der Arbeitsmarktpolitik: nicht nur immer wieder neue Sonderprogramme zugunsten einzelner Personenkreise, Wirtschaftszweige, Regionen oder Betriebe aufzustellen, sondern allgemeine Steuererleichterungen zur Verbesserung des Investitionsklimas durchzuführen (denn: allein wirtschaftliche Leistungsfähigkeit schafft und garantiert soziale Sicherheit).

Im Gesundheitswesen: Wecken und Stärken des Bewußtseins, daß jeder für die Erhaltung seiner Gesundheit mitverantwortlich ist, daß Raubbau mit der Gesundheit Privatrisiko ist, daß daher nicht alle Leistungen der Solidargemeinschaft aufgenötigt werden können.

In der Familienpolitik: die finanziellen und rechtlichen Rahmenbedingungen der Familie wieder ernsthaft zu verbessern, statt neue staatliche Reparaturbetriebe für die zur Erziehungsagentur des Staates herabgewürdigte Familie zu schaffen.

Eine neue Sozialpolitik muß wieder abwägen, ob weitere, vielleicht durchaus für den einzelnen wünschenswerte öffentliche Leistungen zusätzliche Belastungen für den Steuerzahler tatsächlich rechtfertigen. Der wachsende Unmut der steuerzahlenden Arbeitnehmer über die sprunghaft angestiegenen Abgaben für Sozialleistungen ist durchaus berechtigt.

Sozialpolitik mit Eigenverantwortung

Sozialpolitik ist in der Bundesrepublik Teil einer freiheitlichen Ordnungspolitik. Aufgabe der Sozialpolitik kann es dabei niemals sein, nur wirtschafts- oder finanzpolitische Fehler oder Versäumnisse auszugleichen. Sie ist Politik für freie, selbstverantwortliche Menschen. Sie beruht auf der Eigenverantwortung des einzelnen, wo dies möglich ist, und auf der Hilfe der Solidargemeinschaft, wo dies geboten erscheint.

Die Sozialpolitik kann und darf in einer freiheitlichen Ordnung niemals mißbraucht werden als Planierraupe, die im Dienst eines lebensfremden Gerechtigkeits-Scheinmoralismus und einer utopischen Gleichheitsideologie alle vorhandenen sozialen Defizite, Ungleichheiten und Unebenheiten – auch die durch eigenes Unvermögen, Versagen und mangelnden Leistungswillen hervorgerufenen – einebnen soll. Die Sozialpolitik kann und darf keine Gießkanne sein, die über alle, ob sie es nun notwendig haben oder nicht, gleichmäßig ihre Leistungen ausgießt. Sie kann vor allem nicht ein Instrument sein, mit dem der Staat persönliches Glück schafft und garantiert. Ihre schützende, sichernde und vor allem ihre helfende, weiterhelfende Funktion kann und darf sie nur dort wahrnehmen, wo – aus welchen Gründen auch immer – die Möglichkeiten zu vollem eigenverantwortlichen Handeln eingeschränkt sind.

'Sozialpolitik verlangt wie jede freiheitliche Politik die Einsicht in das Notwendige, Mögliche und Machbare, die Fähigkeit und die Bereitschaft, den richtigen Ausgleich zwischen dem Wünschbaren und dem Möglichen zu formulieren und in die Wirklichkeit umzusetzen, und den Mut, auch dann das Notwendige zu sagen und zu tun, wenn das Wünschbare und das Mögliche sich nicht vereinigen lassen. Nur so leistet Sozialpolitik ihren eigenständigen Beitrag zu mehr gesicherter menschlicher Freiheit.

VIII
Der Fortschritt als Zukunftschance

Technik mit zwei Gesichtern · Ideologie gegen Wissenschaft · Wirtschaftliche Zusammenhänge · Nein zur Zukunftsverweigerung · Das bayerische Beispiel · Thema Kernenergie · Nationale Existenzfrage Nummer Eins · Zeit für Entscheidungen überreif · Keine Alternative zur Kernenergie · Fortschritt für Frieden, Freiheit und Sicherheit

»Ich will nicht sachlich sein. Ich bin besorgt.« Diese kennzeichnend-entlarvende Aussage, im Dezember 1979 getan, stammt von Professor Robert Jungk, dem Verfasser des Buches »Der Atomstaat«. Mit seiner Verweigerung der Sachlichkeit steht Jungk, auf nationaler und internationaler Ebene einer der Chefideologen vielfältiger Antikernkraftkampagnen, stellvertetend für eine vor allem in Teilen der jungen Generation verbreitete Strömung, die am Exempel der Kernenergie das Verhältnis zu Technik und Fortschritt überhaupt illustriert. Emotion geht vor Information. So ist weitgehend Unwissenheit der Boden, auf dem die Maschinenstürmerei unserer Zeit gedeiht. Man weigert sich, Fakten zur Kenntnis zu nehmen, weil man ungehindert einer technologischen Untergangsstimmung nachhängen, Katastrophenangst zur Alltagsunterhaltung machen, die Zukunft ausschließlich in schwärzesten Farben sehen will.

Begierig greift eine solche Grundhaltung jeden echten oder vermeintlichen Zwischenfall im Umgang mit der Kernenergie auf, um daran den sorgsam gepflegten Ausschließlichkeitspessimismus weiter nähren zu können. Äußerungen von Kernkraftgegnern aus der Bundesrepublik Deutschland zum Reaktorunfall von Harrisburg artikulierten Enttäuschung darüber, daß sich das Unglück im amerikanischen Kernkraftwerk Three Miles Island als vom Menschen beherrschbar gezeigt hatte. Offen wurde beklagt, daß es leider nicht zur ganz großen Katastrophe, zu Opfern an Menschenleben gekommen war – allzugern hätte man dies dann zu Antikernkraftagitation benutzt. Dabei steht die Kernkraft, wie gesagt, nur beispielhaft.

Sowenig man Gefahren à la Harrisburg verniedlichen soll, so sehr darf man auch fragen: Was ist denn eigentlich passiert? Zum Glück sehr wenig, fast gar nichts als riesiger Sachschaden, verbunden mit der Urfurcht der Menschheit vor der großen Katastrophe. Zur gleichen Zeit gab es ein Erdbeben in Jugoslawien mit Opfern an Menschenleben, es gab Verkehrsunfälle mit vielen Toten, es gab Feuersbrünste, es gab Explosionen. Deshalb ist ein ernstes Wort der Mahnung geboten: Die objektive Größe der Gefahr von Harrisburg ist durch Art und Wiederholung sensationeller Berichterstattung subjektiv ins Apokalyptische verzerrt worden. Das Motiv war weder Information noch Rettung, es war der Verkaufserfolg, die Sehbeteiligung, die Auflagensteigerung. Was früher das Schicksal Sorayas, das Privatleben Beckenbauers, die furchtbaren Lebenslagen des Schahs, sensationelle Morde im Schauspielermilieu, die alkoholischen Auf- und Abtritte eines Sängers waren, war zwischendurch Harrisburg. Hier versagt auch die Verantwortung von Verlegern und Redakteuren, wenn wirtschaftlicher Erfolg mehr bedeutet als die Lebensangst, in die man die Menschen stürzt, und wenn die Erzeugung von Panik als Mittel des Gelderwerbs dienen muß.

Zu Beginn des vorletzten Jahrzehnts des 20. Jahrhunderts bläst jene Stimmung, die von manchen als Zeitgeist anerkannt und als richtungweisend empfunden wird, der Technik und der Naturwissenschaft kalt ins Gesicht. Im Zuge einer neuromantischen Welle, eines emotionalen, eines nichtintellektuellen »Zurück zur Natur« nach Art eines mißverstandenen Rousseau, auf der Flucht vor der Wirklichkeit eines technischen Zeitalters in einem hochindustrialisierten Staat, ist es Mode geworden, vor technischen Errungenschaften Angst zu haben und – was noch auffälliger und gefährlicher ist – Angst zu machen. Ohne Frage gilt, daß hinter vielen Drahtziehern einer geradezu professionellen Angstmacherei handfeste politische Interessen stehen. Die Tatsache, daß beispielsweise Kommunisten in den Ländern Westeuropas in zentraler Funktion die Antikernkraftbewegung mittragen und maßgebend beeinflussen, während in den kommunistischen Stammländern der Ausbau der Atomkraft rigoros und weit entfernt von westlichen Sicherheitsmaßstäben beschleunigt vorangetrieben wird, spricht für sich.

Technik mit zwei Gesichtern

Das Janusgesicht der Technik, in unzähligen Aufsätzen der ersten Jahrzehnte unseres Jahrhunderts im Gegensatzpaar »Fluch und Segen« dargestellt, schreckt in unserer Zeit eine Generation, die wie keine andere vor ihr die Früchte des wissenschaftlich-technischen Fortschritts ernten darf. Ihm verdankt die junge Generation in hohem Maße ihre Freiheit von Not, Hunger und Armut ebenso wie ihre Freiheit zu einem Leben in weitgehend eigener Verfügung und Gestaltung. Aber als ob ein schlechtes und banges Gewissen die notwendige Folge eines Lebens wäre, suchen von geheimen oder offenen Verführern irregeleitete junge Menschen, vor allem Teile der akademischen Jugend, ein neues Arkadien und entwerfen »grüne Modelle« und »alternative Lebensformen« oder sie träumen die »Grenzen des Wachstums« herbei. Diese geistige Fluchtbewegung aus der modernen Welt mag zu erklären sein mit dem Kurzschluß, der naturwissenschaftlich-technische Fortschritt habe eine Umwelt erzeugt, deren Unmenschlichkeit nur durch die Rückkehr zum »einfachen Leben« zu überwinden sei, gewissermaßen durch eine Anti-Prometheus-Haltung.

Der Fortschritt in Technik und Wissenschaft hat sowohl die menschliche Gesellschaft wie die menschliche Umwelt einschneidend und tiefgreifend verändert. Die Vielschichtigkeit dieser Entwicklung, angesiedelt zwischen den Polen großartiger Erfolge und gravierender Eingriffe in Natur und Umwelt, spiegelt sich in einem vielschichtigen Verhältnis der

Menschen zu den dadurch entstandenen neuen zivilisatorischen Formen. Der bedingungslosen Fortschrittsgläubigkeit früherer Jahrhunderte oder Jahrzehnte ist eine abgrundtiefe pessimistische Phase gefolgt. Den Maschinenbauern folgten die Maschinenstürmer, der Vergötzung folgte die Verteufelung des Fortschritts. Viele Zeitgenossen befällt ein Gefühl hilfloser Ohnmacht vor der Unverständlichkeit und Anonymität der arbeitsteiligen, technisch-rationalen Industriezivilisation. Vielen scheint ein riesiger technischer Fortschritt deshalb immer fragwürdiger. Technischer Fortschritt und wirtschaftliches Wachstum, in früheren Jahren unbestritten positive Begriffe der Hoffnung, werden manchen zu negativen Begriffen der Gefahr und der Drohung.

Die Fortschrittskritik von heute ist zu einem guten Teil die Reaktion auf die zusammengebrochene Fortschrittsgläubigkeit in der Vergangenheit. Der Fortschrittsglaube früherer Generationen beruhte, so Professor Kurt H. Biedenkopf in einer einschlägigen Analyse, auf der Annahme, daß das, was machbar ist, auch richtig ist. Dazu Biedenkopf: »Es gab keine Qualifikation dessen, was machbar ist, sondern was die Wissenschaft als Möglichkeit entwickelt hatte, das konnte man auch tun. Machbar war nicht nur möglich im realen Sinn, sondern auch wichtig im normativen Sinne. Heute heißt die Feststellung nicht mehr, ›was machbar ist, ist auch richtig‹, heute lautet die politische Frage: Was von dem, was machbar ist, ist richtig? Mit anderen Worten: Was von dem, was die Wissenschaft, die Technik, menschlicher Verstand, menschliche Erfindungskraft als Möglichkeiten erschließen, sollte auch genützt werden? Hier stelle ich einen Zusammenhang her zwischen Fortschrittskritik und Wertfragen. Und in der Tat glaube ich, daß eine der Ursachen für die gegenwärtige kritische Befassung mit dem Fortschrittsgedanken, mit der naiven Form des Fortschrittsgedankens, darauf zurückzuführen ist, daß die Bedeutung der Wertfragen im politischen Bereich zugenommen hat. Insofern ist die Fortschrittskritik nicht nur eine Gefahr, sondern eine Chance. Sie ist die Chance, Bindungen, Fundamente im Sinne von Wertentscheidungen fruchtbar zu machen, auch für die Kontrolle dessen, was der menschliche Geist bei vollem und ungehemmten Einsatz seiner Möglichkeiten freisetzt.«

Zieht man einen Rückschluß aus dieser Bewertung der Situation, so ergibt sich, daß die Angst vor dem Fortschritt und die Furcht vor der Technik in Zusammenhang stehen mit einem zu beklagenden Verlust verbindlicher Werte und Normen in unserer Gesellschaft. Zwangsläufig muß sich dies zuerst und zunächst bei der jungen Generation auswirken. Wenn ihr auf dem Wege einer umfassenden und menschlichen Erziehung nicht mehr die ethischen und moralischen Maßstäbe vermittelt werden, die gegenüber den komplexen Erscheinungsformen einer hochtechnisierten Umwelt Orientierungspunkte geben können, muß Ratlosigkeit in der Gegenwart und Sorge vor der Zukunft Platz greifen. Auch dieses Indiz verlangt gebieterisch, daß sich verantwortungsbewußte Bildungspolitik endlich einmal von der Lust an immer neuen organisatorischen Experimenten ab- und den für den Menschen wesentlichen Bildungs- und Erziehungsinhalten zuwenden muß.

Ein weiterer Aspekt: Eine vor allem von sozialistischen Reformern mit aller Macht betriebene Verwissenschaftlichung der Schule hat das Gegenteil von dem erreicht, was eigentlich hätte erwartet werden können und sollen – ein unbefangenes und kritisch-konstruktives Verhältnis der Jugend gegenüber wissenschaftlicher Neuerung und technischem Fortschritt kam nicht zustande. Hinzu kommt, daß durch die marxistisch-sozialistische Gesellschaftsveränderungsdiskussion der letzten Jahre vielfach Kenntnisvermittlung durch Stimmungsmache ersetzt und daß gerade dadurch das Wissen um selbstverständliche Zusammenhänge bei vielen jungen Menschen nicht vermittelt oder bewußt verschüttet wurde. Wenn das Wachstum der Wirtschaft verteufelt wird, wenn reaktionäre Rückschrittsideologen »Nullwachstum«, also den Stillstand, als Idealziel verkünden, wenn der Fortschrittsexzeß der bilderstürmenden Reformer in die Rückwärtsgesellschaft mündet, wenn andererseits Wirtschaftswachstum und technischer Fortschritt im unmittelbaren Zusammenhang stehen – wie soll der solcher Agitation ausgesetzte junge Mensch begreifen, daß technischer Fortschritt nicht nur Gefahr, sondern bei sorgfältiger Abwägung und verantwortungsbewußter Verwendung weit mehr Chance ist?

Ideologie gegen Wissenschaft

Die Ursache der feindlichen Grundstimmung gegen Naturwissenschaften und Technik gerade bei Teilen der Jugend finden wir auch noch, wenn wir diese mit dem Grad ihrer Unwissenheit in diesen »harten Fächern« in Beziehung setzen. Dies gilt in noch höherem Maße für manche ihrer Verantwortung nicht gewachsenen Lehrer, die einer ratsuchenden und vertrauensvollen Jugend das Unbehagen vor der technischen Welt erst anerziehen, indem sie ihr Unvermögen, technische Abläufe zu verstehen, in flammenden Aufrufen zur Umkehr auf einem vermeintlich unheilvollen Weg ausdrücken. Sie verführen die nachwachsende Generation dazu, sich an Ideologien zu berauschen und rasch Vorurteile zu fällen, anstatt sich der mühsamen Arbeit des schrittweisen, folgerichtigen Lernens zu unterziehen, die den Studierenden der Natur- und Ingenieurwissenschaften selbstverständlich abverlangt wird. Dasselbe gilt auch für die Erkenntnis und die Vermittlung wirtschaftlicher Zusammenhänge. Darum ist auch der Andrang zu naturwissenschaftlich-technischen Disziplinen viel geringer an unseren Hochschulen als zum Bereich der Psychologie, Philosophie, Pädagogik, Politologie und ähnlichen Studiengängen.

An dieser gefährlichen Spaltung unserer Gesellschaft in fortschrittsfeindliche Laien und fortschrittsgläubige Fachleute ist die Politik nicht unbeteiligt. Ich meine nicht so sehr das augenzwinkernde Einverständnis zwischen Naturaposteln und Kulturrevolutionären, eher die Rücksicht, die von politisch Verantwortlichen auf sie und ihr bald schrilles, bald sanftmütiges Credo genommen wird. Physik und Technik werden, weil sie sich entlegen schwieriger Bereiche der Mathematik als beschreibenden Instrumentariums bedienen, dem Laien immer undurchschaubarer, erscheinen ihm schließlich rätselhaft und dämonisch.

Sobald aber verantwortliche Politiker in Rede und Handlung zu erkennen oder auch nur zu vermuten geben, daß sie sich eher von der dumpf-unbehaglichen Stimmungslage der vielen Unwissenden als vom fachmännischen Urteil der wenigen Wissenden leiten lassen, werden sie zu Katalysatoren eines auf lange Sicht verhängnisvollen Zivilisationspessimismus. Die Gespaltenheit, Halbherzigkeit und Verzagtheit, welche eine SPD/FDP-Bundesregierung und die sie tragenden Parteien – bis hin zum diffusen Sowohl-als-auch-Beschluß zur Kernenergie des SPD-Parteitages in Berlin vom Dezember 1979 – gegenüber der Kernenergie an den Tag legen, beschleunigt einen Dämonisierungsprozeß, an dessen Zustandekommen besonders auch manche Massenmedien nach Kräften mitwirken, und trägt zur Entstaatlichung der Politik bei, die zur Spielwiese für Bürgerinitiativen und Protestgruppen degeneriert.

Ohne Mängel im eigenen Haus übersehen zu wollen, freue ich mich, feststellen zu können, daß durch die Schulpolitik meiner Partei, der CSU, in Bayern der verhängnisvolle Ungeist der Wissenschaftsfeindlichkeit kaum Eingang gefunden hat – dank einer Bildungspolitik, die nicht bereit war und ist, den Leistungsgrundsatz einer hemmungslos ausufernden Gleichmacherei zum Opfer zu bringen. Gerade naturwissenschaftliche Fächer mit ihren exakten Bezugspunkten eignen sich am wenigsten als Hebel ideologischer Aufwiegelung und Verwirrung.

Die Jugend wird dann wieder ein nüchternes Verhältnis zu naturwissenschaftlich-technischem Wissen und Vermögen gewinnen, wenn ihr abverlangt wird, daß sie sich sachlich und fachlich unterrichtet, bevor sie sich eine Meinung bildet und Urteile fällt. Nur so entsteht ein gesellschaftliches Klima, in dem der notwendige und zu verantwortende technische Fortschritt nicht dauernd durch das politische Engagement der nicht Kompetenten gehemmt wird. Hierzu können aber auch Forscher und Techniker beitragen, indem sie ihr Wissen nicht für sich behalten, sondern sich darum bemühen, die Öffentlichkeit damit bekanntzumachen. Wer hat als Fachmann nicht schon über die manchmal jämmerliche Qualität sogenannter »wissenschaftlicher« Artikel und Sendungen in den Massenmedien geklagt? Gab es in den letzten Jahren eine Fernsehsendung, die knapp und klar etwa über Aufbau, Arbeitsweise, Risiken und Vorteile eines Kernkraftwerkes unterrichtet hätte? Hier eine offenere Informationspolitik als bisher zu treiben, ist auch Aufgabe der wissenschaftlichen und technischen Gesellschaften in unserem Lande. Der Staat wäre überfordert, wenn man von ihm allein erwartete, daß er durch Aufklärung und Information ein forschungsgünstiges gesellschaftliches Klima schafft.

Unverständnis über und Abneigung gegen naturwissenschaftliche Forschung und technische Leistung können nicht isoliert gesehen werden, allein schon nicht wegen der wirtschaftlichen Auswirkungen. Der technisch-wissenschaftliche Fortschritt beeinflußt auf vielfältige Weise die gesamte Volkswirtschaft. Ohne angewandte Forschung gibt es keine Produktivitätssteigerung und kein Wirtschaftswachstum – ohne Wirtschaftswachstum heißt die Zukunftsaussicht: drastische Inflationsraten, steigende Arbeitslosigkeit bei fallenden Löhnen, die Zerstörung unseres sozialen Systems, das Schwinden unserer Hilfsmöglichkeiten gegenüber den Entwicklungsländern, Verarmung, neiderfüllte Verteilungskämpfe und eine bedrohliche Verminderung unserer äußeren Freiheit. Dies alles kann nur verhindert werden durch eine Politik, die Wachstumskräfte freisetzt und erhält. Zu diesen Wachstumskräften gehört auch der Rohstoff »menschlicher Forschergeist«.

Der technische Fortschritt in der zweiten Hälfte des 20. Jahrhunderts lebt weiterhin von der äußersten Verfeinerung jener Durchbrüche, die schon im vergangenen oder in der ersten Hälfte unseres Jahrhunderts erzielt wurden. Ich erinnere in diesem Zusammenhang an große Namen wie Borsig, Zeiss, von Braun, Bergius, Fischer-Tropsch, Siemens, Daimler, Benz, Diesel – und sehr viele andere wären hier noch zu nennen. Wir brauchen wieder mehr Erfindungen, mehr Innovationen, mehr neue Produkte.

Angesichts eines internationalen Wettbewerbs, der immer härter wird, ist dieser Aspekt von besonderem Gewicht. Es kann sich nicht nur darum handeln, die Wettbewerbsfähigkeit der deutschen Produktion im Verhältnis zu den anderen Industriestaaten zu erhalten und zu steigern, sondern auch darum, die sich mit der fortschreitenden Industrialisierung der sogenannten Entwicklungsländer vollziehenden Veränderungen in der internationalen Arbeitsteilung mitzudenken. Die klassischen Industrieländer, die mit ihrem Lohnniveau bei Standardprodukten und einfachen Produktionsverfahren preislich immer weniger wettbewerbsfähig sind, müssen ihre Produktion immer stärker auf anspruchsvolle Techniken und Innovationen verlagern, die einen hohen Forschungsaufwand erfordern.

Wirtschaftliche Zusammenhänge

Bei alledem darf man aber nicht aus den Augen verlieren, daß die Ergebnisse der Grundlagen- und angewandten Forschung allein noch kein Wirtschaftswachstum verbürgen. Nur in einer gesunden und nach den gegebenen Rahmenbedingungen zum Wachstum bereiten Wirtschaft können sie wachstumsfördernd wirken. Ausreichende Kapitalausstattung und angemessene Ertragslage der Unternehmen, welche die Übernahme von Risiken ermöglichen und rechtfertigen, ein funktionierendes marktwirtschaftliches System mit Wettbewerb, freier Konsumwahl und freier Unternehmerentscheidung sind wesentliche Voraussetzungen für die Verwirklichung des technischen Fortschritts im Bereich der Wirtschaft.

Auch für die gesamtwirtschaftlichen Auswirkungen des technischen Fortschritts ist es von entscheidender Bedeutung, daß dieser sich in einem Klima wirtschaftlichen Wachstums vollzieht. Produktivitätssteigerung vermindert – bei gleichem Produktionsvolumen – den Bedarf an Arbeitskräften, technische Neuentwicklungen machen Produktionsumstellungen erforderlich. Nur eine wachsende Wirtschaft mit gesunden Unternehmen kann die daraus möglicherweise entstehenden Konflikte beherrschen.

In erster Linie ist es Aufgabe der Wirtschaft, technische Neuerungen zu planen, zu entwickeln und zu verwirklichen. Dabei werden soziale und humane Gesichtspunkte zwar beachtet, aber im Vordergrund stehen ökonomische Ziele. Erst dann, wenn diese von Unternehmern und Öffentlichkeit gegensätzlich beurteilt werden, ist der Staat dazu aufgerufen, den Ausgleich zwischen ökonomischen und gesellschaftlichen Interessen und Zielsetzungen herzustellen.

Staatliche Forschungsförderung kann also aus dem wirtschaftlichen Gesamtzusammenhang nicht herausgelöst werden – angewandte Forschung, Wirtschaftswachstum und wirtschaftspolitische Rahmenbedingungen stehen zueinander in einem unauflöslichen funktionalen Verhältnis. Ob Forschungspolitik erfolgreich ist, das läßt sich weder an der Vielzahl der geförderten Projekte noch an der Höhe der investierten Mittel allein ablesen. Nur das Maß an Innovation entscheidet über den wissenschaftlichen, technischen und volkswirtschaftlichen Erfolg. Deshalb bietet die Forschungspolitik das schlechteste Betätigungsfeld für Dirigismus, Gesellschaftsveränderung und Bürokratie, die für jedes geförderte Vorhaben Hunderte von Fachreferenten, externen Beratern, Projektbegleitern und Projektträgern braucht. Im gesamten Bereich der Technikpolitik ist ein ausgewogenes Verhältnis zwischen unmittelbarer, projektgebundener Förderung und mittelbarer, zum Beispiel steuerlicher Forschungsförderung herzustellen. Deshalb ist es auch mehr als problematisch, wenn alle Forschungsförderungsaufträge unter dem Stichwort des »gesellschaftlichen Nutzens« vergeben werden. Hier hat sich eine lukrative Titelfindung breitgemacht, die hohe öffentliche Mittel durch ihren angeblichen Beitrag zur Gesellschaftskritik oder zur gesellschaftlichen Entwicklung mit großer Findigkeit lockerzumachen vermag.

Bekanntlich scheiden sich die Geister, wenn diese staatlichen Förderungsmaßnahmen beurteilt werden. Während die einen es am liebsten sähen, wenn der Staat sich jeder Einflußnahme auf die Wirtschaft enthielte, mißtrauen die anderen grundsätzlich den sogenannten »Selbstregulierungskräften« des Marktes und rufen bei jeder wirklichen oder vermeintlichen wirtschaftlichen Schwierigkeit nach dem starken Arm des Staates. Wie so häufig, liegt wohl auch hier die Wahrheit in der Mitte. Niemand wird dem Staat das Recht und die Verpflichtung absprechen, die heimische Wirtschaft sinnvoll und mit zweckgerichteten Mitteln so zu fördern, daß sie im internationalen Wettbewerb besteht. Denn es liegt im öffentlichen Interesse, daß der Staat hilft, neue Industrien aufzubauen. Die öffentliche Hand wäre aber nicht nur finanziell überfordert, wollte sie überall dort eingreifen, wo ein Notstand zu entstehen droht, der zwar einzelne Unternehmen beeinträchtigen mag, die Gesamtwirtschaft aber nicht gefährdet. Ein solches Verhalten des Staates würde ihn zum Vormund der Wirtschaft machen und gleichzeitig all die Antriebskräfte der Sozialen Marktwirtschaft schwächen, denen wir letztlich unseren Wohlstand verdanken.

Ein dirigistisches, marktwirtschaftswidriges Eingreifen des Staates, das die rechtzeitige Anpassung einzelner Unternehmen oder ganzer Branchen an neue Techniken oder Marktbedingungen verhindert, ist der grundsätzlich falsche Weg, weil er den Steuerzahler zusätzlich und nutzlos belastet und die Teilhabe am technischen Fortschritt sowie den Zugang zu den Märkten nur noch weiter erschwert – ohne Arbeitsplätze zu erhalten oder gar neue zu schaffen. Nicht Erhaltungssubventionen des Staates sichern auf Dauer Arbeitsplätze, sondern nur eine richtige, marktgerechte Unternehmenspolitik. Diese wiederum ist abhängig von den richtigen finanz-, steuer- und wirtschaftspolitischen Rahmenbedingungen. Sie erst schaffen die grundlegenden Voraussetzungen für die lebenswichtige, arbeitsplatzsichernde Investitionsbereitschaft und -fähigkeit der Unternehmen, ohne die es keinen technischen Fortschritt geben kann.

Obwohl die Zusammenhänge zwischen technischem Fortschritt und einem Anhalten des wirtschaftlichen Wohlstandes klar zutage liegen, gaukeln linke Verführer der Öffentlichkeit vor, daß ein Stop des Fortschritts eine ernsthafte Möglichkeit der Zukunftsgestaltung wäre. In Wirklichkeit wäre ein solches Verhalten der sicherste Weg in die Katastrophe. Auch das Argument des Umweltschutzes, das die Maschinenstürmer unserer Zeit flankierend ins Feld führen, schlägt nicht durch. Wer den technischen Fortschritt stoppen will, müßte nicht nur das Forschen, sondern letztlich das Denken verbieten, müßte die umfassendste, inhumanste Diktatur der Geschichte errichten. Ein Entwicklungsstop löst keines der Probleme, vor denen wir stehen, macht sie vielmehr auf Dauer unlösbar.

Dies gilt auch für den Umweltschutz. Er kann am allerwenigsten als Begründung für die Forderung nach einem Entwicklungsstop herangezogen werden. Eine Blockierung des wissenschaftlichen, technischen und wirtschaftlichen Fortschritts würde den Umweltschutz gerade des Mittels berauben, das er für eine Beseitigung eingetretener Umweltschäden und eine Verhinderung künftiger Belastungen benötigt: der technischen Innovation.

Wie eng wirtschaftlicher Wohlstand und zivilisatorische Weiterentwicklung zusammenhängen, zeigt die Raumfahrt, von vielen Zeitgenossen zunächst für einen überflüssigen und kostspieligen Luxus gehalten. Die Raumfahrt ist wohl der bedeutendste Schrittmacher des technischen Fortschritts in unserer Zeit. Aber technische Leistungen und Forschungsergebnisse sind nicht nur um der in ihnen zum Ausdruck kommenden geistigen Fähigkeiten wegen bewundernswert, sie wirken sich auf die gesamte Volkswirtschaft aus. Über die Zulieferindustrie und die wissenschaftlichen Folgeprodukte wird unser ganzes Wirtschaftsleben unmittelbar und mittelbar beeinflußt. Fast unüberschaubar ist inzwischen die Fülle der Anwendungsbereiche, aber am sichtbarsten für den Bürger bleibt der Fortschritt auf dem Gebiet der Nachrichtenübermittlung. Telefongespräche via Satellit gehören ebenso zu unserem Alltag wie die direkte Übertragung von Sportveranstaltungen auf einen oder aus einem anderen Erdteil. Satelliten beobachten und vermessen die Erdoberfläche, spüren neue Rohstofflagerstätten auf, registrieren Menge und Ertrag von Ernten und leisten somit einen Beitrag zum Überleben der noch immer stark wachsenden Erdbevölkerung vor allem dort, wo die Versorgung mit Lebensmitteln die lebenswichtige Aufgabe im Wortsinn schlechthin ist. Auch die medizinische Diagnose und Therapie sind durch die Weltraumtechnik bereichert worden, etwa in der Gastroskopie. Ohne die Schubkraft der Weltraumprojekte wären Mikrotechnik und Datenverarbeitung im gegebenen Ausmaß kaum möglich gewesen. Die Bürger können also versichert sein, daß die Mittel für die Weltraumforschung gut angelegt sind – bis hin zur Teflon-Bratpfanne und den Weltraumhandschuhen für Skifahrer und Bergsteiger.

Es ist bemerkenswert, daß für diese Zusammenhänge von technischem Fortschritt und wirtschaftlicher Entwicklung nach vorn vielfach der »kleine Mann«, die Millionen unserer Arbeitnehmer weit mehr Verständnis und Gespür haben als viele Zeitgenossen mit höherer Schul- und akademischer Bildung. Deshalb gilt es gerade in diesen Kreisen einer neupuritanischen Ideologie der Ablehnung der Technik und der Feindschaft gegenüber der Wissenschaft entschieden entgegenzutreten. Nicht ein »Zurück zur Natur« löst die Probleme der Menschheit, dazu ist nur eine wachsende Wirtschaft mit immer neuen Techniken in der Lage. Ich meine, daß wir bereits zu wenig bahnbrechende Erfindungen und zu wenig wirklich neue Produkte haben. Gerade einer der am meisten verbreiteten technischen Gegenstände, das Automobil, zeigt, daß zwar Erfindungen aus dem 19. Jahrhundert bis zur letzten Feinheit ausgereift und weiterentwickelt werden, daß aber wirklich neue, bahnbrechende Erfindungen nicht oder nur in unzureichendem Maße vorliegen. Auf solche epochalen technischen Durchbrüche sind wir aber angesichts der großen Probleme, die im Bereich der Energie und der anderen Rohstoffe auf uns zukommen, in unserer Zeit mehr denn je angewiesen.

Während sich die Regierungen in vielen Ländern der Dritten Welt verzweifelt darum bemühen, ihre Bevölkerung zu ernähren und Arbeitsplätze zu schaffen, die Menschen dort am Wohlstand der Welt teilhaben zu lassen, predigen in den hochindustrialisierten Ländern manche die Rückkehr zum einfachen Leben. Zwar kann unsere Gesellschaft einige Aussteiger, einige Sozialschmarotzer ertragen. Sie genießen unter Verzicht auf eigene Leistung die Segnungen einer tragfähigen Infrastruktur, die von der großen Mehrheit einer arbeitsamen und fleißigen Bevölkerung geschaffen wird, aber eine Zukunftsperspektive läßt sich daraus nicht ableiten. Nicht Aussteigen, Einsteigen muß die Devise der jungen Generation sein, bereit sein, sich der Herausforderung von Gegenwart und Zukunft zu stellen, Beherrschungs- und Gestaltungskräfte zu entwickeln, um kommenden Generationen das zu erhalten, was die Generationen davor aufgebaut haben.

Nullwachstum, Stillstand und Rückgang sind Rezepte des Untergangs. Deshalb dürfen die Apostel der Zukunftsverweigerung sich niemals durchsetzen.

Diese in Armut und Elend endende Apokalypse muß verhindert werden durch eine Politik, die ja sagt zur Technik, die die Wachstumskräfte der Wirtschaft freisetzt und erhält. Zu diesen Wachstumskräften gehört insbesondere der »Rohstoff« des menschlichen Geistes. Wir müssen die jungen Menschen davon überzeugen, daß Naturwissenschaft, Technik und ihre industrielle Nutzung nicht die Feinde unserer natürlichen Umwelt und einer menschlichen und menschenwürdigen Gesellschaft sind. Kein verantwortungsbewußter Politiker darf sich in unserer wettbewerbsorientierten Gesellschaft – dies auch weltweit gesehen – einen wie auch immer ideologisch verbrämten oder wahlpropagandistisch begründeten »Schritt in Richtung Steinzeit« leisten. Der Verzicht der Gesellschaft auf technische Innovation und der Verzicht des Staates auf die Förderung dieser Innovation würde unser Gemeinwesen seiner industriellen und weltwirtschaftlichen Zukunft, die Bürger des Wohlstandes und langfristig auch der Freiheit berauben – weil Elend und Not nicht der fruchtbare Boden der Freiheit sind.

Eine verantwortungsbewußte Politik hat den Auftrag, einer möglichst breiten Öffentlichkeit eindringlich klarzumachen, daß es ohne technische Neuerung heute für die Jugend der Welt kein Morgen gibt, wie sie es erwartet. Wer die in der Tat vorhandenen Krankheiten unserer Zeit heilen will, darf nicht den technischen Fortschritt beschneiden, er muß vielmehr die Lebens- und Wertorientierung unserer Bürger klären und stärken.

Das bayerische Beispiel

»Die Christlich-Soziale-Union bejaht und fördert den wissenschaftlichen und technischen Fortschritt als Ergebnis des menschlichen Schöpfungs- und Gestaltungswillens. Neue Techniken können die Voraussetzung schaffen, sowohl den Erfordernissen einer weitsichtigen Umweltpolitik wie auch der Notwendigkeit von Arbeitsplatzsicherung und Wirtschaftswachstum zu genügen. Der wissenschaftliche und technische Fortschritt muß sich an verbindlichen Wertvorstellungen orientieren und der Verbesserung humaner Lebensbedingungen dienen. Den ökologischen Erfordernissen ist Rechnung zu tragen« – so hat die CSU in ihrem Grundsatzprogramm formuliert.

Dort, wo wir seit dem Ende des Zweiten Weltkrieges nahezu ununterbrochen in der Regierungsverantwortung stehen, in Bayern, haben wir – und das gilt für meine Vorgänger im Amt des Ministerpräsidenten ebenso wie für mich – dieses Prinzip mit Erfolg in die Tat umgesetzt: So ist Bayern mit seiner modernen Industrie auf der einen Seite in die Spitzengruppe der Wachstumsländer aufgerückt, wie es auf der anderen Seite in besonderem Maße das Gesicht eines menschlichen Landes bewahrt hat. Wir selbst brauchen darauf nicht mit besonderem Nachdruck hinzuweisen – vor allem außerhalb der bayerischen Grenzen, ob auf nationaler oder auf internationaler Ebene, wird diese gelungene Synthese von Fortschritt und Bewahrung immer wieder, auch durch eine Millionenzahl von Gästen, anerkannt.

Wir haben also in der politischen Praxis den Beweis erbracht, daß Fortschritt in Wirtschaft und Technik keineswegs schlechthin umweltfeindlich ist, daß aber ebensowenig Umweltschutz fortschrittshemmend sein muß. Es sind vielmehr der Mensch und die von ihm gestaltete Politik, welche darüber entscheiden, wie das Instrument Fortschritt eingesetzt wird. Die Alternative lautet deshalb nicht »Fortschritt ja oder nein«, die entscheidende Frage heißt »Fortschritt wohin«. Auf Fortschritt kann auch und gerade wegen des Umweltschutzes nicht verzichtet werden. In einer Welt aber, die selbst nicht »fortschreitet«, die in ihren Gütern und Schätzen begrenzt und in ihrem Naturhaushalt nur begrenzt belastbar ist, muß technischer und wirtschaftlicher Fortschritt in eine Richtung geführt werden, die den Gesetzen der Umwelt folgt.

Auch bei den Beziehungen zwischen Fortschritt und Umwelt also stellt sich die Frage nach Werten und Wertung. In der Einbeziehung der ökologischen Folgen politischen Gestaltens und wirtschaftlichen Handelns sieht Professor Biedenkopf nur eine neue Dimension der Berücksichtigung der sozialen und wertorientierten Verpflichtung: »In der Tat kann es deshalb nicht Fortschritt sein, wenn Wachstum zugunsten des Verbrauchs und zu Lasten von Reserven erzeugt wird, die an sich für zukünftige Generationen vorgesehen bleiben müssen. Wenn aber diese Rechtsgüterabwägung zum Beispiel im Zusammenhang mit der Überlegung ›wirtschaftliches Wachstum gleich Fortschritt‹ einbezogen wird, dann haben wir eine sehr klare Vorstellung davon, was wir als Maßnahmen politischer Art ergreifen dürfen, um die weitere Entfaltung und damit das Wachstum unserer Wirtschaft und Gesellschaft zu ermöglichen, und was nicht. Ich würde als allgemeine Regel feststellen: Wachstum, welches durch nicht wiedergutzumachenden Ressourcenverzehr erkauft wird, ist kein Fortschritt. Dies bedeutet überhaupt keine Absage an eine Wachstumspolitik. Wenn wir die Frage so stellen, dann haben wir das Ohr der jungen Menschen, die sich nämlich fragen, ob eine nicht qualifizierte Politik des Wachstums nicht völlig außer Kontrolle geraten muß, weil sie keine Wertbindungen mehr hat, die sich im Bereich des nicht nur Machbaren, sondern mit dem Wesen des Menschen und seiner Gemeinschaft vereinbaren lassen.«

Thema Kernenergie

Kein anderes Thema steht bei der Diskussion der Stichworte wirtschaftliches Wachstum, technischer Fortschritt und Bewältigung der Zukunft so sehr im Mittelpunkt wie die Frage der Energieversorgung im allgemeinen und des Einsatzes der Kernenergie im besonderen. Die friedliche Nutzung der Atomkraft wird seit Jahren kontrovers diskutiert, sie wird emotional diskutiert, sie wird – siehe Robert Jungk! – unsachlich diskutiert. Dabei ist die Entschlossenheit, ist das Zaudern, ist die Feigheit bei in der Sache als notwendig erkannten Entscheidungen in der Bundesrepublik Deutschland besonders groß. Während in anderen Ländern – Frankreich sei als stellvertretendes Beispiel genannt – nach reiflicher Prüfung entschieden und gehandelt wird, erweist sich seit Jahren eine SPD-geführte Bundesregierung in dieser Überlebensfrage unseres Volkes als handlungsunfähig. Das Gegenteil einer verantwortungsbewußten Energiepolitik verschleppt notwendige Maßnahmen, läßt den Berg der Risiken und Bedrohungen, der über den achtziger Jahren unseres Jahrhunderts schwebt, durch Fahrlässigkeit, Unfähigkeit und parteipolitischen Opportunismus noch größer werden. Dabei ist die Erkenntnis allgemein, daß die Sicherung der Versorgung unserer Wirtschaft, der Weltwirtschaft insgesamt, mit lebenswichtiger Energie und Rohstoffen zu einer der entscheidenden Existenzfragen überhaupt geworden ist. Die Energieversorgung der Bundesrepublik Deutschland – wie zu weiten Teilen jene der westlichen Welt insgesamt – steht auf tönernen Füßen. Kurzfristiges Blicken auf die nächsten Wochen und Monate ist an die Stelle langfristiger

Energiestrategien getreten. In seiner gefährlichen Sucht, die Augen vor drohenden Gefahren zu verschließen, ist der Westen schon zufrieden, solange die Automobile noch fahren und die Wohnungen noch warm sind – was im Falle des Falles geschehen soll, wird bewußt verdrängt. Dabei zeichnet sich unter vielen Kurzsichtigen die SPD/FDP-Bundesregierung unter Helmut Schmidt durch besondere Blindheit aus.

»Die Entschlußlosigkeit frißt die Entschlußlosen«, hat Rainer Barzel im Dezember 1979 zur nicht vorhandenen Energiepolitik der SPD/FDP-Bundesregierung angemerkt. Im Bundestag stellte er die Frage: »Wie soll denn der Bürger einer politischen Führung vertrauen und folgen und glauben, die gerade in dieser Frage mit der Prinzipienfestigkeit einer Wetterfahne arbeitet? Hier müssen doch Entscheidungen getroffen werden; sie müssen schrittweise verwirklicht werden; das ist doch regieren. Politik heißt doch nicht nur Fragen stellen und in Frage stellen, Politik heißt doch, Antworten wissen.«

Dabei läßt sich die energiepolitische Handlungsunfähigkeit der Regierung Schmidt an dem messen, was Vorgänger Brandt im Jahre 1973 in einer Regierungserklärung feststellte: »Kernenergie ist ein in hohem Maße umweltfreundlicher Energieträger, der überdies den Vorzug hat, vom Standpunkt des Angebots von Primärenergieträgern besonders versorgungssicher zu sein. Die Elektrizitätserzeugung in Kraftwerken mit Leichtwasserreaktoren ist heute gegenüber konventionellen Kraftwerken im Grundlastbereich bereits kostengünstiger. Die Bundesregierung hält deshalb die optimale Nutzung der Kernenergie für die Sicherung der langfristigen Energieversorgung für notwendig und energiepolitisch für dringend erforderlich. Berücksichtigt man, daß spätestens ab 1980 Erdgas und Braunkohle ihre Kapazitäten im Elektrizitätsbereich nicht mehr erweitern können und daß Mineralöl und Steinkohle nur für den Einsatz im Mittellastbereich in Betracht kommen, so wird deutlich, wie dringlich die Bundesrepublik auf einen schnellen Ausbau von Kernkraftkapazitäten angewiesen ist. Die Bundesregierung ist deshalb der Auffassung, daß die Kernkraftkapazität so zügig wie möglich ausgebaut werden muß.«

An der Richtigkeit dieser Aussage hat sich seither nichts geändert. Geändert hat sich nur die Haltung der SPD. Nicht mehr Vernunft und Verantwortung bestimmen ihre Haltung zur Kernenergie, sondern der immer mächtiger werdende Einfluß ihres radikalen Flügels, vor dem Helmut Schmidt und seine Bundesregierung feige zurückgewichen sind. Barzel nannte dies »eine unverantwortliche Kapitulation wider die bessere Einsicht«.

Im Bereich der Rohölversorgung ist die Bundesrepublik Deutschland zu nahezu 100 Prozent von Einfuhren abhängig, im Bereich der Gasversorgung sind es 60 Prozent. Bei Öl ist nicht nur die langfristige Versorgung völlig im ungewissen, schon die mittelfristige Versorgung ist äußerst gefährdet. Zu einer bedrückenden Abhängigkeit von ausländischen Lieferanten, die zudem in aller Regel in weltpolitischen Krisenherden liegen, kommt hinzu, daß die Erdölvorräte begrenzt sind, daß die Erschließung neuer Lagerstätten immer schwieriger und damit immer kostspieliger wird. Des weiteren haben sich die wichtigsten Anbieter von Erdöl zu einem wirtschaftlichen Machtkartell zusammengetan, dessen Mitglieder ihr Öl zunehmend als außenpolitischen Machtfaktor erkannt haben und auch entsprechend einsetzen. Die Scharfmacher unter den ölproduzierenden Ländern bestimmen mehr und mehr die Gangart, jene Öllieferanten, die im Interesse einer funktionierenden Weltwirtschaft zu Vernunft und Mäßigung raten, werden überrollt. Die Vorgänge im Iran, mit ihren irrationalen Wurzeln und in ihren noch längst nicht absehbaren Auswirkungen auf andere Länder, setzen bei der Behandlung des Themas Öl einen zusätzlichen dramatischen Akzent. Wenn die westliche Welt nicht in allernächster Zeit ihre Importabhängigkeit vom Erdöl vermindert, so kann dies auf dem Wege der außenpolitischen Erpreßbarkeit zu weitgehender politischer Lähmung insgesamt führen.

Energiepolitik kann nicht isoliert gesehen werden, und ihr Fehlen oder Versagen kann auch nicht durch Anstrengungen auf anderen politischen Feldern wettgemacht werden. Die in der Bundesrepublik Deutschland vor uns liegenden Probleme wie Erhaltung der wirtschaftlichen Leistungskraft, Sicherung des sozialen Netzes, Konsolidierung der Staatsfinanzen, Bewahrung der Zukunftschancen der jungen Generation, sie können nur durch ausreichendes Wirtschaftswachstum und dies wiederum nur durch eine ausreichende Versorgung mit Energie zu bezahlbaren Preisen gewährleistet werden. Deshalb ist die Versorgung mit Energie die Voraussetzung zur Bewältigung aller vor uns liegenden Aufgaben.

Trotz dieser glasklaren, von niemandem wegzuleugnenden Tatsachen ist die Energiepolitik der Regierung Schmidt/Genscher ein erschütterndes Trauerspiel aus Entschlußlosigkeit, innerparteilicher Feigheit und vordergründiger Parteitaktik. Dabei zeigen die globalen Entwicklungen und Zusammenhänge, daß verantwortlich nur eine Regierung handelt, die sofort handelt. Die Phase des Nachdenkens – eine Pose, hinter der Helmut Schmidt seine Handlungsunfähigkeit in einer Lebensfrage zu verbergen sucht – ist längst vorbei, die Zeit zum Handeln überfällig. Die Fakten sprechen für sich:

1. Von 1950 bis 1975 nahm die Weltbevölkerung um rund 60 Prozent zu, während im gleichen Zeitraum der Weltenergiebedarf um gut 250 Prozent gestiegen ist.

2. Die Weltenergievorräte, die nach dem gegenwärtigen Stand der Technik gewinnbar sind, werden auf 900 Milliarden Tonnen Steinkohleeinheiten geschätzt, von denen 70 Prozent auf Kohle, 15 Prozent auf Erdöl, 9 Prozent auf Erdgas und 6 Prozent auf Uran entfallen.

3. 1978 betrug der Weltenergieverbrauch rund 9 Milliarden Tonnen Steinkohleeinheiten; dieser Verbrauch wurde zu 46 Prozent durch Erdöl, zu 33 Prozent aus Kohle, zu 20 Prozent durch Erdgas und zu 1 Prozent durch Uran gedeckt, wobei die Wasserkraftnutzung nicht berücksichtigt ist. Diese Zahlen dokumentieren ein gefährliches Auseinanderklaffen zwischen Vorräten und Verbrauch an Energie.

4. Die Forderung nach einer »neuen Weltwirtschaftsord-

nung«, das heißt im Klartext nach einer Weltplanwirtschaft und nach internationalen Rohstoffonds, wird immer stärker. Besondere Auswirkungen müßte dies auf dem Energie- und Rohstoffgebiet haben, für welches die gleichen Sorgen und Überlegungen gelten. Willy Brandt und die von ihm geführte Sozialistische Internationale betreiben und unterstützen diese Forderung, weil sie glauben, damit einen »Globalsozialismus« durchsetzen zu können.

Zahlen aus der Bundesrepublik Deutschland lassen den inländischen Aspekt eines weltweiten Problems sichtbar werden. Der Verbrauch an Primärenergie betrug in der Bundesrepublik Deutschland im Jahre 1978 schon 388 Millionen Tonnen Steinkohleeinheiten. Er wird, so die Prognosen des fortgeschriebenen Energieprogramms der Bundesregierung, bis 1985 auf 480 Millionen Tonnen, bis 1990 auf ungefähr 530 Millionen Tonnen und bis zum Jahre 2000 gar auf knapp 600 Millionen Tonnen angestiegen sein.

Nationale Existenzfrage Nummer Eins

Nicht ideologische Eiferei also ist das Gebot der Stunde, sondern ausschließlich eine konkrete Antwort auf die Frage, wie dieser gewaltige Energiebedarf gedeckt und wie schon im Laufe der achtziger Jahre das Entstehen einer Versorgungslücke mit ihren unübersehbaren Folgen verhindert werden kann. Deutsche Politik steht hier vor der nationalen Existenzfrage Nummer Eins. Weitere Untätigkeit, Treibenlassen der Dinge und ohnmächtiges Warten auf Versorgungsengpässe wären eine Politik des Untergangs. Nicht eine dumpfe Fortschrittsfeindlichkeit, allgemein be- und anerkannte Fakten müssen verantwortungsbewußtes politisches Handeln bestimmen. Eine Steigerung der Einfuhren des weltweit immer teurer und knapper werdenden Öls wird nicht mehr möglich sein, eher wird das Gegenteil eintreten. Auch der Einsatz des Erdgases ist nicht beliebig vermehrbar, im Gegenteil, spätestens Ende der neunziger Jahre wird sein Anteil an der Gesamtversorgung zurückgehen. Die Förderung deutscher Braunkohle läßt sich nach Expertenaussagen nicht mehr steigern. Und die sogenannten alternativen Energieträger wie Sonne, Wind oder Abwärmenutzung? Entgegen dem Eindruck, der hier durch vielfältige Publikation in der Öffentlichkeit erweckt werden könnte, wird in unseren geographischen Breiten der auch im Jahre 2000 aus diesen Quellen zu erwartende Beitrag zur Energieversorgung nur sehr bescheiden ausfallen. Dazu kommt, daß Kohle mehr und mehr für die Zwecke der Veredelung vorgesehen werden muß, nicht zuletzt auch für die Zwecke der chemischen Industrie, und nicht einfach in den Heizkesseln für Wärme- oder Energieerzeugung verbraucht werden darf. Deshalb muß die Grundlast mehr und mehr von der Kernernergie bestritten werden.

Damit stehen zur Deckung eines steigenden Energiebedarfs nur Steinkohle und Kernenergie zur Verfügung. Da nicht einmal die wärmsten Fürsprecher eines verstärkten Einsatzes der Kohle dieser allein die Kapazität zur Schließung der demnächst klaffenden Energielücke zutrauen – schon allein, um nur ein Argument zu nennen, aufgrund der völlig unzreichenden Förderkapazitäten –, führt am vermehrten Einsatz der Kernenergie kein Weg vorbei. Dabei ist die durch zunehmende Verbrennung fossiler Energieträger, besonders der Kohle, auftretende Erhöhung des Kohlendioxidgehalts der Luft noch ein besonderes Problem.

Dieser von keiner ernsthaften Seite bestrittenen Einsicht steht bei der SPD/FDP-Bundesregierung eine erschreckende energiepolitische Verantwortungslosigkeit gegenüber. Die Ausgangslage mit ihren Zwängen ist spätestens seit der ersten Ölkrise des Jahres 1973 allgemein bekannt. Die Bundesregierung versprach damals in ihrem Energieprogramm, Konsequenzen zu ziehen und zu handeln. Das Ergebnis ist erschütternd: Die Abhängigkeit von Ölimporten ist unverändert, die langfristige Versorgung ist noch unsicherer geworden. Auch von der von der Bundesregierung zum Programm erklärten beschleunigten Nutzung der Kernenergie ist nichts übriggeblieben. Tatsache ist, daß der Bau von neuen Kernkraftwerken praktisch zum Erliegen gekommen ist.

Eine widersprüchliche Geschäftigkeit einzelner Minister sollte Handeln vortäuschen, wo längst nicht mehr gehandelt wird. Da es zu den beliebtesten sozialistischen Tätigkeiten gehört, den Mangel zu verwalten, nicht ihn zu beseitigen, wurden die Bürger mit immer neuen Spar- und Einschränkungsplänen beglückt. Nun ist es eine Selbstverständlichkeit, daß mit der kostbaren Energie sparsam umgegangen werden muß. Sicherlich muß von manchen Überflußgewohnheiten Abschied genommen werden.

Sicher ist es notwendig, den Nutzungsgrad der aufgewendeten Energie erheblich zu verbessern. Politisch unerträglich aber wird es, wenn Politiker, die es aufgrund ihrer Einsicht oder zumindest aufgrund des ihnen zugänglichen Materials besser wissen müßten, dem Volk gegenüber so tun, als ob mit ein bißchen Sparen hier und ein bißchen Sparen dort das Energieproblem gelöst und unangenehmen Entscheidungen, beispielsweise jener für die Kernenergie, ausgewichen werden könnte. Die Minderung des Energieverbrauchs durch einen sparsameren und vernünftigeren Einsatz ist – und hier besteht allgemeine Übereinstimmung – von hoher Dringlichkeit und unabdingbares Gebot jeder verantwortungsbewußten Energiepolitik. Aber es ist unverantwortlich, im Hinblick auf dieses Gebot den notwendigen Ausbau von Anlagen zur Deckung unseres wachsenden Energiebedarfs auf eine Art zu vernachlässigen, die den Eindruck erwecken muß und vielleicht auch soll, als könne möglicherweise allein mit Maßnahmen der Energieeinsparung das Energieproblem der Zukunft überhaupt gelöst werden. Jahrelang drückte sich die Bundesregierung mit dem energiepolitischen Unsinn der irreführenden Forderung »Kohle vor Kernenergie« um eine Entscheidung herum und lenkte vom Kern des Themas ab. Deshalb werden wir eine veränderte Neuauflage dieser Taktik, etwa unter dem Motto »Sparen statt Kernenergie«, nicht zulassen.

Dazu besteht um so weniger Anlaß, als nach ausgiebiger Prüfung und Klärung sich der Diskussionsstand in Sachen Kernenergie längst entscheidungsreif, eher entscheidungsüberreif entwickelt hat – wobei sich in Teilen der Bundesregierung der Sachverstand hinter dem üblichen ideologischen Berg sogar gelegentlich zu Wort melden darf. Die Einwände sind bekannt und widerlegt, die Argumente lassen sich zusammenfassen:

1. Berechnungen des Deutschen Instituts für Wirtschaftsforschung haben für die Mitte der achtziger Jahre eine Lücke in der Stromversorgung der Bundesrepublik Deutschland festgestellt. Langfristig ist, einschließlich des Ersatzes alter Anlagen, ein Zubau in der Größenordnung von rund 50 000 Megawatt erforderlich. Die Deckung dieses Bedarfs nur auf der Grundlage von Steinkohle ist unmöglich, da deren Förderkapazitäten beschränkt sind.

2. Die Nutzung der Kernenergie ist unter Sicherheitsaspekten vertretbar. Weltweit sind zur Zeit etwa 250 Kernreaktoren in Betrieb, weitere 300 befinden sich im Bau beziehungsweise in der Planung. Weltweit sind 1700 Kernreaktorbetriebsjahre zu verzeichnen, in der Bundesrepublik Deutschland kann auf rund 100 Kernreaktorbetriebsjahre zurückgeblickt werden. In dieser gesamten Zeit ist kein Mensch Opfer eines radioaktiven Unfalls durch kerntechnische Anlagen geworden. Nach Angaben der Bundesregierung über Strahlenbelastung und Umweltradioaktivität beträgt der Anteil der durch kerntechnische Anlagen verursachten Strahlenbelastung 1 Millirem – im Vergleich dazu beträgt die gesamte natürliche und künstliche Belastung, die sonst gegeben ist, 170 Millirem. Die Strahlenbelastung im Umfeld von Kernkraftwerken entspricht der Belastung durch ein Fernsehgerät, wie es einfach oder auch mehrfach in nahezu allen Wohnungen zu finden ist. Wie bei jeder technischen Anlage oder Apparatur kann auch bei Kernkraftwerken eine absolute Sicherheit nicht gewährleistet werden. Absolute Sicherheit ist eine Illusion und die Forderung da-

nach gleichbedeutend mit dem Verzicht der Nutzung sämtlicher technischer Errungenschaften. Niemand käme auf den Einfall, um ein alltägliches Beispiel herauszugreifen, Automobile, Flugzeuge oder Eisenbahnen als Verkehrsmittel zu verbieten, obwohl die hierbei auftretenden Unfälle jährlich Zehntausende von Opfern fordern.

3. Kernkraftwerke sind entgegen allem Kampfgeschrei umweltfreundlich. Im Gegensatz dazu ist die Kohle geradezu ein Produzent von Schadstoffen. Der Einbau von hochwertigen und kostspieligen Entschwefelungsanlagen in Kohlekraftwerken kann dieses Problem mindern, aber nicht beseitigen. Hinzu kommen bei Kohlekraftwerken die Kohlendioxydabgabe und deren Folgen für das Klima. Des weiteren beträgt die radioaktive Strahlenbelastung im Umfeld von Kohlekraftwerken ein Mehrfaches der Strahlung im Umfeld von Kernkraftwerken – so steht es in den Strahlenberichten der Bundesregierung. Im übrigen sind die politischen Drahtzieher der Antikernkraftbewegung jedesmal auch zur Stelle, wenn es gegen Kohlekraftwerke zu Felde zu ziehen gilt.

4. Die Stromerzeugung auf Kernkraftbasis ist im Grundlastbereich um rund 3 Pfennig je Kilowatt billiger als in Kraftwerken auf fossiler Basis. Bezieht man die Kosten der Rauchgasentschwefelung bei Kohlekraftwerken mit ein, so steigt diese Kostendifferenz auf 5 Pfennig. In der gesamtwirtschaftlichen Abrechnung geht es dann aber nicht um Pfennige, sondern um Milliardenbeträge. Eine weitere Verteuerung des Strompreises aber hätte schwerwiegende Folgen für die weltweite Konkurrenzfähigkeit unserer stromintensiven Wirtschaft.

5. Beim Bau eines Kernkraftwerkes sind rund 700 Firmen beteiligt, von denen etwa drei Viertel dem mittelständischen Bereich zuzuordnen sind. So würde ein Verzicht auf die friedliche Nutzung der Kernenergie den Verlust zahlreicher Arbeitsplätze mit sich bringen. Das gerade in der deutschen Kerntechnik vorhandene technische Know-how ginge für immer verloren, was auch den Verlust eines wichtigen Exportmarktes nach sich zöge – schon jetzt zeichnet sich hier

ab, daß die deutsche Kernkraftwirtschaft sehr bald empfindlich ins Hintertreffen geraten wird, wenn nicht dem SPD/FDP-Trauerspiel in Sachen Kernenergie ein Ende gemacht wird. Es waren bezeichnenderweise nicht die Unternehmer und auch nicht die Unionsparteien CDU und CSU, es war der Arbeitskreis »Nukleare Chemie« der DGB-Gewerkschaft IG Chemie, der im Herbst 1979 warnend darauf hingewiesen hat, daß im Falle eines weiteren Ausbleibens der Entscheidung über die Zukunft der Kernkraftnutzung in der Bundesrepublik Deutschland mit der Abwanderung hochqualifizierter Arbeitskräfte aus diesem Wirtschaftsbereich zu rechnen ist. Das wäre der Anfang vom Ende einer Branche, in der deutsche Leistungen bisher zur Weltspitze gehörten. Daher ist die Bundesrepublik Deutschland als Nichtkernwaffenstaat durch den Nichtverbreitungsvertrag, den sogenannten Atomsperrvertrag, entgegen allen Zusicherungen der ausländischen und inländischen Vertragseiferer ohnehin schon benachteiligt.

Keine Alternative zur Kernenergie

Zur Kernenergie besteht gegenwärtig keine Alternative. Das sagen wir nicht, weil wir atomsüchtig sind, sondern weil wir Realisten sind und weil Realismus erste Voraussetzung einer verantwortungsbewußten Politik ist. Wir respektieren durchaus die Argumente, die gegen die Kernenergie in einer vernünftigen, sachlichen und rationalen Diskussion vorgebracht und auch dementsprechend in den politischen Meinungsbildungs- und Entscheidungsprozeß eingeführt werden. Aber wir dürfen auch erwarten, daß unsere Überlegungen, die auf einer nüchternen Analyse und im sachlichen Abwägen der technischen Möglichkeiten und auch Risiken der wirtschaftlichen und politischen Notwendigkeiten beruhen, gleichfalls respektiert werden.

Es ist unverantwortlich, daß ausgerechnet jene Vertreter der SPD, von Willy Brandt bis Erhard Eppler, die in einem angemaßten Alleinvertretungsanspruch die politische Moral für sich gepachtet zu haben glauben und die fortwährend von rationaler politischer Auseinandersetzung reden, in eiskalter Berechnung die nach dem Zünden der ersten Atombomben von Hiroshima und Nagasaki verständliche Urangst der Menschen vor dem Atom für ihre parteitaktischen Ziele einsetzen und dabei vor allem auf die besondere moralische Sensibilität und Verführbarkeit der Jugend spekulieren. Es ist verantwortungslos, wenn Helmut Schmidt, Bundeskanzler und stellvertretender SPD-Vorsitzender gleichzeitig, nicht die Kraft und den Willen hat, dieses üble Spiel seiner Partei zu beenden und so zu handeln, wie es seinem Wissensstand, seiner Einsicht und seiner persönlichen Meinung entspricht. Auch der Berliner Parteitag der SPD vom Dezember 1979, der Klarheit über den energiepolitischen Kurs der Sozialisten und damit der von ihnen geführten Bundesregierung bringen sollte, hat diese Klarheit nicht gebracht. Wenn Kernkraftgegner und Kernkraftbefürworter mit ein und demselben Beschluß zufrieden sind, so offenbart dies lediglich das verzweifelte Bemühen, der Öffentlichkeit eine Position vorzutäuschen, in der man gleichzeitig für und gleichzeitig gegen eine Sache sein könne.

Fortschritt für Frieden, Freiheit und Sicherheit

Der Sache unseres Volkes, der Sache unserer Zukunft, der Sache unserer Jugend wird auf solche Weise nicht gedient. Die Bewältigung des technischen Fortschritts, sein angemessener Einsatz, sein Lenken in Bahnen des menschlichen Maßes sind zentrale Herausforderungen an die Politik zu Anfang der achtziger Jahre. Sozialistische Angstmacherei, wurzelnd in reaktionären Denkweisen vergangener Jahrhunderte, ist die schlechtest mögliche Voraussetzung, diese Herausforderung zu bestehen. Aufgabe der politisch Verantwortlichen ist es, Ängste abzubauen, nicht den Bürger durch Agitation, Unsicherheit, Entschlußlosigkeit und Handlungsunfähigkeit in Ängste zu treiben. Der technische Fortschritt – und die friedliche Nutzung der Kernenergie gehört dazu –

ist zu bewältigen. Da die Alternative Stillstand und Rückschritt wäre, muß er bewältigt werden.

Konservative Politik besitzt die Kraft und die Fähigkeit, ein nüchternes und ausgewogenes Verhältnis zum Fortschritt zu finden. Für uns ist wirtschaftlicher und technischer Fortschritt nicht Selbstzweck, sondern Mittel zum Zweck einer Politik des Maßes und der Verantwortung. Recht verstandenen Fortschritt sind wir vor allem der jungen Generation schuldig, damit sie morgen alle Chancen hat, ihr Leben in Freiheit, Frieden und Sicherheit selbstverantwortlich gestalten zu können. Wir haben ein politisches Wertsystem, das in christlicher Verantwortung auf liberalen, sozialen und konservativen Elementen gleichermaßen aufbaut. Deshalb verbreiten wir nicht, wie dies ein materialistischer Sozialismus tut, dumpfe Zukunftsangst. Der Fortschritt ist eine Chance dieser Zukunft.

IX

Europa als Kontinent der Freiheit

Einheit und Spaltung · Verlorener Pioniergeist · Traum der nationalen Souveränität · Entscheidungsschwäche in der Sackgasse · Die Position der CSU · Eine veränderte Weltlage · Fragen europäischer Sicherheit · Das europäisch-amerikanische Verhältnis · Rückbesinnung auf die moralische Kraft · Die Freiheit als Kern

Europa kann in Freiheit nur überleben, wenn seine Völker und Staaten ihre Kräfte und Fähigkeiten vereinen und aus der dadurch entstehenden vielfachen Kraft politischer Geschlossenheit heraus handeln. So ist die Frage nach Europa die Frage nach dem Grundproblem unserer geschichtlichen Existenz, nach dem historischen Auftrag der europäischen Völker, die in abendländischer Kulturtradition, in moderner Zivilisation, in freiheitlichen, in Jahrhunderten erkämpften Formen und in rechtsstaatlicher Ordnung leben wollen. Europa ist für uns ein ebenso langfristig geschichtliches wie Tag für Tag brennend aktuelles Thema – aktuell vor allem immer wieder dann, wenn wir, die Völker des freien Europa, in dramatischer Weise daran erinnert werden, daß es unserem Kontinent auch in bald dreißigjährigem Bemühen nicht gelungen ist, zu einem politischen Zusammenschluß zu finden, der uns mit einer Stimme sprechen läßt, wenn globale Konflikte und Krisen gebieterisch wissen wollen, wie es mit der Rolle Europas steht. Das ohnmächtige und zerrissene Agieren und Taktieren der Länder des freien Europa im einzelnen und der Europäischen Gemeinschaft im allgemeinen anläßlich globaler wirtschaftlicher und politischer Krisen, menschlicher Katastrophen und kriegerischer Verwicklungen zeigt, daß unsere Gegenwart von der notwendigen europäischen Zukunft noch unsagbar weit entfernt ist.

Das Ziel ist bekannt. Wir wollen ein Europa, dessen freiheitliche Ordnung gegen Feinde von innen durch das demokratische Engagement seiner Bürger und die Wachsamkeit der Behörden überzeugend geschützt, dessen äußere Sicherheit durch die militärische Leistungsbereitschaft seiner Mitglieder im Bündnis mit den USA glaubwürdig gewährleistet ist.

Wir wollen ein Europa, das ebenso Entspannung anzubieten vermag, wie es andererseits davor bewahrt bleibt, sich einem ständig wachsenden sowjetischen Druckpotential unterwerfen zu müssen.

Wir wollen ein Europa, das in der Welt jenen Rang einnimmt, den es aufgrund seiner Geschichte und Kultur, seiner wirtschaftlichen Leistungskraft und seiner freiheitlichen Vielfalt beanspruchen darf.

Wir wollen ein Europa, das der Toleranz, der Menschenwürde, der persönlichen Freiheit und Verantwortung, nicht aber der kollektivistischen Vermassung, sozialistischen Einebnung, technokratischen Verplanung oder der bürokratischen Bevormundung verpflichtet ist.

Wir wollen ein Europa, das seiner freiheitssichernden und friedensstiftenden Aufgabe gerecht werden kann.

Um welches Europa geht es? Ohne Zweifel ist der geographische und kulturelle Begriff Europa weiter gespannt als der Rahmen der Staaten, um die es heute bei den Einigungsbemühungen geht. Der Kreis der Völker, die zur europäischen Kultureinheit gehören, zur europäischen zivilisatorischen Tradition, ist größer, und größer ist auch der Kreis jener Völker, die in Freiheit, Menschenwürde und Recht leben wollen. Wir wissen aber auch, daß ein Teil dieser Völker nicht seinem freien Willen Ausdruck geben kann – und das ist eine Tatsache, mit der wir uns, auch gegen die Gefahr jahrzehntelanger Gewöhnung, nicht abfinden dürfen und nicht abfinden werden. Da aber weit über 100 Millionen Europäer nicht in Selbstbestimmungsrecht und persönlicher Freiheit ihr Dasein gestalten dürfen, ist es um so wichtiger für jene, denen nationales Selbstbestimmungsrecht und persönliche Freiheit nach dem Zweiten Weltkrieg erhalten oder wiederhergestellt worden sind, ihre historische Stunde zu erkennen und ihre geschichtlichen Pflichten und Rechte wahrzunehmen, bevor es auch für sie zu spät ist.

Das Europa unserer Schulbücher mit der klassischen Ostgrenze am Ural gibt es nicht mehr. Zwar gehört die UdSSR mit ihrem kleineren, politisch und wirtschaftlich jedoch weitaus bedeutenderen Teil zu Europa, aber das europäische und das ungeheuer große asiatische Gebiet der Sowjetunion sind zusammengewachsen. Im Westen hat sich das Europa der Neun durchgesetzt, das sich zum Europa der Zwölf zu erweitern im Begriffe ist. Die Verhandlungen mit Griechenland, Spanien und Portugal, die der Europäischen Gemeinschaft beitreten werden, sind schon weit vorangeschritten. Auf der anderen Seite der unseligen Demarkationslinie besteht das Mittelosteuropa des Comecon, des Rats für Gegenseitige Wirtschaftshilfe, dem alle kommunistisch beherrschten Länder mit Ausnahme Jugoslawiens und Albaniens angehören. Hinzu kommen die verschiedenen neutralen Länder: die Schweiz, Österreich, Schweden und Finnland. Norwegen gehört zwar zur NATO, ist aber der Europäischen Gemeinschaft durch Volksentscheid ferngeblieben.

Einheit und Spaltung

Auf europäischem Boden bestehen zu beiden Seiten der durch Gewalt geschaffenen und durch Diktatur aufrechterhaltenen Demarkationslinie zwei verschiedene Gesellschaftssysteme, die man schlechterdings mit Freiheit im westlichen und mit Unfreiheit im östlichen Lager Europas gleichsetzen darf. Das Bündnis der atlantischen Gemeinschaft im Westen und das Zwangsbündnis des Warschauer Paktes stehen sich auf europäischem Boden mit Riesenarmeen und Tausenden von nuklearen Sprengkörpern gegenüber: Ist Europa dazu bestimmt, als Verschiebebahnhof der machtpolitischen Interessen der beiden Großmächte zu dienen, als militärischer Brückenkopf im Westen, als Anhängsel des eurasiatischen Sowjetkolosses im Osten?

Indessen darf uns dieser seit nunmehr 30 Jahren so drohend sichtbar gewordene Gegensatz zwischen Freiheit und Kollektiv nicht darüber hinwegtäuschen, daß es durch die Jahrtausende hindurch eine kulturelle Einheit Europas im Gegensatz zu reicher Vielfalt gegeben hat – und auch heute noch gibt. Europa ist gewachsen aus der griechischen Kultur, der hellenistisch-römischen Zivilisation und der christlichen Religiosität. Es ist lebendig geworden und geblieben in den großen schöpferischen Leistungen der Romanen, Germanen und Slawen. Dies aber bedeutet, daß auch das Deutschland jenseits der Elbe, Polen, die Tschechoslowakei, daß Ungarn, Rumänien, Bulgarien genauso zu Europa gehören wie Frankreich, Italien, die Bundesrepublik Deutschland und die anderen Länder westlich des Eisernen Vorhanges. Über dem Gegeneinander der gesellschaftlichen Systeme ist das Zueinander der kulturellen Verbindungen nicht zu übersehen.

Aber die Geschichte Europas ist auch eine Geschichte der Kriege, bis hin zu den beiden großen europäischen Bürgerkriegen, die zwischen 1914 und 1945, in 30 Jahren also, Europa von der stolzen Höhe seiner politisch-wirtschaftlich-militärisch-kulturellen Machtstellung in die Ohnmacht gestürzt haben. Auf den Schlachtfeldern und im Bombenhagel der beiden großen Kriege versank das alte Europa. Sein Ende schien gekommen, als sich im April 1945 die Soldaten der beiden Großmächte USA und UdSSR – nicht europäisch die eine, weniger als halbeuropäisch die andere – bei Torgau an der Elbe die Hand reichten.

Späte Einsicht amerikanischer und frühe Besinnung europäischer Politiker halfen den Sturz in das Nichts abfangen. Christliche Demokraten und konservative Politiker traten unmittelbar nach der größten Katastrophe der deutschen und europäischen Geschichte in Wort und Tat für die Idee eines geeinten Europa ein: Alcide de Gasperi, Robert Schuman, Konrad Adenauer und Winston Churchill. Sie fanden in der Stunde Null den bemerkenswerten Mut, über Schmerz, Haß, Leidenschaft und Trümmer hinweg aufeinander zuzugehen und das zu tun, was geschichtlich geboten, was im wahrsten Sinne des Wortes »not-wendig« war. Wie zwei mahnende Erzengel standen am Eingang zur europäischen Zusammenarbeit zwei Sätze:

Die Mahnung zum Frieden: nie wieder Krieg!

Und die Mahnung zur Freiheit: nie wieder Knechtschaft!

Wenn heute von Europa geredet wird, geht es zunächst um den europäischen Kern, um die Länder der Europäischen Gemeinschaft und um jene Länder, die bereit sind, sich dieser Gemeinschaft im Zuge eines weiteren geschichtlichen Prozesses anzuschließen. Ein bilanzierender Rückblick zu Anfang des vorletzten Jahrzehnts unseres Jahrhunderts vermag dabei nicht optimistisch zu stimmen. Vergleicht man nämlich die europäische Stimmungslage der Gegenwart mit jener von vor 20, 30 Jahren, so ist nicht nur kein Fortschritt, sondern ein offenkundiger Rückschritt zu verzeichnen. Der europäische Schwung des ersten Nachkriegsjahrzehnts, der dann ja auch folgerichtig zur Gründung der verschiedenen europäischen Gemeinschaften in den Römischen Verträgen geführt hat, ist längst erlahmt, ist der Ernüchterung, leider zum Teil auch der Resignation gewichen. Gerade die Jugend, die in den Jahren nach Kriegsende aus eigener leidvoller Erfahrung heraus treibende ideelle Kraft der europäischen Einigungsbemühungen war, hat weitgehend aufgegeben. Nicht nur viele unserer jungen Mitbürger haben Europa und seine Einigung als abgedroschenes Thema zahlloser Sonntagsreden satt.

Es gehört zu den auffälligen europäischen Widersprüchen, daß Europa zu einer Zeit, in der unser Kontinent noch aus tausend Wunden blutete, in Rauch aufgegangen war, in Trümmern und Asche lag, sich die Frage zu stellen hatte, ob die geschichtliche Stunde Europas nicht überhaupt abgelaufen sei – daß zu dieser Zeit der Gedanke von der Notwendigkeit einer umfassenden europäischen Einigung Millionen Menschen zu faszinieren wußte, während Jahrzehnte später, in einer Zeit allgemeinen wirtschaftlichen Wohlergehens und mit der Möglichkeit des Rückblicks auf jahrelange europäische Integrationspraxis, die europäische Idee nur noch geringe Faszination auszustrahlen scheint.

Verlorener Pioniergeist

Der europäische Pioniergeist unter den Staatsmännern und Politikern unseres Kontinents scheint erloschen, er hat geschäftiger Routine Platz gemacht. Namen von der europäischen Qualität eines Alcide de Gasperi, eines Robert Schuman, eines Konrad Adenauer sind rar geworden. Der historische Aufbruch nach Europa, von Winston Churchill in seiner berühmt gewordenen Züricher Rede vom 19. September 1946 – in der er, leider bei andauernder Abseitshaltung seines eigenen Landes, die Vereinigten Staaten von Europa forderte – dramatisch signalisiert, hat sich im europäischen Alltagskampf um Präferenzen und Prozente, um Zahlen und Zölle festgefahren.

Trotzdem und dennoch: Europäischer Stillstand und Rückschritt an zahlreichen Punkten darf nicht übersehen lassen, daß mit der Gründung der Montanunion, der Europäischen Gemeinschaft für Kohle und Stahl, mit der Gründung von Euratom, der Europäischen Atomgemeinschaft, und mit der Gründung der EWG, der Europäischen Wirtschaftsgemeinschaft, Westeuropa Formen einer wirtschaftlichen Zusammenarbeit entwickelt hat, die stolze Erfolge gezeitigt haben. Ohne die Gründung der drei Gemeinschaften, die dann zu einer Einheit, der EG, der Europäischen Gemeinschaft, zusammengeführt wurden, wäre der Anstieg des Sozialprodukts, die allgemeine Besserung der Lebensverhältnisse, wäre vor allem die ungeheure Ausdehnung des wirtschaftlichen Austausches zwischen den sechs Gründungsstaaten, später den neun Mitgliedsländern, nicht möglich gewesen.

Nicht zuletzt die Europäische Gemeinschaft war es, die zu einem wirtschaftlichen Wohlstand geführt hat, der noch eine Generation vorher für unmöglich gehalten wurde und der ohne diesen Zusammenschluß nicht zu erreichen gewesen wäre. Bester Beweis für den wirtschaftlichen Erfolg der Gemeinschaft ist die Tatsache, daß der einst unter englischer Führung unternommene Versuch einer Gegengründung in Form der EFTA (European Free Trade Association), der Europäischen Freihandelszone, kläglich scheiterte, weil er der wirtschaftlichen Attraktivität der Brüsseler Gemeinschaft kein erfolgreiches Kontrastprogramm entgegenzusetzen hatte. Die EFTA-Mitglieder – vor allem der Initiator England – haben sich in einem langen Entscheidungsprozeß inzwischen teilweise der EG als Vollmitglieder angeschlossen, teilweise in Assoziations- und anderen Sondervereinbarungen Regelungen gesucht, die sie ebenfalls am wirtschaftlichen Erfolg der EG teilhaben lassen. Dänemark, Irland und Großbritannien sind gleichberechtigte Mitglieder der Gemeinschaft geworden.

Der mühselige europäische Integrationsprozeß war sicher nicht erfolglos. Man kann dies vor allem daran ablesen, daß sich alle Länder der Erde, alle Wirtschaftsbündnisse und Zusammenschlüsse bemühen, mit der Europäischen Gemeinschaft in optimale Wirtschaftsbeziehungen zu treten. Vor allem gilt dies auch für die Entwicklungsländer, für die sogenannte Dritte Welt, die sich alle um bevorzugte Wirtschaftsbeziehungen zur Gemeinschaft sorgen. Dazu kommt mit besonderen Vorstellungen und Interessen die Volksrepublik China. Dabei stößt die Vorstellung der Dritten Welt, bei den Mitgliedern der EG handle es sich um unbegrenzt leistungsfähige Länder, von denen alles verlangt werden könne, hart auf die Tatsache, daß auch Europa selbst mit einer Reihe großer wirtschaftlicher Schwierigkeiten – siehe das Existenzproblem Energieversorgung! – fertig werden muß.

Trotz allen Bremsens und trotz aller Rückschläge wurden wichtige Etappenziele der Gemeinschaft erreicht. Die Zollunion funktioniert, der Gemeinsame Markt ist zu einem großen Teil realisiert, nicht nur im Agrarbereich, obwohl gerade die hier jährlich wiederkehrenden Mißlichkeiten im Streiten und Feilschen um Kontingente und Prozente in ihrer Negativwirkung auf eine europa-müde gewordene Öffentlichkeit nicht ernst genug genommen werden können. Dennoch, mit Ächzen und Stöhnen vegetiert der gemeinsame Agrarmarkt, der sich allerdings durch seine Milliardenkosten von dem, was einst als großer und gemeinschaftlicher Markt konzipiert worden war, ein gewaltiges Stück entfernt hat.

Europa in seiner Gemeinschaft steht auch deshalb an einem Punkt tiefer Resignation, weil das Ausmaß bürokratischer europäischer Aktivitäten in auffälligem Gegensatz zur politischen Leistungskraft der Gemeinschaft steht. Mit Zehntausenden von Verordnungen und Entscheidungen ist inzwischen in Brüssel, Luxemburg und Straßburg ein verwaltungsmäßiger Sättigungsgrad erreicht worden, der sich zu verselbständigen droht und der nur durch echte europäische Autorität – und damit echten Verzicht auf nationale Souveränität der einzelnen Mitgliedstaaten – unter Kontrolle gebracht werden kann.

Das seit dem Sommer des Jahres 1979 amtierende erste direkt gewählte europäische Parlament hat hier noch schwerste Aufgaben vor sich. Die Feststellung nämlich, daß in den letzten Jahren in Brüssel eine fast rücksichtslose Renationalisierung der Gemeinschaft zu beobachten ist, stellt keine Schwarzmalerei dar.

Traum der nationalen Souveränität

Dabei zeigen gerade die letzten Jahre, daß die nationale Souveränität, an die sich auch die Mitgliedsländer der EG so hartnäckig klammern, in Wirklichkeit längst zu einer Scheinsouveränität geworden ist. Weder gibt es eine ausschließlich nationale Konjunktur- und Wirtschaftspolitik, die nicht massiv von internationalen Faktoren beeinflußt wird, noch ist eine selbständige Währungspolitik ohne internationale Vereinbarungen möglich. Und wo gibt es noch eine nationale Verteidigungs- oder Außenpolitik? Auch gesellschaftspolitische Umwälzungen lassen sich nicht mehr in nationalen Kategorien sehen und werten. Studentenunruhen in Paris lösen Aufruhr in Rom, Athen oder Berlin aus. Gewerkschaftliche Forderungen bleiben nicht auf den nationalen Rahmen beschränkt. Fragen des Wettbewerbs zwingen über Staatsgrenzen hinweg zum Ausgleich. Überhaupt ist zu fragen, ob demokratische Staaten nicht auch deshalb immer schwieriger zu regieren sind, weil viele der anstehenden Probleme längst den einzelstaatlichen Rahmen gesprengt haben.

Ist der Nationalstaat deshalb nicht mehr führungsfähig, weil er zu klein geworden ist? Im Bereich der Forschung und Energieversorgung, der Industrie- und Handelspolitik ist der Spielraum der nationalen Souveränität längst ausgeschöpft. Die großen und lebensentscheidenden Aufgaben, die vor uns Europäern stehen, sind auf nationaler Ebene nicht mehr zu lösen. Verschärfter wirtschaftlicher Wettbewerb, der Zwang zu sparsamstem Umgang mit Rohstoffen, die Notwendigkeit langfristiger Energiesicherung, eine neue Ökologie- und Umweltpolitik, eine funktionierende Außenpolitik, eine wirksame Sicherheitspolitik – Stichworte aus einem Katalog, dessen Aufgaben nur gemeinschaftlich zu lösen sind. Auch die Regierungen der Mitgliedsländer der Europäischen Gemeinschaft wissen, daß es keine nationale Souveränität klassischer Art mehr gibt, machen ihren Völkern aber zum Teil unverdrossen vor, daß diese uneingeschränkte Souveränität noch bestehe. Daß die europäische Einigung bei solcher Denkweise zum Stillstand kommen muß, darf dann nicht überraschen.

Eine jahrelang, ja jahrzehntelang gehegte Hoffnung muß endgültig zu Grabe getragen werden: Die Erwartung, der wirtschaftliche Zusammenschluß werde mit der sicheren Gewißheit einer funktionierenden Automatik auch zur großen und entscheidenden politischen Gemeinschaft führen, hat sich nicht erfüllt. Die Krisen, von denen die Gemeinschaft immer wieder geschüttelt wird, zeigen im Gegenteil, daß Schwierigkeiten beim wirtschaftlichen Ausbau der Gemeinschaft, geboren aus nationalen Egoismen, unversehens zu einer Störung schon der »normalen«, geschweige denn der integrierten politischen Zusammenarbeit führen. Das bittere Wort vom »Europa der Krämer« geht um. Der europäische Wille, endlich zu einem Kontinent zu werden, der in allen entscheidenden Fragen seiner Existenz mit einer Stimme spricht, liegt tief vergraben unter einem – wahlweise – Berg aus Butter oder Rindfleisch, Magermilchpulver oder Schweinen.

Europa ist in eine Sackgasse geraten, ihm droht der Verlust seiner einmaligen geschichtlichen Identität. Das Versinken in die Hilflosigkeit und Entscheidungsschwäche eines verkrusteten und überholten nationalstaatlichen Denkens und Handelns und sein Unvermögen, seine europäische Aufgabe zu erkennen, werden unseren Erdteil, wenn nicht schneller Wandel kommt, seinen Wettlauf mit der eigenen Zukunft verlieren lassen. Dies vor allem deshalb, weil dem Zögern und Zaudern im freien Teil Europas ein eiserner und zentral gesteuerter politischer Wille im kommunistisch beherrschten Teil des Kontinents gegenübersteht, der stets darauf bedacht ist, seinen Herrschafts- und Einflußbereich auszuweiten.

In der Zeit, als Weltgeschichte Europageschichte zu sein schien, vom 18. bis zum 20. Jahrhundert, war das Strukturprinzip Europas das System der klassischen Nationalstaaten, 1815 ausgedrückt in der Heiligen Allianz, nach dem Krimkrieg im System der Pentarchie, der Herrschaft der fünf Staaten England, Frankreich, Österreich-Ungarn, Rußland und Preußen, ab 1871 statt Preußen das Deutsche Reich. Nach dem Ende des Ersten Weltkrieges begriffen, nicht ohne Schuld der unter einem philosophisch-illusionären Präsidenten leidenden Vereinigten Staaten von Amerika, die Europäer nicht, daß ihre Identität mit der Weltpolitik zu Ende war. Nach dem Zweiten Weltkrieg mußten sie diesen Zustand zur Kenntnis nehmen, aber es fiel ihnen schwer, die Schlußfolgerungen aus der Tatsache des besiegelten Verlustes ihrer Zentralrolle in der Weltpolitik zu ziehen, nämlich nunmehr zwischen den beiden großen Weltmächten des Vertrages von Jalta, den Vereinigten Staaten von Amerika und der Sowjetunion, den Zusammenschluß zu vollziehen, den sie in der Blüte ihrer Macht nicht glaubten nötig zu haben.

Europa ist auch heute noch ein wichtiger Faktor der Weltpolitik, wahrscheinlich das entscheidende Stück Potential, das den Ausschlag gibt zwischen den USA und der Sowjetunion. Es ist aber weniger Subjekt der Weltpolitik als Objekt. Europa muß gerade heute mehr denn je zu lernen imstande sein, was seine geschichtliche Aufgabe neuer Art ist, wenn es an seine drei Vorfelder aus europäischer Sicht denkt, an das eurasiatische, an das mittelmeerisch-afrikanische, an das atlantische.

So tritt Europa zwar wirtschaftlich als ein Riese auf, politisch aber ist es nach wie vor eher ein Zwerg. In der multipolaren Welt spricht Europa nicht mit einer Stimme, und wenn internationale Krisenprobleme zu lösen sind, fehlt allzu oft sein Gewicht völlig. Kaum spürbar ist das partnerschaftliche Ausgleichsgewicht Europas zu den Unausgewogenheiten der Vereinigten Staaten von Amerika, kaum spürbar auch Europas Beitrag zu einem partnerschaftlichen Krisenmanagement. Je mehr Staaten der Europäischen Gemeinschaft beitreten, um so schwieriger wird es, das Gewicht Europas im Sinne einer abgestimmten Außen- und einer gemeinschaftlichen Sicherheitspolitik in die weltpolitische Auseinandersetzung einzubringen. Nur optimistische Träumer erwarten, daß sich die Europäische Gemeinschaft in absehbarer Zeit zu einem europäischen Bundesstaat entwickeln wird, mit zentralen Entscheidungsinstanzen für Außen-, Verteidigungs- und Konjunkturpolitik. Wir müssen uns dies eingestehen, ohne das Fernziel aus den Augen zu verlieren und ohne aufzuhören, dafür mit aller Kraft zu arbeiten.

Großbritannien, Frankreich und einige Länder, die sich um den Beitritt in die EG bewerben, zeigen keine Neigung, ihre nationale Identität auf außen-, verteidigungs- und konjunkturpolitischem Gebiet aufzugeben. Auch heute noch gibt es die typisch britische Interessenlinie von Gibraltar bis Singapur, zwar nicht mehr als eine durchgehende Kette des Engagements, wohl aber als eine virtuelle Linie. Frankreich denkt noch immer in den Kategorien seiner großen nationalen Vergangenheit, aber auch in den Kategorien einer großen nationalen Zukunft, und dies auch im Hinblick auf seine afrikanischen Bindungen.

So bestimmen nationalstaatliche Alleingänge die politische Wirklichkeit Europas. Mit dem Phänomen China und mit den dramatischen Vorgängen im Nahen und Mittleren

Osten gemeinsam fertig zu werden, gelingt Europa nicht einmal in der politischen Analyse, geschweige denn in politischem Handeln. Immer noch werden die ausgetretenen und überholten Pfade nationaler Politik gegangen, obwohl die politischen Dimensionen ganz andere geworden sind als jene früherer Jahrzehnte oder Jahrhunderte.

Auch in der weltpolitischen Krise nach dem Einmarsch der Sowjetunion in Afghanistan zeigt sich dieses »désarroi européen«. Ein Teil Europas, zum Beispiel Großbritannien, betont nahtlose Solidarität mit den USA, ein anderer Teil, zum Beispiel Frankreich und die Bundesrepublik Deutschland unter einer SPD/FDP-Bundesregierung, zeigen nur eine differenzierte und modifizierte Solidarität mit den USA, eine Ja-aber-Haltung, und drohen an, auf den – jeweils? – nächsten Schlag der Sowjetunion zu reagieren, der Rest meldet sich polyglott.

Die Position der CSU

Das Europäische Parlament, das auf fünf Jahre gewählt ist, wird bis 1984 keine wesentlich anderen Zuständigkeiten haben als das im allgemeinen wenig beachtete Europäische Parlament, dessen Mitglieder von den jeweiligen Nationalparlamenten entsandt wurden. Dennoch hat mit der Europawahl des Jahres 1979 ein neues Kapitel europäischer Geschichte begonnen. Denn das neue Europäische Parlament wird danach trachten, über ein »Soll«-Parlament hinauszuwachsen, die geistvolle Ohnmacht einer europäischen »Paulskirchen-Versammlung« zu überwinden. Daß bei dieser Wahl der Traum von der sozialistischen Mehrheit nicht in Erfüllung ging, ist ein weiterer Beweis, daß freiheitliche, antikollektivistische Politik bei mutvollem Handeln der freiheitlichen Kräfte ihre Chance hat.

Die CSU, als eine von Anfang überzeugt europäische Partei, als große, freiheitliche Volkspartei, verwurzelt in allen Regionen Bayerns, getragen von allen sozialen Schichten mit Verantwortung für ganz Deutschland und ganz Europa, muß und will hierzu ihren Beitrag leisten, die Tapferkeit zur aktiven Friedenspolitik mit dem Mut zur Freiheit verbinden. Denn Frieden ohne Freiheit wäre Kirchhofsruhe. Freiheit ohne Frieden jedoch angstvoller Wartezustand. Diesen Mut haben wir stets gehabt, wir haben uns niemals gescheut, klar zu sagen, worum es in den letzten Jahrzehnten unseres Jahrhunderts geht: nämlich um die grundlegende Auseinandersetzung zwischen freiheitlicher Ordnung und Kollektivismus. Die CSU steht in der großen christlich-demokratischen und christlich-sozialen Tradition Europas, also in jener geistigen und politischen Bewegung unseres Kontinents, die seit Beginn des modernen Parteienwesens in Europa Politik aus der Verantwortung des Christenmenschen geführt hat. Dies heißt nicht aus ängstlicher Kirchenabhängigkeit, aus einengendem Konfessionalismus, sondern aus dem Wissen heraus, daß zur Freiheit eines Christenmenschen untrennbar seine Gewissensbindung gehört. Zu dieser Bindung bekennen wir uns, und deshalb haben wir den Mut zur Freiheit.

Wir sind konservativ, ohne in reaktionäre Fortschrittsfeindlichkeit zu verfallen. Weil wir wissen, woher wir kommen, wissen wir auch, wohin wir gehen! Und diese Sicherheit wollen wir all jenen geben, die heute noch ängstlich in die Zukunft blicken. Der moderne Konservative hängt nicht rückwärtsschauend an allem, was einmal war, sondern er weiß, daß er nur an der Spitze des Fortschritts marschieren kann, wenn er aus dem heraus lebt, was immer gültig ist.

Wir sind liberal, wir bejahen die Errungenschaften der europäischen Freiheitsbewegungen, ohne in Bindungslosigkeit zu verfallen. Mit dem verstaubten, doktrinären Antiklerikalismus des 19. Jahrhunderts, der immer noch umhergeistert und zwischen den Konfessionen Unfrieden stiften will, hat unser Begriff von Liberalität nichts zu tun, auch nichts mit jenem wertordnungsfreien Liberalismus, der als Hilfsmotor sozialistischer Gesellschaftsveränderung mißbraucht werden kann. Deshalb können wir sozial handeln, ohne einem lebensfremden Gerechtigkeits-Scheinmoralismus zu verfallen, ohne Ideologiebesessenheit und ohne den Wahn totaler Gleichheit und Gleichmacherei.

Deshalb können wir auf der Grundlage eines geläuterten Nationalgefühls in der Treue zu unserem Volk und seiner Geschichte handeln. Deshalb können wir eine wirklichkeitsbezogene Europa-Politik betreiben, frei von schwärmerischem Überschwang, ohne liebedienerische Demut, ohne masochistische Vergangenheitsbewältigung, ohne flagellantistische Würdelosigkeit, wohl aber fähig zur Anerkennung der psychologischen und sozialen Realitäten bei unseren europäischen Partnern auf der Grundlage der Gleichheit und Gegenseitigkeit.

Heute geht es nicht mehr so sehr darum, zwischen Völkern und Staaten Mißtrauen abzubauen, als vielmehr um folgende Ziele:

1. Europa in seinem Selbstbehauptungswillen zu stärken,
2. Europas Versorgung mit lebenswichtigen Rohstoffen und Energie in ausreichender Menge und zu bezahlbaren Preisen zu sichern,
3. Europa zum führenden Kontinent der wissenschaftlich-technischen Entwicklung und damit zum unersetzlichen Techniklieferanten, zur wissenschaftlich-technischen Denkschmiede zu machen,
4. Europa seinen Platz in der Weltpolitik zwischen den bestehenden und entstehenden Machtblöcken zu sichern und so ihm die Chance zu geben, sein materielles und geistiges Erbe zu bewahren.

Europa wird stark und innerhalb der gebotenen Grenzen unabhängig sein, wenn es seine Einheit in der Freiheit findet. CDU und CSU, die christlichen Demokraten, die Christlich-Sozialen und die Konservativen in Europa leiteten eine Politik der gemeinsamen Verantwortung für das Schicksal unseres Kontinents ein, zunächst gegen den erbitterten Widerstand der deutschen Sozialdemokraten, deren Haltung sich zwischen nationalistischem Trotz und gesamtdeutschen Neutralitätsphantasien bis hin zum Deutschlandplan mit dem Konföderationsangebot an den kommunistischen Teil Deutschlands bewegte.

1960 schrieb der sozialdemokratische Pressedienst anläßlich des 84. Geburtstages von Konrad Adenauer: »Adenauer gehörte zu den Architekten einer Politik, für die es keine Zukunft gibt.« Heute will sich die SPD als die Erbin Adenauerscher Politik in das Bewußtsein der Bundesbürger einschleichen. Aber gegen den Widerstand der SPD vollzogen CDU und CSU unter Adenauer den Durchbruch nach Europa.

Jetzt will sich die SPD zum Herold der Europa-Bewegung machen. Aber welches Europa will der Sozialismus? Ein sozialistisches, dessen Zukunft mehr an der Seite der Sowjetunion wäre als an der der USA – dies geht allein aus dem fatalen Verhalten der SPD hervor, die trotz eines für Europa lebensgefährlich verschobenen militärischen Gleichgewichts zugunsten des Warschauer Paktes dem atlantischen Bündnis notwendige Nachrüstungen am liebsten verweigern würde. Aus wahltaktischen Gründen, unter dem Druck der politischen Wirklichkeit erst hat sich die SPD zur Marktwirtschaft und zur NATO bekannt. Aber ihr Bekenntnis ergab sich nicht aus eigener Überlegung und freier Entscheidung, sondern aus Nützlichkeitserwägungen und dem Zwang zur Anpassung. Heute versucht sie, über Europa die gleichen politischen Ziele zu erreichen, die sie in der Bundesrepublik Deutschland wegen des Widerstands der CDU/CSU nicht erreichen kann. In sozialistischer Kampfgemeinschaft mit ihren europäischen Bruderparteien entdeckte die SPD Europa und die Europapolitik als ein Werkzeug zur Einführung des Sozialismus über den Nebeneingang.

Eine veränderte Weltlage

Europa steht heute vor vier großen Herausforderungen:
- vor einer macht- und sicherheitspolitischen Bedrohung,
- vor weltwirtschaftlichen Verzerrungen,
- vor innereuropäischen Fehlentwicklungen und
- vor ideologischen Verformungen.

Die europäischen Völker treten in den entscheidendsten Abschnitt ihrer Nachkriegsgeschichte ein. Sie stehen vor der

Grundentscheidung in der geistesgeschichtlichen Auseinandersetzung des letzten Fünftels des 20. Jahrhunderts, vor der Entscheidung zwischen Freiheit oder Kollektiv. Globale Konflikte und regionale Krisen fordern von den Völkern des freien Europa endlich eine gemeinsame Außenpolitik. Nach 30 Jahren ist es Europa noch immer nicht gelungen, zu einer Form des politischen Zusammenschlusses zu kommen, der diesen Kontinent zu einem gewichtigen Faktor im Spiel der Weltpolitik macht. Nur wenn nationalstaatliche Enge und nationalistische Denk- und Verhaltensweisen überwunden werden, hat Europa die Chance, in Freiheit zu überleben, das Selbstbestimmungsrecht über sein geschichtliches Schicksal zu behalten und ein angemessenes Mitbestimmungsrecht in der Weltpolitik wiederzuerlangen. Es ist den Europäern nur bei einem bewußten Verzicht auf ihre politische Gesamtverantwortung erlaubt, in Ohnmacht und Untätigkeit von Logenplätzen aus auf die Bühne der Weltpolitik zu blicken.

Manchmal habe ich den Eindruck, als hätten viele europäische Politiker immer noch nicht begriffen, daß sich in den letzten Jahren die weltpolitischen Koordinaten verschoben, daß sich ein neues Kräftesystem entwickelt hat. Seit der Aufnahme diplomatischer Beziehungen zwischen Washington und Peking gehört die bipolare Welt von Jalta der Vergangenheit an. China kann aus den weltpolitischen Kräftekonstellationen der Zukunft nicht mehr weggedacht werden, besonders seit dem Friedens- und Freundschaftsvertrag mit Japan und seit der Aufnahme voller diplomatischer Beziehungen mit den USA und mit der Europäischen Gemeinschaft. Deshalb darf auch die deutsche Ostpolitik nicht an der Moskwa enden – selbstverständlich nicht im Sinne eines Militärbündnisses oder einer gemeinsamen Front mit China gegen die Sowjetunion. Europa ist verpflichtet, die in der Welt bestehenden und sich entwickelnden Machtfaktoren richtig zu beurteilen. Dies gilt nicht nur für den militärischen Bereich. Fast eine Milliarde Chinesen, fleißige, genügsame und intelligente Menschen mit einer jahrtausendealten Kultur, werden als Erzeuger und Verbraucher das Bild dieser Welt in heute noch nicht vorstellbarer Weise verändern. Schon heute geben uns ja die technisch-industriellen Leistungen ostasiatischer Völker einen Vorgeschmack davon, welche wirtschaftliche Herausforderung auf uns zukommt.

Moskau reagiert seit Jahren mit großer Nervosität auf Chinas weltpolitischen Auftritt. Die beschwörenden Warnungen des Kreml an die westliche Welt, doch ja Rüstungspotential und -wirtschaft Westeuropas und der USA und auch das Wissen hierum nicht der Volksrepublik China zur Verfügung zu stellen, zeigen die Verwirrung, die durch die Öffnung Chinas in der Sowjetunion gestiftet wurde. Die traditionelle Einkreisungsfurcht der Sowjets und ihre Sorge um die menschenarmen, aber rohstoffreichen asiatischen Teile der UdSSR können nicht ohne Auswirkung auf die sowjetische Weltpolitik bleiben. Gelänge es ihr, Westeuropa in ihren Einflußbereich einzubeziehen und dessen Industriepotential für sich nutzbar zu machen, dann wäre sie allerdings in der Lage, ihre Kräfte auf die Sicherung ihrer asiatischen Grenzen offensiv zu konzentrieren.

Dieses Ziel, sich Westeuropa dienstbar zu machen, verfolgt die Sowjetunion auf verschiedenen Ebenen: durch kommunistische Unterwanderungen und Volksfrontbewegungen im Westen, durch Unterdrückung der Menschenrechtsbewegung und der Dissidenten im eigenen Lager, durch eine Expansionsstrategie entlang dem Krisengürtel Afghanistan, Mittlerer Osten, Indischer Ozean, Afrika.

Aber nicht nur Chinas neue Rolle führte zu einem anderen Akzent in der sowjetischen Politik gegenüber Westeuropa. Die Schwäche und die Illusion eines deutschen Bundeskanzlers – Willy Brandt glaubte, auf dem Wege einseitiger Zugeständnisse an den Kreml später Gegenforderungen einlösen zu können – und seine in Oreanda gezeigte fatale Bereitschaft zur Annäherung an eine sozialistische Gesellschaftsordnung führte zu einer Änderung der Strategie und Taktik Moskaus gegenüber Europa. Dort gab Brandt offensichtlich die Zusage, die Kommunistische Partei in der Bundesrepublik Deutschland unbehelligt zu lassen. Dies mußte für

Breschnew Signalwirkung haben – Moskaus Politik, vordem darauf ausgerichtet, den europäischen Einigungsprozeß mit allen Mitteln zu verhindern, versucht seit diesem Zeitpunkt, diesen Prozeß Zug um Zug zu unterlaufen, eine Verbindung zwischen Europäischer Gemeinschaft und dem von Moskau gesteuerten »Rat für Gegenseitige Wirtschaftshilfe« (Comecon) herzustellen, ein machtpolitisches Vakuum in Europa zu schaffen und so langfristig die Hegemonie Moskaus zu sichern. Am Ende einer solchen Entwicklung müßte dann die Breschnew-Doktrin für ganz Europa stehen, der bisher schon weite Teile Mittel-, Ost- und Südosteuropas unterworfen sind und die mit massiver militärischer Macht auch auf Afghanistan angewendet worden ist. Wie hartnäckig Moskau an einmal festgelegten strategischen Konzeptionen festhält, zeigten der Einfallsreichtum und Eifer, mit dem es die KSZE, die »Konferenz über Sicherheit und Zusammenarbeit in Europa«, erfunden, zustande gebracht und geführt hat.

Fragen europäischer Sicherheit

Die Gefahr eines militärischen Abenteuers in Mitteleuropa ist vergleichsweise gering. Um so größer ist die Gefahr, daß durch das sowjetische Druckpotential in Gestalt einer übermächtigen Rüstung Europa gelähmt und seiner politischen Handlungsfähigkeit beraubt wird. Dieser sowjetischen Strategie gilt es entgegenzutreten, ihre Gesetze zu verstehen, ohne sich ihnen zu unterwerfen, die hektische Politik kurzatmiger Reaktionen durch eine langfristige Strategie zu ersetzen. Es ist vielleicht die entscheidendste Schwäche des Westens, daß er sich bisher außerstande gezeigt hat, diese langfristigen Strategien in der Abwehr des sowjetischen Druckpotentials zu entwickeln.

Vor allem sollte uns bewußt bleiben: Wirkliche Entspannung kann nur weltweit sein und nicht durch Vorleistung und den Verzicht auf militärisches Gleichgewicht erreicht werden. Hier ist dann auch die deutsche Frage in die europäische Frage eingebettet. Die Einheit und Freiheit der deutschen Nation sind für uns kein Verhandlungsgegenstand, sondern unverzichtbare Selbstverständlichkeit. Andererseits müssen wir Deutsche bereit sein – und wir sind dazu bereit –, der Sowjetunion die Garantie zu geben, daß von deutschem Boden aus niemals wieder ein Krieg gegen die Sowjetunion oder überhaupt gegen einen europäischen Nachbarn begonnen wird. Entspannungspolitik und Zusammenarbeit mit der Sowjetunion werden von der Politik, für die ich Verantwortung trage, aber nicht erkauft mit dem Schweigen zu den Menschenrechtsverletzungen in der DDR und an der deutsch-deutschen Grenze, mit dem Schweigen zur offensiven Aufrüstung der Sowjetunion und der Behauptung, diese diene ausschließlich defensiven Zwecken, oder mit dem Schweigen zur kommunistischen Infiltration, Subversion und Agitation in vielen Teilen der Welt und in der Bundesrepublik Deutschland, mit dem Schweigen zur ausholenden Globalstrategie der Sowjetunion.

Ich warne vor einem Denken, das im Westen sich schon vor über einem Jahrzehnt da oder dort in Ansätzen gezeigt hat: daß man nämlich zwischen Potential und Intention unterscheiden müsse. Zwar sei das militärische Potential des Ostblocks so groß, daß es für eine Aggression, nicht nur für die Verteidigung ausreiche, aber die Intention sei friedlich, und darum sei das Potential nicht gefährlich. Wenn dem so wäre, dann bliebe doch zu fragen, warum die kommunistisch regierten Staaten mit ihrer schwachen, durch viele Reibungsverluste behinderten Wirtschaft einen so ungewöhnlich großen, für die Versorgung der Zivilbevölkerung und den menschlichen Fortschritt schädlichen Prozentsatz ihres Sozialprodukts für eine militärische Aufrüstung verwenden, deren Offensivkomponenten, deren weltweite Verwendbarkeit und deren interkontinentale Langstreckenkapazitäten von Jahr zu Jahr sichtbar wachsen? Nie habe ich behauptet, die Sowjetunion wolle den dritten Weltkrieg. Aber sie hält sich sämtliche militärischen Optionen offen, vom Aufbau einer Druckkulisse bis zu allen Anwendungsmöglichkeiten in kleinsten regionalen Krisen sowohl wie in einer weltweiten Auseinandersetzung.

Darum gilt es klar für sich und die Öffentlichkeit zu betonen:

1. Entspannungspolitik kann nicht von einem Partner definiert oder diktiert werden.

2. Entspannungspolitik wird unmöglich, wenn Entspannungsillusion zur psychologisch-politischen Neutralisierung und zur Lähmung des Verteidigungswillens führt.

3. Entspannungspolitik ist geographisch unteilbar. Sicherheit, Zusammenarbeit und Entspannung sind Täuschungsformeln, wenn durch Mittelstreckenraketenrüstung und Flankenvorstoß bis südlich des Äquators die Sicherheitsgrundlagen Europas erschüttert werden.

Die sowjetische Rüstung ist von sich aus ein Mittel der Politik, also a priori weder defensiv noch aggressiv. Sie muß nach drei Kriterien beurteilt und bewertet werden:

1. nach den gegenwärtigen Absichten der Führung, die nicht darauf ausgehen, einen militärischen Waffengang mit dem Westen auf jeden Fall herbeizuführen;

2. nach dem militärischen Potential, das alle Optionen erlaubt, das heißt zu allen militärischen Aktionen befähigt – hier ist seit dem Einmarsch in Prag ein riesiger qualitativer und beachtlicher quantitativer Fortschritt erzielt worden;

3. nach den langfristigen strategischen Zielen Moskaus als der Zentrale des großrussischen Imperialismus und der weltrevolutionären kommunistischen Bewegung – hier ist Wachsamkeit, Klugheit, Entschiedenheit vonnöten.

Das europäisch-amerikanische Verhältnis

Über europäische Sicherheit nachzudenken und zu reden ist nur sinnvoll, wenn in diese Überlegungen das europäisch-amerikanische Verhältnis einbezogen wird. Diese Beziehungen zwischen den beiden Großpartnern des atlantischen Bündnisses befinden sich seit Jahren, allen offiziellen Freundlichkeiten zum Trotz, in einer tiefen Krise. Entscheidend zu dieser besorgniserregenden Entwicklung hat beigetragen, daß die Amerikaner zwar von den Europäern immer wieder starke Worte zu hören bekommen, die politischen Taten Westeuropas aber ausbleiben, wenn es darum ginge, durch konkrete Taten den Vereinigten Staaten beim Tragen von derer gigantischen weltpolitischen Last zu helfen.

Um ein Beispiel herauszugreifen – in einem Beitrag für die »New York Times« hatte der damalige Bundeskanzler Brandt stolz geschrieben: »Die europäische Realität einer emanzipierten Partnerschaft ist nicht nur für die Europäer selbst, sondern auch für Amerika eine neue, ja vielleicht ernüchternde Erfahrung.« Dies sind kräftige Worte! Wie aber sieht die europäische Wirklichkeit aus? Die seit Jahren anhaltenden Kriegs- und Krisenunruhen im Nahen und Mittleren Osten bis hin zum dramatischen iranischen Anschlag auf die amerikanische Autorität durch die Geiselnahme von Teheran und zum russischen Einmarsch in Afghanistan haben Westeuropa durchgehend in ohnmächtiger Tatenlosigkeit gesehen – über Worte des Bedauerns und der begrenzten Solidarität mit Amerika, der Feststellung des Ernstes der Lage und der Betonung der eigenen Besorgtheit geschah nichts. Bei diesen Konflikten vor den Toren unseres Kontinents, die unsere europäische Sicherheit, auch wirtschaftlich, existentiell berührten und berühren, haben die Europäer zur Erhaltung des Friedens, der Sicherheit und des Gleichgewichts nichts beizutragen gehabt.

Dies ist vor allem deshalb so, weil der Konsensus zwischen den Europäern nur auf der Basis des kleinsten gemeinsamen Nenners zu erreichen ist. Es gibt nicht den leisesten Zweifel, daß die Europäer bei diesen Konflikten, von denen sie selbst unmittelbar betroffen sind, eine jammervolle Rolle gespielt haben. Dabei geht es nicht nur um ihre Meinungsverschiedenheiten in der Sache, das heißt um ihre Unfähigkeit, eine gemeinsame Politik zu treiben und ihr einen gemeinsamen Ausdruck zu verleihen, sondern auch um die Tatsache, daß die Europäer heute weder willens noch in der Lage sind, überhaupt irgendeiner Politik Nachdruck zu verleihen. Die Rolle der Europäer beschränkt sich mehr oder minder auf verbale Akte, hinter denen sie ihre Uneinigkeit, ihre Entschlußlosigkeit und ihre Machtlosigkeit, manchmal auch ihre Feigheit zu verbergen suchen.

Dabei zeigt sich immer wieder, wie leicht in der internationalen Politik das Wetter umschlagen kann, wie aus einer scheinbar sonnenbeglänzten internationalen Entspannungslandschaft über Nacht eine stürmische Szenerie entstehen kann. Die Europäer haben es leider gelernt, ihre Illusionen und zum Teil auch Visionen liebevoll zu kultivieren, sich aber weniger auf die Lehren der Geschichte und auf die machtpolitischen Gegebenheiten zu besinnen. Sie flüchten dann in eine vermeintliche »Neutralität« und überlassen als gerade noch wohlwollende Beobachter dem amerikanischen Partner allein die Last der Verantwortung. Viele europäische Politiker – von Staatsmännern zu reden wäre übertrieben – haben in Wirklichkeit längst Abschied genommen von der Geschichte, wollen lieber als verantwortungslose Zuschauer den Ablauf weltpolitischer Dramen ungestört und unbehelligt betrachten. Dabei kommt es ihnen aber nicht in den Sinn, daß sie selbst auf den Ablauf dieser Dramen Einfluß nehmen müßten, damit aus dem Drama keine Tragödie und aus der Tragödie keine Katastrophe wird.

Die Europäer hätten von sich aus während des letzten arabisch-israelischen Krieges nichts aufzubieten gehabt, um die Israelis zu einem Einlenken zu veranlassen oder um die Araber vom Einmarsch in Tel Aviv abzuhalten.

So ist das atlantische Bündnis, das zu seinem Funktionieren auf zwei starken Säulen ruhen muß, schieflastig und ungleichgewichtig geworden. Die Vereinigten Staaten, immer noch unter dem Trauma der südostasiatischen Katastrophe – Stichwort Vietnam! – leidend und in der Folge davon von Symptomen verlorenen Selbstvertrauens geplagt, haben zunehmend weniger Neigung, den weitgehenden Ausfall des europäischen Partners tatenlos hinzunehmen. Während die USA weltweit unter politischer, materieller und moralischer Belastung stehen, begnügen sich die Europäer mit schönen Redensarten, beschwichtigenden Sprüchen, frommen Wünschen und unbrauchbaren Ratschlägen. Solche Haltung wirft ein bezeichnendes Licht auf den Unterschied zwischen

Sein und Schein. Während die Europäer ungehalten darüber sind, wenn ihnen der amerikanische Partner nur regionale Verantwortung zuspricht, erweisen sie sich selbst zu dieser regionalen Verantwortung als unfähig.

Was heißt unter diesen Umständen, die Amerikaner müßten dem Selbstbewußtsein einer emanzipierten europäischen, im Werden begriffenen Großmacht Rechnung tragen und die Europäer bereits heute als eine Macht ansehen, wie Willy Brandt großspurig bramarbasierte? Was bedeutet es unter diesen Umständen, daß die Amerikaner – trotz ihrer innenpolitischen Krisen – allein handlungsfähig sind, wenn auch mit großen Mühen, während die Europäer, die mit Stolz auf ihre relative Stabilität blicken, sich als völlig unfähig erweisen, einen Beitrag zur Verhinderung weltweiter Katastrophen und zur Rettung des Weltfriedens zu leisten? Kann man es bei einer solchen Sachlage den Vereinigten Staaten übelnehmen, wenn bei ihnen in der Vergangenheit die Neigung zu bilateralen Beziehungen zur Sowjetunion zugenommen hat? Aber in der amerikanischen Politik hat es zu dämmern begonnen, in der europäischen ist noch tiefe Nacht.

Rückbesinnung auf die moralische Kraft

Das transatlantische Verhältnis ist in einer Krise. Sie kann nur durch eine echte, von intellektueller Weitsicht, moralischer Kraft und politischem Instinkt getragene Anstrengung wieder in Ordnung gebracht werden. Die USA sind von nachhaltiger Empörung – und darin sind sich alle politischen Kräfte einig – darüber erfüllt, wie sie von den Europäern, sogar bei der Bewältigung von Problemen, die diese unmittelbarer angehen als die Amerikaner, im Stich gelassen werden. In der Tat könnten sich die Länder Europas eine solche Behandlung ihrer nach wie vor unentbehrlichen Schutzmacht Amerika nur dann erlauben, wenn sie zu einer handlungsfähigen politischen Einheit zusammengewachsen, mit größerer Fähigkeit zur Selbstverteidigung ausgerüstet und zu partnerschaftlicher Zusammenarbeit befähigt wären. Die europäische Qualität muß sich wandeln. Aus einer gemeinsamen »Protokollsouveränität« muß eine gemeinsame politische Souveränität werden.

Immer wieder verfallen die Europäer in die starken Worte verbaler Selbstermutigung. Davor ist dringend zu warnen. Es hat keinen Sinn, von dem erwachten Selbstbewußtsein einer werdenden europäischen Großmacht zu reden und von den Amerikanern mehr Respekt vor den emanzipierten Europäern zu verlangen, wenn nicht mit der wirtschaftlichen Leistungsfähigkeit unseres Kontinents, die niemand bestreitet, auch die Fähigkeit und Bereitschaft zu politischer und militärischer Verantwortung Hand in Hand geht. Mit illusionären Vorstellungen und visionären Träumen ist es nicht getan. Wenn einmal die Stunde der Wahrheit kommt und man dem unerbittlichen Machtwillen der anderen Seite ohne Ausweg gegenübersteht, dann ist das Ende aller Träume und aller Wünsche gekommen.

Es ist die große Tragik Europas und mancher seiner Regierungen, daß unser Kontinent in einem ständigen Widerspruch zwischen Schein und Wirklichkeit lebt, daß er immer von anderen etwas erwartet, selbst aber unfähig ist, zur Behebung weltpolitischer Krisen etwas anderes beizutragen als moralisch verbrämte Redensarten.

Europa steht am Scheideweg: Entweder erreichen wir die politische Einigung des freien Europa, oder es wird eine »gesamteuropäische« Zusammenarbeit nach sowjetischem Muster und unter sowjetischer Vorherrschaft geben. Wer die »pax americana« ablehnt, muß die »pax atlantica« schaffen, um eine »pax sowjetica« zu verhindern. Europa ist heute dringlicher denn je mit einem historischen Erfahrungssatz konfrontiert: Wer vor der Geschichte davonläuft, wird von der Geschichte eingeholt und eines Tages von ihr erschlagen.

Ich sehe die Einigung Europas als einen geschichtlichen Auftrag unserer Generation, der nicht immer weiter in eine ungewisse Zukunft hinein verschoben werden darf. Auf unserem Kontinent, der auf dem Boden einer großen und reichen christlich-abendländischen Überlieferung steht, müssen Freiheit und Würde des Menschen schon deshalb die bestimmenden Orientierungspunkte sein, weil die Idee von menschlicher Freiheit und Würde, aus europäischem Geist entstanden, untrennbar zum Wesen und Sein Europas auch in Zukunft gehören muß.

Es war die politische Kraft der CDU und der CSU, die mit Konrad Adenauer an der Spitze gegen alle kurzsichtigen sozialistischen Widerstände den Weg nach Europa eingeschlagen hat. Deshalb kämpfen wir auch weiter für ein Europa, das in seinen Grundorientierungen auf den liberalen, sozialen und konservativen Elementen, die unsere Politik prägen, gründet. Wir wollen ein Europa des Friedens, nach außen, aber auch nach innen. Deshalb sind wir für eine freiheitliche europäische Gesellschaftsordnung, für die freiheitliche Wirtschaftsordnung der Sozialen Marktwirtschaft, für ein Europa des sozialen Ausgleichs und der Leistung. In unserer europäischen Zielprojektion ist kein Platz für sozialistische Staats- und allmächtige Funktionärswirtschaft, kein Platz für Klassenkampf und kein Platz für kollektivistische Gleichmacherei.

Für uns kann ein geeintes und freies Europa nur auf den freien demokratischen Entscheidungen seiner Bürger ruhen, nicht in einer technokratisch-bürokratischen Diktatur eines anonymen Apparates und nicht in einem sozialistischen Machtanspruch, dem das Kollektiv alles, der einzelne nichts bedeutet. Das von Sozialisten formulierte Wort, »Europa wird sozialistisch sein oder es wird gar nicht sein«, ist ein Programm für den Abschied vom europäischen Verständnis des Menschen, seiner Freiheit und seiner Würde.

Europa ist für mich mehr als die Europäische Gemeinschaft, auch wenn diese zunächst unser konkretes politisches

Handeln fordert. Die freien Völker im Westen gehören ebenso zu Europa wie die ihrer Freiheit beraubten Völker und Volksgruppen im Osten und Südosten unseres Erdteils. Deshalb ist es die Pflicht der freien Europäer, sich nicht nur der Erhaltung der eigenen Freiheit zu widmen, sondern sich auch stets der Verantwortung bewußt zu sein für die unfreien europäischen Mitbürger. Die Freiheit Europas ist unteilbar. Für diese Freiheit gilt es zu kämpfen. Denn nur in seiner Freiheit liegt Europas Zukunft.

X

Weltpolitischer Dreiklang: Sicherheit – Frieden – Freiheit

Flucht aus der Wirklichkeit · Die Zweiteilung von Jalta · Chinas Auftritt und das Ende der bipolaren Welt · Europäische Blindheit · Moskaus Handschrift · Europas Herausforderung · Echte Abrüstung · Unteilbarkeit der Entspannung · Die deutsche Frage · Grundlinien einer freiheitlichen Außenpolitik · Europas natürlicher Partner Afrika · Westliche Selbstverstümmelung · Jahrhundertauftrag der Freiheit

Wir leben zu Beginn des vorletzten Jahrzehnts unseres Jahrhunderts in der gefährlichsten Phase der Weltpolitik seit dem Ende des Zweiten Weltkrieges. Revolutionäre Veränderungen, weltwirtschaftliche Erschütterungen, kriegerische Bedrohungen treffen zusammen und ergeben für die achtziger Jahre eine alarmierende Szenerie. Dabei geht es bei dieser Perspektive der Gefahr nicht um dumpfe und vielleicht trügerische Gefühle, sondern um harte Tatsachen. Dies sind:

Die Vorgänge der »Iranischen Revolution« und die hiervon für den Weltfrieden ausgehenden Gefahren. Die Funken, die in Ghom geschlagen werden, können auf andere Länder überspringen und vermögen nicht nur in der arabischen Welt gefährliche Brände zu entfachen. Der Islam hat eine neue Schubkraft erhalten, deren Bewegungen unberechenbar sind und für den Westen auch gefährlich sein können.

Die Demütigung der USA und die damit verbundenen politischen Gefahren, denn eine Großmacht kann solche Belastungen nicht ohne Grenzen hinnehmen.

Die Ungelöstheit der arabisch-israelischen Frage.

Die Ausnützung des Ölmonopols durch die OPEC-Staaten, der Einsatz des Erdöls als politische Waffe, die bis zur Erpreßbarkeit reichende Abhängigkeit und Verwundbarkeit der politischen, wirtschaftlichen, sozialen Systeme der industriellen Massengesellschaften besonders in Europa.

Die Ausdehnung der sowjetischen Machtstrategie von Afghanistan über den Mittleren Osten und über das Horn von Afrika bis in das südliche Afrika mit drei erkennbaren Zielen:

a) die eigene Versorgung mit Erdöl und Rohstoffen für die achtziger Jahre sicherzustellen,
b) durch den Griff nach den Erdölquellen im Mittleren Osten und nach den Rohstofflagern im südlichen Afrika die abhängigen und erpreßbaren europäischen Staaten unter Druck zu setzen,
c) diesen Teil der Welt der russischen Großmachtpolitik zu unterwerfen und gleichzeitig zu revolutionieren.

Dazu kommt der Krisenherd im Fernen Osten, in dem der von Moskau abhängige Bundesgenosse Vietnam als Speerspitze gegen die Volksrepublik China bemüht ist, ein indochinesisches Großreich mit Nord- und Südvietnam, mit Laos und Kambodscha zu errichten, das heißt, eine regionale Hegemonie auszuüben. Durch den sowjetrussischen Einmarsch in Afghanistan fließen der ostasiatische und der mittelöstlich-afrikanische Krisenherd zusammen. Afghanistan ist wieder einmal Drehscheibe und Bindeglied der Krisengeographie.

Ferner machen revolutionäre Entwicklungen in Lateinamerika auch Teile dieses Subkontinents zu einem gefährlichen Krisenherd.

Flucht aus der Wirklichkeit

Diese Stichworte umreißen nicht nur das Ausmaß der Gefahren, sie kennzeichnen auch den Rahmen der Herausforderungen, vor denen die Politik des Westens, vor denen eine Politik des Friedens und der Freiheit in den achtziger Jahren steht. Wir in der freien Welt können diese Herausforderung nur bestehen, wenn es in unserer Politik zu einer grundsätzlichen Neubesinnung kommt, wenn kurzfristiges Taktieren in langfristige Strategie gewandelt, wenn feige Bequemlichkeit von mutiger Verantwortungsbereitschaft abgelöst wird. Das Schicksal der westlichen Welt wird in den achtziger Jahren von der Sowjetunion bestimmt, wenn der Westen fortfährt, Tagespolitik »wie gehabt, ohne Blick für die veränderte strategische Weltlage, zu betreiben«. Diese Analyse und Prognose stammt von Henry Kissinger. Ihr ist nichts hinzuzufügen.

Ich habe manchmal den Eindruck, als ob nicht wenige Politiker der westlichen Welt bewußt die Augen vor der Wirklichkeit verschließen und ihre Völker in einer trügerischen Pseudosicherheit wiegten, weil sie unbequemem Handeln ausweichen wollen und weil die Aufrechterhaltung ihrer politischen Lebenslügen ihre politische Überlebensstrategie ist. Statt dessen hängt diese Art von Politikern, für die die Bezeichnung Staatsmann ein Witz der Geschichte wäre, entweder verschwundenen Weltbildern oder trügerischen Illusionen nach. Aus einer falschen Lageeinschätzung ergibt sich dann zwangsläufig eine falsche Politik.

Nach dem Ende des Zweiten Weltkrieges bot sich dem politischen Beobachter eine bipolare Welt mit den beiden Polen Washington und Moskau. Daneben und dazwischen gab es nichts, was ähnlichen politischen und militärischen Rang hätte beanspruchen können. In den Konferenzen von Teheran, Jalta und Potsdam war von den Siegermächten die Zweiteilung der Welt beschlossen worden. Mit der bedingungslosen Kapitulation Deutschlands und Japans schien vor allem für die Führungsmacht Amerika die Welt wieder in Ordnung zu sein. Mit der – wie die Vereinigten Staaten dachten – ewigen Entmilitarisierung der Deutschen und der Japaner sollte die Ursache vergangener und zukünftiger Kriege ausgerottet sein.

Um den Traum von einem neuen und friedvollen Zeitalter zu vollenden, betrieben die Vereinigten Staaten die Errichtung der Vereinten Nationen als eines Symbols einer anderen und besseren Welt von morgen, gaben dabei im Überschwang der Siegesfreude den Russen gleich drei Stimmen, weil sie glaubten, daß die Sowjetunion aus drei souveränen Staaten bestehe. So einfach scheinen sich die größten Probleme zu lösen – wenn man nicht in den Dimensionen der Geschichte lebt, wenn man sich weigert, historische Erfahrungen zur Kenntnis zu nehmen. Dabei hätte schon die Ungleichheit des Väterpaares der Vereinten Nationen, Roosevelt und Stalin, wachsam und skeptisch hinsichtlich der Erfolgsaussichten dieser Gründung von San Francisco stimmen müssen. Die Wirklichkeit verlief dann auch anders – und diese Wirklichkeit ist unsere Welt, in der wir leben, überleben und uns behaupten müssen.

Es waren die Wahnsinnspolitik Hitlers, die aggressive Expansionspolitik Stalins und die geschichtsfremde Einschätzung des damaligen US-Präsidenten Franklin D. Roosevelt, die zur zweigeteilten Welt von Jalta geführt haben. Dort, auf der Krim, wurde über Europa ohne Europa entschieden – und halb Europa wurde dabei Stalin und der kommunistischen Diktatur ausgeliefert.

Deutschland wurde geteilt, Teile Polens wurden dem sowjetischen Reich unmittelbar einverleibt, ebenso Estland, Lettland und Litauen; Rumänien, Ungarn und die Tschechoslowakei wurden territorial verändert, auch Finnland. Von den »frei geäußerten Wünschen der betroffenen Völker«, die Roosevelt und Churchill in der Atlantik-Charta beschworen hatten, wurde ebensowenig gesprochen wie von freien Wahlen, die in einer gemeinsamen Deklaration, in der »declaration on liberated areas of Europe«, lange vor Ende des Krieges in Aussicht gestellt worden waren.

Charles de Gaulle, der erst seit wenigen Monaten wieder im befreiten Paris die französischen Regierungsgeschäfte leitete, war auf Betreiben Roosevelts nicht als Teilnehmer zur Konferenz von Jalta geladen worden. Winston Churchill unternahm mehrere Versuche, die von Stalin und Roosevelt eingeleitete verhängnisvolle Entwicklung zu bremsen, sie in eine andere Richtung zu lenken. Er scheiterte und mußte sich schließlich der Politik des amerikanischen Präsidenten anschließen, allerdings nicht, ohne daß er die Gefahren dieser verhängnisvollen amerikanisch-russischen Zweiteilung erkannt hätte: »Was werden wir dann noch übrig haben zwischen dem weißen Schnee von Rußland und den weißen Klippen von Dover?«

In der doch sehr vereinfachten weltgeschichtlichen Deutung des amerikanischen Präsidenten Roosevelt und seiner politischen Umgebung gab es zwei große Bösewichter, die in seinen Augen für den damaligen Zustand der Welt allein verantwortlich waren und in der Zukunft daran gehindert werden mußten, die gleiche unheilvolle Rolle weiterzuspielen, die Deutschen und die Japaner. Dabei bedarf es keiner Erwähnung, daß die Machthaber des Dritten Reiches und die japanische Militärpartei fast nichts versäumt haben, um diese Deutung zu rechtfertigen.

Darum sollte eine neue Welt ohne Kriege und Militärbündnisse, ohne Kolonien und Herrschaftssphären, eine Welt ohne Not und Furcht vor den Siegern erbaut werden, eine Welt so recht nach dem Herzen und Wunschdenken mancher amerikanischer Liberaler, die freilich weniger liberal waren, aber sich um so mehr dafür hielten, einschließlich Henry Morgenthaus. In dieser Welt erschien das verharmloste Herrschaftssystem Moskaus als eine Stütze der demokratischen Gesellschaft von morgen, die Deutschen und Japaner bedurften in ihr eines Struktur- und Charakterwandels, um eines Tages wieder brauchbare Mitglieder dieser Gesellschaft zu werden. Trat auch der Morgenthau-Plan, der nicht nur vom Rachedenken, sondern von pädagogisch-philosophischen Verbesserungsideen geprägt war, nicht in Kraft, so wurde doch das Ergebnis der Konferenz von Potsdam von Brigadegeneral H. W. Draper, dem Direktor der Wirtschaftsabteilung der amerikanischen Militärregierung, treffend und militärisch knapp zusammengefaßt: »Deutschland wird entmilitarisiert, entnazifiziert und entindustrialisiert.« Ähnliches galt für Japan, dessen bereits bestehende Kapitulationsbereitschaft durch Abwurf der zwei Atombomben auf Hiroshima und Nagasaki als sofortig und bedingungslos erzwungen wurde.

Mit dieser neuen Weltordnung stand die Vorstellung nicht

unbedingt im Widerspruch, daß als Ergebnis des Zweiten Weltkrieges und aufgrund der demokratischen Faktoren wie Größe eines Landes oder Zahl seiner Bevölkerung, gewisse natürliche Führungsmächte in gewissen Bereichen der Welt sich herausbilden sollten, zum Beispiel die USA, Großbritannien, die Sowjetunion und China als die Sieger des Zweiten Weltkrieges.

Wesentlicher Punkt in diesem mehr visionären als historisch begründeten Weltbild der Zukunft sollte die dauernde Entwaffnung Deutschlands und Japans sein, letztere sogar in der japanischen Verfassung unter amerikanischem Zwang festgelegt und für keine japanische Regierung ohne Bürgerkriegsrisiko mehr zu ändern.

Der historische Irrtum, der diesem Weltbild zugrunde lag, war doppelter Natur. Er bestand einmal in einem gründlichen Irrtum über Grundsätze und Ziele der Machtpolitik Moskaus, zum anderen in der Verkennung der Tatsache, daß Deutschland und Japan bestimmte geschichtliche Funktionen in ihren Bereichen wahrgenommen hatten. Daß diese Funktion in einem Fall ins verbrecherische Herrenmenschdenken mit übergreifendem Macht- und Versklavungsanspruch umgefälscht, im anderen Falle zu einem die natürlichen Grenzen übertretenden Machtmißbrauch wurde, ändert nichts an der Tatsache, daß diese Funktionen bestanden und noch bestehen.

Die amerikanische Nation hat einen hohen Tribut für die Fehleinschätzung der kommunistischen Politik unter Roosevelt in Blut und Geld entrichten müssen. Sehr bald mußte sie das natürliche Gesetz der amerikanischen Strategie wenn auch widerwillig anerkennen, nämlich zu verhindern, daß die Gegenküste der an die Vereinigten Staaten angrenzenden Ozeane in die Hand einer feindlich gesinnten Großmacht fällt.

Darum mußten sie in Europa und Asien das Vakuum füllen, das mit der Zerschlagung Deutschlands und der Ausschaltung Japans entstanden war, wenn sie diesen Leerraum nicht den Russen und den kommunistisch gewordenen Chinesen überlassen wollten. Daraus ergab sich eine Fülle von

Bindungen und opferreichen Konsequenzen, deren Häufung und Zusammenrechnung zum Schluß in Verbindung mit der materiellen und moralischen Spitzenbelastung durch den Vietnam-Krieg zu dem Überdruß der amerikanischen Weltmacht wider Willen an den sich immer mehr ausdehnenden Verpflichtungen führte und damit zu dem Gefühl des Überlastetseins, des bekannten »overcommitment«.

Dabei betrieb Stalin schon unmittelbar nach Kriegsende nicht nur eine expansive und aggressive Politik im Sinne der kommunistischen Weltrevolution, sondern er verfolgte auch die klassischen Ziele russischer Großmachtpolitik. Schon mehr als ein Jahrhundert zuvor hatte der Londoner Korrespondent der »New York Daily Tribune« vor dieser russischen Politik gewarnt: »Was hat sich geändert? Nichts! Die russische Politik ist unwandelbar. Ändern mögen sich Rußlands Methoden, seine Taktik, seine Manöver; aber der Polarstern der russischen Politik – die Beherrschung der Welt – ist ein Fixstern ... Der russische Bär wird sicher zu allem fähig sein, solange er weiß, daß die anderen Tiere, mit denen er umgeht, zu nichts fähig sind ... Es wird darauf hinauskommen, daß die als natürlich erscheinenden Grenzen Rußlands von Danzig oder vielleicht von Stettin bis nach Triest verlaufen.« Der Autor dieser Sätze hat in seinem Leben viel prophezeit, doch keine seiner sonstigen Voraussagen ist so eingetroffen wie diese. Sein Name: Karl Marx.

Die Zweiteilung von Jalta

In den Jahren nach Jalta festigte sich die Zweiteilung der Welt auf der Grundlage der von der Sowjetunion erreichten und ständig ausgedehnten Einflußgrenzen immer mehr. Von Asserbeidschan über Griechenland bis hin zur Tschechoslowakei führten die weiteren, in den meisten Fällen erfolgreichen Versuche Moskaus, seine Macht- oder zumindest Einflußsphäre weiter vorzuschieben. Die Reaktion der freien Welt hierauf – vor allem mußte die amerikanische Politik sehr bald Abschied von dem Traum der Harmonie einer im

Einvernehmen mit den Russen zweigeteilten Welt nehmen – bestand im Abschluß von Verteidigungsbündnissen, die sich von der NATO über den Bagdad-Pakt, über SEATO und ANZUS bis hin zum amerikanisch-japanischen Sicherheitspakt und bis zum militärischen Eingreifen der Vereinten Nationen, in denen damals noch die USA den bestimmenden Einfluß ausübten, in Korea hinzogen. Wie ein Gürtel legte sich das Abwehr- und Verteidigungssystem der freien Welt um die Sowjetunion, um alle weiteren Versuche des Kreml abzuwehren, sein Einflußgebiet auszudehnen. Außerhalb der beiden Blöcke blieb die »Dritte Welt«, die sowohl von Washington als auch von Moskau umworben wurde, aber in der Rivalität der beiden Weltmächte zunächst nur eine Nebenrolle spielte.

Mit dem Eintritt des atomaren Patt Ende der fünfziger Jahre, das beide Großmächte zu gleichermaßen verwundbaren Gegnern machte, änderten sich die Dinge. Bei diesem Sachverhalt – zutreffend mit dem Bild von den zwei Skorpionen in einer Flasche beschrieben – begannen sich gewisse Gemeinsamkeiten im Überlebensinteresse der beiden Hegemonialmächte abzuzeichnen. Bezeichnend aus jener Zeit ist die Feststellung des amerikanischen Generals Maxwell Taylor, des späteren Generalstabschefs der US-Streitkräfte, daß keine atomare Macht bereit sei, zum Schutz eines Bundesgenossen die atomare Vernichtung zu riskieren, es sei denn, daß ihr eigenes Heimatland angegriffen werde. Alle Beschwichtigungen, daß diese Worte des Generals aus der Zeit vor der Übernahme des höchsten militärischen Amtes seines Landes stammten, wirkten und wirken heute noch unglaubwürdig, weil Taylor eine Wahrheit aussprach, deren Richtigkeit nicht vom Zeitpunkt eines Amtsantritts beeinflußt worden war.

Gleichlaufend zum atomaren Gleichgewicht und zur Gewöhnung an diesen Zustand entstanden im Inneren des westlichen und des östlichen Bündnissystems Spannungen, die ebenfalls zu einem Abbau der Bipolarität beitrugen. Frankreich wurde eine eigenständige Atommacht und trat aus der Militärorganisation der NATO aus.

Noch bedeutender und in seiner langfristigen Wirkung auch heute noch nicht völlig überschaubar wurde der Konflikt, der zwischen Moskau und Peking ausbrach. Trotz gemeinsamer ideologisch-kommunistischer Grundlage entstand ein starker Antagonismus zwischen der Sowjetunion und dem China Mao Tse-tungs, das es weitgehend aus eigener Anstrengung und Leistung zur Atommacht brachte. Es ging und geht dabei um territoriale Probleme, um die Führungsrolle in der Dritten Welt, vor allem aber um die chinesische Entschlossenheit, sich nicht länger der Moskauer Vorherrschaft unterzuordnen.

In Europa fanden die Chinesen – Pfahl im Fleisch des gesamtkommunistischen sowjetischen Herrschaftsanspruchs – für lange Jahre Gefolgschaft und Stützpunkt in Albanien. Diese Partnerschaft ist aber Mitte der siebziger Jahre in Feindschaft umgeschlagen. Jugoslawien und Rumänien versuchten immer wieder, wenn auch vorsichtig und zögernd, die chinesische Karte zu spielen, mußten diesen Versuch aber ebenso immer wieder aufgeben – zu gering ist der Spielraum, den Moskau einräumt.

Die Vereinigten Staaten, nach dem Korea-Krieg, der noch ein Unternehmen der Vereinten Nationen war, allein in der Rolle des Weltpolizisten übriggeblieben, spürten bald mehr Bürde und Last denn Ehre und Vorzug dieses weltpolitischen Parts. Vor allem der über Jahre sich hinziehende Krieg in Vietnam – auch er im Grunde genommen eine Spätfolge der nach 1945 vorgenommenen Zweiteilung der Welt – brachte in Amerika mit seinen materiellen und moralischen, psychologischen wie politischen Belastungen, vor allem aber mit seinem düsteren und folgenschweren Ende ein Gefühl der Überlastung, des Überfordertseins mit sich. Zur Entlastung entwickelte die amerikanische Regierungspolitik die Nixon-Kissinger-Doktrin – Bestrebungen, das Vietnam-Problem zu »vietnamisieren«. Es sollte der Versuch unternommen werden, regionale Konflikte einzudämmen und ihre Ausweitung zu einer Konfrontation der beiden Hegemonialmächte, die zu einem Weltuntergang führen müßte, zu verhindern. Darüber hinaus ging es den Amerikanern darum,

Last und Verantwortung den regionalen Mächten – darunter auch den europäischen Partnern – zu übertragen und die amerikanischen Verpflichtungen insgesamt zu verringern.

Chinas Auftritt und das Ende der bipolaren Welt

Den Vereinigten Staaten kam in dieser Zeit der Auftritt Chinas auf der Weltbühne durchaus gelegen. Die Mission Henry Kissingers – damals noch außenpolitischer Berater von Präsident Nixon – im Sommer 1971 nach Peking erhellte blitzartig eine neue globale Szenerie: Nach über einem Vierteljahrhundert war die von Roosevelt und Stalin geschaffene bipolare Welt endgültig zerbrochen. Die dritte Weltmacht hatte die Bühne betreten. Die außenpolitischen Gewichte in fast allen Hauptstädten der Welt mußten und müssen seitdem neu bestimmt werden.

Völlig überraschend und über Nacht war diese Entwicklung nicht gekommen. Unter dem Titel »Hinter Rußland China« hatte schon im Jahre 1957 – von vielen Kreml-Astrologen belächelt, von manchen Staatsmännern, auch von Konrad Adenauer, stark beachtet und ernst genommen! – Wilhelm Starlinger auf die Grenzen der Sowjetmacht hingewiesen. Aber erst mit der Einladung an US-Präsident Nixon hatte China die selbstgewählte und durch die Kulturrevolution noch verstärkte Isolierung verlassen, hatte seinem einstmals erbittertsten Gegner, dem »imperialistischen Papiertiger«, die Hand entgegengestreckt. Im Konzert der Weltmächte spielen seither drei Soloinstrumente.

Diese Umorientierung in den amerikanisch-chinesischen Beziehungen erlaubte es Washington, die Pekinger Karte in das politische Spiel mit Moskau zu bringen, den Kreml insgesamt für Gespräche geneigter zu machen. Der amerikanische Versuch der Entspannung mit Moskau wäre ohne Pekings Auftritt nicht möglich gewesen.

Chinas weltpolitisches Debut war verbunden mit einer bemerkenswerten Änderung in seiner Haltung gegenüber Europa. Sowohl in China wie auch in Teilen Europas besteht eine gemeinsame Furcht vor der offensiven sowjetischen Politik. Davon konnte ich mich bei zahlreichen Gespräche mit chinesischen Staatsmännern – bis hin zu Mao Tse-tung, Tschou En-lai und, im Herbst 1979, Hua Guofeng – selbst überzeugen. Europa, die Europäische Gemeinschaft vor allem, wird von Peking als möglicher Leidensgefährte und deshalb auch potentieller Bundesgenosse angesehen. Die Europäer wiederum, meistenteils in kleinkarierten Streit um Zölle und Tarife verstrickt, haben von dieser prinzipiellen Übereinstimmung noch nicht allzu viel begriffen. Vielfach sind sie sich auch der Bedeutung dieses Wandels in der Haltung Chinas, das früher die Europäische Gemeinschaft als »kapitalistisches Komplott« einschätzte, nicht bewußt. Die Europäer können nicht ohne weiteres begreifen, von den Chinesen nunmehr als Schicksalsgenossen, nämlich als potentielle Opfer derselben Bedrohung angesehen zu werden – und ebenso als potentielle Verbündete gegen diese Gefahr.

Dieses europäische Unverständnis gilt besonders für die in der Bundesrepublik Deutschland seit 1969 herrschenden Kräfte, die Entspannung weniger als eine pragmatische und zerbrechliche, jederzeit umschlagbare »formula vivendi«, sondern als halbreligiöse Parole mit dogmatischer Verbindlichkeit betrachten. Dabei müßte vor allem die deutsche Politik besonderes Augenmerk auf Peking richten. Immerhin muß es für ernst genommene deutsche Politik von Bedeutung sein, wenn die mit einer Milliarde Menschen volkreichste Macht der Erde den Anspruch der Deutschen auf nationale Einheit nachdrücklich unterstützt. Wenn sich Tschou En-lai und seine Nachfolger nicht damit abfinden wollten und wollen, daß das Königsberg Immanuel Kants nach der Okkupation durch die Russen Kaliningrad heißen soll, so mag dies freilich in den Ohren unserer heimischen Vorleistungspolitiker unangenehm klingen – langfristige deutsche Politik aber müßte eine solche Haltung Pekings in ihr Kalkül einbeziehen. Dies gilt vor allem deshalb, weil China gerade in der Dritten Welt an Einfluß gewinnt und dort mehr und mehr in die Rolle eines »opinion leader«, eines Meinungsführers, gerät – auch hier also langfristig vielleicht eine Chance für Deutschland, die es zu nützen gilt.

Europäische Blindheit

Vorerst freilich scheinen die Erwartungen Pekings sowohl hinsichtlich Europas wie auch hinsichtlich der Bundesrepublik größer zu sein, als sie unser Kontinent oder unser Land erfüllen können oder erfüllen wollen. Die ständig wiederholte chinesische Anstrengung, sich gemeinsam gegen Moskaus langfristige Strategie zu wappnen, wird in Europa überhört, nicht zuletzt aus Angst vor der Sowjetunion und den Drohbriefen Breschnews. Dabei müßten die Gefahren, die gerade Europa drohen, seine Staaten auf ständiger Suche nach neuen politischen Möglichkeiten sehen.

Deutsche Politik unter sozialistischer Führungsverantwortung weigert sich, diese Zusammenhänge zur Kenntnis zu nehmen und sie in das Gesamtgefüge einer deutschen Außenpolitik einzuordnen. Durch eine ausschließlich auf Moskau orientierte, mit blindem Erfolgsglauben in die Entspannungspolitik belastete außenpolitische Festlegung haben sich SPD/FDP-Bundesregierungen in den eigenen Schlingen gefangen, haben sich durch eine überstürzte »Ostpolitik«, durch einseitige Vorleistungen ohne entsprechende Gegenleistungen sowie durch unklare und vieldeutige Verträge des eigenen politischen Spielraums beraubt. Dies führt dann dazu, daß, wie beim Besuch des chinesischen Staats- und Parteichefs Hua Guofeng in der Bundesrepublik im Herbst 1979 geschehen, die Bundesregierung sich gegenüber dem Gast aus China bis an die Grenzen diplomatischer Regeln unhöflich zeigt, um ja keine schlechten Verhaltenszensuren aus Moskau zu erhalten. Deutsche Politik aber hat sich auch an deutschen Interessen auszurichten, sie darf nicht den warnend oder drohend erhobenen Zeigefinger aus dem Kreml zum entscheidenden Punkt machen.

Dieses Verhalten einer SPD-Regierung gehört aber durchaus in das sozialistische Bild einer Politik, die sich durch einen gefährlichen Wirklichkeitsverlust auszeichnet. Deshalb habe ich gegenüber Hua Guofeng, dem Bundeskanzler Schmidt, um Moskau ja nicht zu verärgern, am liebsten einen Maulkorb verordnet hätte, bewußt erklärt: »Nicht eine Übereinstimmung unseres Urteils über die sicherheitspolitischen Realitäten, die Risiken und Chancen, gefährdet den Frieden der Welt. Diese Bedrohung geht von den Tatsachen aus, das heißt von dem, der diese Tatsachen schafft, aber nicht von dem, der diese Tatsachen offen nennt.«

Die Tatsachen aber der sowjetischen Rüstung und der von ihr ausgehenden politischen Bedrohung sind bekannt, auch wenn sie von blinden sozialistischen Entspannungsträumern im Westen nicht zur Kenntnis genommen werden wollen. Tatsache ist,

- daß die nukleare Überlegenheit der Vereinigten Staaten von Amerika Anfang der achtziger Jahre endgültig und unwiderruflich der Vergangenheit angehören wird;
- daß das sowjetische Mittelstreckenpotential eine strategische Bedrohung der atlantischen Allianz in Europa ist, dem auf westlicher Seite nichts Vergleichbares entgegensteht;
- daß die Sowjetunion mit diesen bereits in großer Zahl eingeführten und rasch sich vermehrenden Mittelstreckenraketen vom Typ SS 20, deren drei Atomsprengköpfe die Sprengkraft aller bisherigen taktischen Atomwaffen weit übersteigen, von 100 mobilen und damit praktisch unverwundbaren Abschußvorrichtungen aus jedes beliebige Ziel in Europa erreichen kann – der Warschauer Pakt besitzt insgesamt 1370 Mittelstreckensysteme gegenüber 386 vergleichbaren der NATO;
- daß man nach der Vorhersage des Internationalen Instituts für Strategische Studien in London erstmals für Anfang der achtziger Jahre mit einer »theoretischen Verwundbarkeit« rechnen muß, was die Glaubwürdigkeit des westlichen Verteidigungskonzepts zutiefst erschüttert, besonders wegen der nicht zu übersehenden Entfremdung zwischen den USA und ihren Bündnispartnern, hervorgerufen durch unterschiedliche Interessen. Das heißt, daß die landgestützten, in

festen Basen befindlichen amerikanischen Langstreckenraketen durch präzis treffende russische Langstreckenraketen im Erstschlag ausgeschaltet werden können, die Amerikaner auf ihre nur gegen Flächenziele geeigneten U-Boot-Raketen zurückgreifen müssen, durch deren Anwendung gegen solche Ziele aber die Vernichtung des Heimatbodens riskieren. Das bedeutet, daß die Europäer zu Geiseln einer solchen waffentechnischen Situation werden und nicht durch die Amerikaner ohne Zerstörung des eigenen Landes geschützt, befreit, gerettet werden könnten. Das bedeutet aber auch, daß diese gegen Europa gerichtete Raketendrohung den Zweck hat, die Europäer psychisch einzuschüchtern, politisch zu lähmen und sie an der Verteidigung ihrer Interessen im Mittleren Osten und in Afrika zu hindern. Die ängstlichen Rücksichtnahmen von SPD/FDP-Bundesregierungen geben hier eine Vorahnung.

– daß die erdrückende Überlegenheit des Warschauer Paktes im Bereich der konventionellen Streitkräfte, besonders bei den Kampfpanzern, alarmierend ist;

– daß die Superrüstung der Sowjetunion in keinem Verhältnis zu den Notwendigkeiten der Landesverteidigung und zu ihrem wirtschaftlichen Leistungsvermögen steht;

– daß der Charakter dieser Rüstung mehr offensiv ist und nicht defensiv, wie es Altkommunist Herbert Wehner mit seinem Einfühlungsvermögen in die kommunistische Psychologie dem Westen weismachen will.

Moskaus Handschrift

Man kann über den defensiv-friedlichen oder offensiv-kriegerischen Charakter der sowjetischen Rüstung nicht auf Parteitagen entscheiden, wie dies Sozialisten tun, ebensowenig über die Einführung bestimmter Waffensysteme. Die Verteidigungspolitik der Bundesrepublik Deutschland, die sich auf unsere Mitgliedschaft in der NATO und auf eine technisch moderne Bundeswehr stützt, beide gegen den erbitterten, bis zur offenen Volksverhetzung und Aufwiegelung reichenden Widerstand der SPD von uns durchgesetzt, ist nicht in guten Händen, weil Helmut Schmidt und sein Verteidigungsminister Apel, das, was sie für notwendig halten, unter dem Druck der Linken nicht tun dürfen und aus Gründen opportunistischer Anpassung auch nicht tun wollen. Was geschieht, ist halbherzig, wird ausweichend begründet und als jederzeit durch Rüstungskontrollverhandlungen wieder zurücknehmbar bezeichnet.

Die beschleunigte sowjetische Aufrüstung mit schnell wachsender weltweiter Offensivkapazität muß nach drei Kriterien beurteilt werden: nach den augenblicklichen Absichten, nach dem vorhandenen Potential und nach der langfristigen strategischen Zielsetzung. Ich habe mehrmals geäußert, daß ich die gegenwärtigen Absichten der heutigen Sowjetführung nicht als auf eine große militärische Auseinandersetzung mit dem Westen abzielend beurteile. Andererseits aber sprengt die sowjetische Rüstung jedes für die wirtschaftliche Leistungskraft der Sowjetunion vernünftige Maß und setzt die Kremlführung in die Lage, diese Rüstung beliebig als politisches Druckpotential einzusetzen. Hinzu kommt die Ungewißheit, die durch einen in absehbarer Zeit zu erwartenden Führungswechsel in Moskau entsteht.

Tatsache ist, daß die Sowjets unter der ihnen von den Amerikanern zugestandenen Parität nicht nur Gleichheit auf dem Gebiet der Atomwaffen, sondern gleichwertige strategische Präsenz und mehr in der ganzen Welt verstehen, weshalb sie auch im beschleunigten Aufbau einer modernen Marine, mit der Einrichtung eines weltweiten Stützpunktsystems und mit der Schaffung von großen Langstreckentransportkapazitäten in der Luft diese neue Lage eindrucksvoll demonstrieren.

An der politischen Grundhaltung Moskaus zu zweifeln, hatte der Westen dabei niemals Anlaß. Wer die Wirklichkeit sehen wollte, konnte sie sehen – schon deshalb, weil die Sowjetunion aus ihren wahren politischen Absichten kaum ein Hehl machte. So wird zum Beispiel im April 1974 auf einer Konferenz des Warschauer Paktes der Inhalt der »Entspannungspolitik« nach Moskauer Art erklärt: »Wir Kommunisten müssen eine Zeitlang mit den Kapitalisten zusammenarbeiten. Wir brauchen deren Landwirtschaft und Technologie. Aber wir werden unsere massivsten Rüstungsprogramme fortsetzen und Mitte der achtziger Jahre in der Lage sein, zu einer wesentlich aggressiveren Außenpolitik zurückzukehren, um in unseren Beziehungen zum Westen die Oberhand zu gewinnen.«

Unabhängig davon hat der Überfall auf Afghanistan mit der Staatsstreichdramaturgie des »Hilferufs« und die Bestellung eines in der Sowjetunion auf seine Aufgabe getrimmten afghanischen Präsidenten doch gezeigt, wo für die Sowjetunion die Grenzen der Entspannungspolitik liegen und daß sie auf die »Weltmeinung« genauso wie 1968 beim Einmarsch in Prag nicht die geringste Rücksicht nimmt, wenn es um ihre imperialen und strategischen Interessen geht. Sie konnte auch damals genüßlich feststellen, daß das Ereignis des 21. Augusts 1968 in wenigen Monaten vergessen war und die eingeleitete »Entspannungs«politik den Ruf der großen Friedensmacht Sowjetunion bald wiederherstellen würde. Einer der eifrigsten Helfer dabei war Willy Brandt, der auch zu Beginn des Jahres 1980 den Einmarsch der Russen in Afghanistan als eine Folge von zu wenig Entspannungspolitik auf eine entlarvende Weise gekennzeichnet hat. Vielleicht können wir nach der militärischen Besetzung Afghanistans damit rechnen, daß die Kreml-Führung bald mit einer großen Friedensoffensive und einer lautstarken Abrüstungskampagne die Aufmerksamkeit der Welt von den Vorgängen in Afghanistan und im Mittleren Osten und in Afrika ablenken und diese Ablenkung zur Vorbereitung des nächsten Schritts benutzen will.

Auch deshalb hat niemand das Recht, die Gefährlichkeit der langfristigen und weltweit ausgerichteten imperialistischen Planungen Moskaus so wie die weltrevolutionären Zielsetzungen aus Gründen der Selbstbeschwichtigung oder der Gefälligkeit nicht zur Kenntnis zu nehmen. Um noch einmal Henry Kissinger zu zitieren: »Niemals in der Geschichte hat eine Nation im Besitz der militärischen Überlegenheit darauf verzichtet, diese in außenpolitische Vorteile umzusetzen.« Mit Ausnahme der USA in den wenigen Jahren des Alleinbesitzes der Atombombe! Deshalb besteht die Gefahr der selektiven Erpressung des Westens.

Trotz dieser offensichtlichen Bedrohung Westeuropas und der damit verbundenen Gefahr der Selbstfinnlandisierung, trotz der dramatischen weltwirtschaftlichen Zuspitzung und der Gefährdung der Versorgung Europas mit Energie und Rohstoffen zu bezahlbaren Preisen, trotz der hochbrisanten Mischung, die sich vor Europas Haustür zusammengebraut hat, als Folge der Vorgänge im Iran und ihrer Auswirkungen auf die Energieversorgung der Welt, des geostrategischen Ausgreifens der Sowjetunion in Afrika und zum Indischen Ozean, der schwelenden israelisch-arabischen Frage und des Einsatzes des Öls als politische Waffe, konnte sich Europa noch immer nicht zu einer einheitlichen Außen-, Sicherheits- und Wirtschaftspolitik durchringen.

Europas Herausforderung

Dabei muß Europa im Gegensatz zu früher heute für seine Sicherheit und Verteidigung selbst einstehen. Amerika mit seinem noch nicht aufgearbeiteten Trauma von Vietnam und Watergate ist nach einer Serie außenpolitischer Fehlschläge und innenpolitischer Schwierigkeiten anfällig geworden für einen Neoisolationismus. Fest steht jedenfalls, daß der jetzige amerikanische Präsident nicht bereit ist zu sagen: »Dies oder das ist notwendig für die Verteidigung Europas – und deshalb bestehen wir Amerikaner darauf!« Amerika will von den Europäern die klare Antwort auf die Frage, was diese für ihren eigenen Schutz für notwendig halten und selbst zu tun und zu verantworten bereit sind.

Amerika ist nicht länger bereit, Europa zu seiner eigenen Sicherheit zu zwingen, damit sich die europäischen Politiker aus innerparteilicher Schwäche, parteipolitischer Feigheit, ideologisch bedingtem Realitätsverlust oder illusionärer Entspannungssehnsucht aus ihrer ureigensten Verantwortung davonstehlen können.

Das skandalöse europäische Tauziehen um die Nachrüstung der NATO erinnert an das beschämende Beispiel der Diskussion um die Neutronenwaffe. Auf einer Wellenlänge mit Radio Moskau warf damals Egon Bahr, einer der maßgeblichen Drahtzieher sozialistischer und moskaufreundlicher Außenpolitik, den USA und ihrem Präsidenten »Perversion des Denkens« vor. Perversion des Denkens ist aber nach meiner Meinung, sich hinter dem atomaren Schild der Amerikaner zu verkriechen, trotzdem immer dabeizusein, wenn es gilt, die wichtigste Schutzmacht Europas politisch oder moralisch anzurempeln – und dies in ständigem Gleichklang mit den Propagandaoffensiven Moskaus.

Echte Partnerschaft, echte Freundschaft, echte Bundesgenossenschaft braucht und verträgt offene Worte und harte Kritik. Sie setzt aber auch voraus, sich in schweren Tagen entschlossen und eindeutig zum Partner zu bekennen. Diese Mahnung richtet sich an Europa und Amerika gleichermaßen. Denn auch umgekehrt wäre zu erwarten, daß amerikanische Regierungen ihre Fähigkeit, Freunde vor den Kopf zu stoßen und Gegner zu honorieren, etwas sparsamer verwenden sollten.

Die Beziehungen zwischen den Vereinigten Staaten und Europa sind nicht so schlecht, wie die Kommunisten es wünschen, aber zweifellos auch nicht so gut, wie sie sein sollten und könnten. Darum muß die seit Vietnam und Watergate auf beiden Seiten des Atlantik eingetretene schleichende Entfremdung endlich gestoppt und abgebaut werden.

Nur eine mutige und entschlossene Antwort Europas kann das zerstörte Vertrauen wiederherstellen, das über 30 Jahre die Grundlage unserer Sicherheit im atlantischen Bündnis war. Europa muß sich darüber im klaren sein, daß jede Führungsschwäche der USA und jeder Zweifel an ihrem Führungswillen ein weltpolitisches Vakuum entstehen läßt, in das die Sowjetunion sofort einzudringen versucht.

Nur so konnte die Sowjetunion durch das Aufheizen von Konfliktpotentialen, durch den Export von Ideologien und Waffen, durch die kubanischen Fremdenlegionäre und die

Angehörigen des »Afrika-Korps Erich Honeckers« den geostrategischen Zugriff auf Afrika, den Mittleren Osten und den Iran, auf Afghanistan und Südostasien verstärken und ausbauen. Eine der Entscheidungen über Erfolg oder Mißerfolg dieser Expansion fällt in der nächsten Zukunft in Rhodesien/Zimbabwe und Südwestafrika/Namibia.

Nicht von Mitteleuropa, nicht von dem Gebiet zwischen Passau und Lübeck, nicht von den Vertriebenenverbänden, sondern von diesen Wetterecken der Weltpolitik geht die aktuelle Bedrohung Europas aus. Europa von den Flanken her so zu umfassen, daß am Ende die Europäer aus dem Bündnis mit Amerika ausscheiden und ihr Heil in der Finnlandisierung und Neutralisierung suchen: Das ist das Ziel der Sowjetunion!

Echte Abrüstung

Schon aus den leidvollen persönlichen Erfahrungen meiner Generation heraus bin ich ein leidenschaftlicher Anhänger einer Friedenspolitik, bin ich für jeden Schritt einer echten und ernsthaften Abrüstung. Widerstand aber melde ich an, wenn unter der falschen Flagge trügerischer Abrüstungsparolen sich der Verlust des militärischen Gleichgewichts zugunsten des kommunistischen Blocks und damit die Degradierung des freien Westens zu einem willfährigen Objekt sowjetischer Erpressungspolitik vollziehen soll.

Hier sind in den letzten Jahren gefährliche Entwicklungen eingetreten. Diese Entwicklungen werden auch nicht durch SALT II – das in den USA in langwieriger und in seinem Ausgang noch offener parlamentarischer Behandlung steht – gestoppt oder gar umgekehrt. Frankreichs Exministerpräsident Michel Debré hat zutreffend formuliert, worum es hierbei geht: »Das Rüsten wird nicht reduziert, sondern organisiert.« Das SALT II-Abkommen spricht von einer Gleichheit, die von seiten des Westens erst einmal erreicht werden muß. Während der Osten 270 Trägersysteme abbauen soll, ist der Westen von der erlaubten Obergrenze von

2250 weit entfernt. Deshalb müssen im Westen erst einmal die Versäumnisse der Vergangenheit aufgeholt werden.

Dabei fehlt es SALT II nicht an weiteren für den Westen gefährlichen Aspekten. Während die Produktion des russischen »Backfire-Bombers« nur in Höhe der gegenwärtigen Jahresproduktion von 30 Stück eingefroren wird und die Produktion der Atomraketen SS 20 keinerlei Beschränkungen unterliegt, bringt das Protokoll zu SALT II wesentliche Beschränkungen für die Marschflugkörper »Cruise Missiles«, die einzige wirkungsvolle Antwort des Westens auf Backfire und SS 20.

Trotzdem pokert Moskau mit seinen Kampftruppen auf Kuba – darunter auch, so der frühere US-Luftwaffenchef Thomas D. Reed, vier MIG 21 für den Transport von Atombomben – während des in Washington laufenden Ratifizierungsverfahrens für SALT II mit dreifachem Zweck: Demütigung des amerikanischen Präsidenten, Provokation der USA und Schaffung möglicher neuer Kompensationsobjekte für die Ratifizierung.

Moskau hat, wie nicht anders zu erwarten, den im Dezember 1979 in Brüssel getroffenen Beschluß zur Nachrüstung auf dem Wege der Stationierung neuer Mittelstreckenraketen in Europa zum Anlaß massiver Drohungen genommen. Dazu ist zu sagen: Von Europa aus wird das Gebiet der Sowjetunion nicht mit Atomraketen erreicht. Es ist deshalb eine bewußte Verdrehung von Ursache und Wirkung, wenn Moskaus Exbotschafter in Bonn, Valentin Falin, vor der Gefährdung der Entspannung im Falle der Stationierung von Mittelstreckenraketen in Westeuropa warnt und mit dem weiteren Ausbau des sowjetischen Atompotentials droht.

Bezeichnend ist, daß neben anderen sozialistischen – und selbstverständlich kommunistischen – Kräften in Westeuropa auch immer einflußreicher werdende und die Bonner Regierungspolitik mehr und mehr beeinflussende Teile der SPD jeden Schritt zu einer ausschließlich auf Kriegsverhinderung und Angriffsabschreckung ausgerichteten Verbesserung der westlichen Verteidigungskraft erbittert bekämpfen. Schon zeichnet sich mit aller Schärfe ab, daß die SPD den zweiten Aufguß ihrer »Friedenspolitik« zum Hauptthema des Bundestagswahlkampfes von 1980 machen wird. CDU und CSU müssen sich darauf einstellen, daß Brandt und Wehner und Bahr - und in ihrem Gefolge der unfreiwillig-freiwillige Schmidt - mit einem neuen »Ostvertrag« in die Wahlkampfauseinandersetzung gehen wollen. Dann könnte man wieder, so die sozialistische Strategie, die »bewährte« Aufteilung vornehmen: in anständige und unanständige Deutsche, in Friedensfreunde und Kriegshetzer, in Entspannungspolitiker und kalte Krieger. Das ist das von der SPD bereitgehaltene und seit Jahren für die Verteufelung des politischen Gegners benutzte Arsenal der innenpolitischen psychologischen Kriegführung. Doch ist ihre Rechnung durcheinandergeraten.

Der Frieden kann nicht durch das Zurückweichen vor dem totalen Machtwillen gewonnen werden. Das beweist die Vorgeschichte des Zweiten Weltkrieges ebenso wie der Massenmord von Kambodscha und der Exodus aus Vietnam sowie die Vergewaltigung Afghanistans. Frieden beruht auf Gerechtigkeit, Interessenausgleich und Gleichgewicht. Auch im Frieden ist es Aufgabe einer verantwortungsbewußten Politik, die Verteidigungsfähigkeit zu sichern und zu stärken. Bequemlichkeit, Anpassung, Vorleistung und Demutsgesten nach Osten haben zehn Jahre die deutsche Außen- und Sicherheitspolitik beherrscht. Die Bedrohung der Sicherheit und Freiheit des Westens aber war nie so groß wie heute.

Unteilbarkeit der Entspannung

Was Entspannung ist und was nicht, darf nicht allein von den sowjetischen Machthabern bestimmt werden. Die politische und moralische Unmöglichkeit einer derartigen einseitigen Interpretation tritt schon dann zutage, wenn das Eintreten für die Einhaltung der Menschenrechte vom Osten als ein Anschlag gegen die Entspannung verteufelt wird.

Entspannung darf nicht zur Verharmlosung oder Leugnung der militärischen Gefahren, zum Abbau der Verteidigungsbereitschaft, zur moralischen Neutralisierung, zur Aushöhlung der Europäischen Gemeinschaft oder des Atlantischen Bündnisses führen.

Entspannung muß unteilbar sein. Wer in Europa von Frieden spricht, in Afrika aber Stellvertreterkriege führt, durch Export von revolutionären Ideologien und modernsten Waffen den Ausbruch von Bürgerkriegen fördert, eine Mischstrategie weltrevolutionärer Propaganda und imperialistischer Machtpolitik betreibt, der fördert nicht die Entspannung, sondern mißbraucht sie für seine expansive Politik.

Die Sprache ist auch im Bereich der Sicherheitspolitik zu einer Waffe geworden, das Wort Entspannung zu einem Knüppel, mit dem auf jene eingeschlagen wird, die den Sinn für die Wirklichkeit nicht verloren haben, die auf beiden Seiten mit gleichen Maßstäben messen und die die Wahrnehmung der eigenen Interessen nicht leichtfertig aufgeben – die, und dies vor allem, Entspannung nicht an freundlichem Wortgeklingel, sondern an Tatsachen messen.

Das, was Brandt, Wehner und Schmidt als ihre Ost- beziehungsweise Entspannungspolitik ausgegeben haben, hat trotz gewisser kontrollierter und regulierter Kontaktmöglichkeiten der Menschen versagt. Die außenpolitische Unnachgiebigkeit Moskaus im Ostblock wurde nicht abgebaut, auch die innenpolitische Auflockerung ist ausgeblieben.

Die Menschenrechte werden unterdrückt, freiheitliche Elemente verfolgt, Appelle und Mahnungen von außen als Einmischung brüsk zurückgewiesen. Auch ist, was uns Deutsche besonders bedrücken muß, die vor vielen Jahren angekündigte Aufhebung des grausamen Schießbefehls immer noch nicht erfolgt.

Die sowjetischen Ziele der Entspannungspolitik dagegen, die wie die »friedliche Koexistenz« vom Osten als Fortsetzung des Klassenkampfes mit anderen Mitteln verstanden wird, wurden sämtlich erreicht: die rechtliche Anerkennung des Status quo und damit die Bestätigung der sowjetischen Kriegsbeute, der Transfer wirtschaftlicher Leistungen von West nach Ost und eine Einschläferung der Verteidigungsbereitschaft im Westen, von der sozialistische Parteien und Politiker, auch in der SPD, in besonderem Maße betroffen sind.

Für freiheitliche Politik, die wir vertreten und für die wir kämpfen, bedeutet Entspannung etwas anderes. Entspannung bedeutet für uns:

Respektierung des anderen, gutnachbarschaftliche Beziehungen, Beendigung der Hetz- und Verleumdungskampagne, Einstellung des Klassenkampfes;

Austausch geistiger und wirtschaftlicher Güter auf der Grundlage von Leistung und Gegenleistung, einvernehmliche Regelung von Angelegenheiten in beiderseitigem Interesse:

Freiheit für Menschen, Informationen und Meinungen;

ausgewogene Abrüstung der Militärpotentiale, besonders der Angriffswaffen, Abbau des militärischen Denkens;

Anerkennung und Praktizierung der Menschenrechte im innerstaatlichen Bereich, auch des Rechts der Freizügigkeit;

im Zusammenhang damit Abbau der Mauer in Berlin und der unmenschlichen Sperranlagen an der innerdeutschen Grenze;

Anerkennung der Stellung Berlins als Teil der westlichen Welt.

Die deutsche Frage

Deshalb heißt für uns die Frage nicht: Entspannung – ja oder nein, sondern: welche Art Entspannung. Eine glaubwürdige und tragfähige Entspannungspolitik kann nur in klaren Abmachungen und in zweifelsfreien Verträgen sich vollziehen. Daran hat es SPD/FDP-Politik in Bonn seit 1969 durchgehend fehlen lassen. Warum hat man Verträge geschlossen, die beiden Seiten jeweils miteinander unvereinbare Deutungen ausdrücklich erlauben und damit nicht nur verschiedene, sondern gegensätzliche Auslegungen geradezu herausfordern? Deshalb haben wir zum Grundlagenvertrag verbindliche Klärung vor dem Bundesverfassungsgericht in Karlsruhe gesucht. Es ist das geschichtliche Verdienst Bayerns und der CSU, daß dadurch die Grenzen für eine mit unserem Grundgesetz übereinstimmende Auslegung des Grundlagenvertrages festgeschrieben worden sind. Keine Regierung kann sich über die in Karlsruhe getroffenen Grundsätze hinwegsetzen, ohne die Verfassung zu brechen: Deutschland als ganzes besteht rechtlich weiter, es gibt nur ein einziges deutsches Staatsbürgerrecht, und die Grenzen zwischen der Bundesrepublik Deutschland und der DDR haben eine ähnliche Rechtsqualität wie die Grenzen zwischen den einzelnen Ländern der Bundesrepublik Deutschland.

Deshalb ist es unerträglich, wenn vor allem von der SPD den kommunistischen Führern auf deren Boden augenzwinkernd zu verstehen gegeben wird, daß die Verträge auch als Anerkennung der Teilung in zwei Nationen ausgelegt werden könnten, während man im eigenen Lande das Gegenteil beteuert. Das gilt auch für das Problem der völkerrechtlichen Anerkennung der DDR.

Es ist eine Verfälschung der Wahrheit und eine Diffamierung des politischen Gegners, zu behaupten, CDU und CSU seien nie bereit gewesen, mit kommunistisch regierten Staaten zu verhandeln und Verträge zu schließen. Sie waren dazu bereit und sie haben auch Verträge geschlossen, sie waren sich aber bewußt, wie sehr der machtpolitisch schwächere Partner peinlichst darüber wachen muß, daß in Verhandlungen und Verträgen mit dem stärkeren Partner nicht gegensätzlich deutbare und unterschiedlicher Auslegung Raum bietende Formulierungen aufgenommen werden. In der Geschichte kann nur der sein Lebensrecht mit Erfolg verteidigen, der in der Sache hart und in der Form verbindlich ist, getreu dem klassischen Grundsatz italienischer Diplomatie: patti chiari, amici cari – klare Verträge, gute Freunde!

Es ist unklug, bestehende Machtverhältnisse durch Wunschdenken ändern zu wollen. Unverantwortlich aber ist es, bestehende Rechtspositionen aus Bequemlichkeit zu verdrängen. Deutsche Politik erfordert geschichtliche Klarheit, Treue zum Recht, einen langen Atem und einen Sinn für die Chance, die man nicht dadurch beschleunigen kann, daß man versucht, die Uhr der Geschichte zu verstellen.

Für unsere Ostpolitik bedeutet das: Geschlossene Verträge sind zu halten – Pacta sunt servanda. Es bedeutet weiterhin, der sowjetischen Politik ohne Preisgabe von Grundwerten und Lebensinteressen des Westens entgegenzukommen, ihr als zuverlässiger und berechenbarer Partner gegenüberzutreten. Es bedeutet zudem, der Politik der Vorleistungen gegen Absichtserklärungen und der Unausgewogenheit von Geben und Nehmen ein Ende zu machen.

Bei dieser Sachlage sind auch die Konsequenzen deutlich. Es muß klar sein, daß Entspannung keine Einbahnstraße ist, daß die Einheit der deutschen Nation für uns unaufgebbar ist, daß wir aber dafür nicht die Freiheit opfern, daß von deutschem Boden aus nie wieder ein Krieg gegen die Sowjetunion begonnen werden wird.

Es muß anderseits auch klar sein, daß wir die politische Zusammenarbeit mit dem Osten nicht erkaufen werden durch Schweigen zu den Menschenrechtsverletzungen im kommunistischen Machtbereich, vor allem auch in der DDR und an der deutsch-deutschen Demarkationslinie, auch nicht durch ein Schweigen zur Überrüstung der Sowjetunion und der von ihr betriebenen Aufladung der Konfliktpotentiale in der Welt und auch nicht durch ein Schweigen zur kommunistischen Infiltration, Subversion und Agitation in vielen Teilen der Welt und im freien Teil Deutschlands. Wer hier schweigt, und Teile der SPD tun dies mehr und mehr, macht sich schuldig.

Grundlinien einer freiheitlichen Außenpolitik

Wir wissen, daß alle Überlegungen zu Idee und Gestaltung von Staat und Gesellschaft und zur Verwirklichung eines menschlichen Daseins in Freiheit und Selbstverantwortung hinfällig und nichtig sind, wenn nicht die Sicherheit nach außen garantiert ist. Weil Freiheit unteilbar ist, ist Freiheit im Innern ohne Sicherheit nach außen nicht möglich. Unsere politische Grundposition ist klar, Mißdeutungen sind nicht möglich: Die CSU sieht Aufgabe und Ziel deutscher Politik darin, für das ganze deutsche Volk und für alle Europäer Freiheit, Selbstbestimmung und Einheit zu erringen und dazu beizutragen, einen gerechten Frieden in Europa und der Welt zu sichern, der allen Menschen die vollen Menschen- und Gemeinschaftsrechte, die Chance der Freiheit und der wirtschaftlichen Entwicklung gibt.

Die außenpolitische Konzeption, die die Unionsparteien im freien Teil Deutschlands entwickelt und gegen sozialistischen Widerstand durchgesetzt haben, hat die Bundesrepublik dem freien Teil Europas eingefügt und ihre Sicherheit im Rahmen der atlantischen Allianz gewährleistet. Die Kontinuität dieses außenpolitischen Kurses wurde 1969 unterbrochen, als die SPD die Verantwortung für die deutsche Außenpolitik übernahm. Eine einseitige Ausrichtung der auswärtigen Beziehungen der Bundesrepublik Deutschland in Richtung Osten und nach den Wünschen des Ostens hat nicht nur Unklarheit und Unsicherheit gebracht, sie hat auch eine Entwicklung eingeleitet, die unseren Staat von der Seite der freien Welt weg über die Zwischenstation einer neutralistischen »gesamteuropäischen« Zwischenlösung gefährlich eng an den sowjetischen Machtbereich heranführen könnte. Dadurch haben sich Zwielicht und Zweifel über die deutsche Außenpolitik gelegt. Deshalb werden wir für eine Klärung des außenpolitischen Kurses sorgen, bewährte Leitlinien wiederherstellen und in die Zukunft weiterentwickeln.

Im Interesse langfristigen und freiheitlichen Überlebens darf nicht der wirtschaftliche Wohlstand des Tages einzige Richtschnur sein. Genauso, wie der einzelne Mensch in seiner persönlichen Verantwortung gefordert ist, ist die Bundesrepublik Deutschland als Staat, ist der Westen als freie Gemeinschaft demokratischer Völker aufgefordert, zur Übernahme größerer politischer Verantwortung bereit zu sein. Die Welt ist viel zu klein geworden, als daß nicht die Beschränkung auf den eigenen Bereich gefährlichste Folgen haben müßte. Die Bereitschaft zu mehr internationaler Verantwortung und die Erweiterung der eigenen Handlungsfähigkeit sind notwendig, wenn man in dem tiefgreifenden Umbruch, in dem sich die Welt befindet, bestehen will.

Die internationalen Beziehungen sind in einer Krise wie noch nie seit 1945. Neben dem fortbestehenden Ost-West-Konflikt mit seinen neuen Dimensionen wird immer mehr ein Nord-Süd-Gegensatz künstlich angeheizt und verschärft. Es gibt ohne Zweifel das Problem der wirtschaftlichen Zusammenarbeit zwischen den afrikanischen Rohstoff- und Entwicklungsländern einerseits und den europäischen Industriestaaten andererseits. Der angebliche Reichtum der Industriestaaten ist aber entgegen sozialistischen Parolen nicht die Ursache für die wirtschaftliche Schwäche und Armut der anderen. Es sind die utopischen Vorstellungen von den wirklichen Gründen und Ursachen des Wohlstandes, der nicht durch Umverteilung herbeigeführt werden kann. Es ist der Mangel an Partnerschaft, die es ohne Verantwortung und Vertrauen, ohne Bildung von Managementeliten, ohne Rat und Hilfe einerseits, aber andererseits ohne die Bereitschaft, diese anzunehmen, auch nicht geben kann.

Deutsche Außen-, Sicherheits- und Verteidigungspolitik muß wieder in den Zusammenhang einer sich neu formulierenden Weltpolitik eingeordnet werden. Dafür brauchen wir

- eine ausgewogene Deutschland- und Ostpolitik, bei der Geben und Nehmen im Gleichgewicht sind;
- eine Ostpolitik, die nicht an der Moskwa endet, sondern den neuen Faktor China berücksichtigt, nicht im Sinne einer gemeinsamen Front gegen die Sowjetunion, sondern in der richtigen Bewertung der politischen und wirtschaftlichen Potentiale sowie ihrer Konsequenzen;
- eine Verteidigungs- und Sicherheitspolitik, in der nicht Lebensfragen Deutschlands und Europas ideologischen Wahlverwandtschaften geopfert werden;
- eine Nahost- und Mittelostpolitik, die die begrenzten deutschen Möglichkeiten ausschöpft, zu einem dauerhaften Ausgleich beizutragen, statt auf der Ölspur einer hektischen Reisepolitik ins Schleudern zu kommen;
- eine abgestimmte europäische Afrika-Politik, die verhindert, daß Europas Schicksal in diesem Kontinent negativ entschieden wird, und die sicherstellt, daß Schwarze und Weiße gemeinsam den Afrika gemäßen Weg in eine Zu-

kunft des Friedens, der Freiheit, der Selbstbestimmung und des Wohlstandes finden – hierbei käme einer engen deutsch-französischen Zusammenarbeit, ebenso wie in allen europäischen Fragen, eine besondere Bedeutung zu.

Europas natürlicher Partner Afrika

Als ich vor Jahren im Deutschen Bundestag auf die Gefährlichkeit der politischen Entwicklung in Afrika und mit Blick auf dortige sowjetische Aktivitäten auf die Unteilbarkeit echter Entspannung hinwies, erntete ich aus dem liberalsozialistischen Regierungslager, bezeichnenderweise auch vom Helmut Schmidt, nur erstauntes Gelächter. Mittlerweile hat bei diesem Thema eine gewisse Wandlung der deutschen und europäischen Einstellung stattgefunden, Warner und Mahner stehen nicht mehr völlig allein. Eine über den europäischen Gartenzaun hinausreichende weltpolitische Verantwortung unseres Kontinents müßte sich vorrangig auf den Nahen und Mittleren Osten, mit besonderem Nachdruck aber auch auf Afrika konzentrieren. Afrika ist geopolitisch und wirtschaftlich der natürliche Partner Europas in der südlichen Erdhälfte. Das gilt auch, aber keineswegs nur wegen seiner Bodenschätze und Rohstoffe und – wechselweise – wegen seines Bedarfes an Gütern und Wissen, worüber wir Europäer verfügen. Als Beweis für die Wichtigkeit europäisch-afrikanischer Wirtschaftsbeziehungen mag genügen, daß schon jetzt die Europäische Gemeinschaft die Hälfte ihres Bedarfs an Phosphaten und Uran durch Importe aus dem Schwarzen Kontinent deckt. Nimmt man die politische und strategische Bedeutung unseres südlichen Nachbarerdteils hinzu, so erweist dies zusätzlich die Notwendigkeit eines euro-afrikanischen Stabilitätspaktes, um die Zusammenarbeit beider Kontinente auf Dauer und im Geiste gleichberechtigter Partnerschaft zu sichern.

Die herkömmlichen politischen und wirtschaftlichen Dimensionen von Entwicklungshilfe reichen bei der Art internationaler Partnerschaft, wie ich sie beispielsweise zwischen

Europa und Afrika nicht nur für sinnvoll, sondern langfristig im Lebensinteresse beider Kontinente für zwingend notwendig halte, nicht aus. Freiheit und Fortschritt für das eigene Volk gibt es auf die Dauer nur, wenn Hunger und Not überall in der Welt wirksam bekämpft werden, wenn alle Völker an den Entwicklungen der Zukunft, an der Schaffung menschenwürdiger Lebensverhältnisse teilhaben können. Entscheidend ist auch, daß Entwicklungspolitik als Hilfe zur Selbsthilfe, als Beitrag zum Frieden in den Ländern der Dritten Welt verstanden und praktiziert wird. Selbstverständlich sollen dabei die Leistungen der Entwicklungshilfe im Einklang mit unseren Interessen stehen – nur eine ideologisch verblendete und schlichtweg selbstmörderische Politik kann dagegen Einspruch erheben.

Ohne Frage ist hier in den vergangenen Jahren und Jahrzehnten vom Westen im allgemeinen und von der Bundesrepublik Deutschland unter einer SPD-geführten Bundesregierung im besonderen heftig gesündigt worden. Wenn wir es nur wagten, bei der Diskussion von entwicklungspolitischen Fragen auf die damit sinnvollerweise zu verbindende Wahrnehmung eigener Interessen hinzuweisen, setzte sich die wohlgeölte moralische Verdammungsapparatur mit den linksüblichen Totschlagwörtern wie »Neokolonialismus« und »Ausbeutung« in Bewegung. Die massive Unterstützung von Gegnern und Feinden, von Ländern, die überall offen und versteckt gegen unsere ureigensten Belange, ob vor dem Forum der Vereinten Nationen oder sonstwo, agitierten, sollte uns von marxistisch-sozialistischen Eiferern geradezu als moralische Pflicht eingeredet werden. Das Verlangen, Entwicklungshilfe mit der Wahrung eigener Interessen in Einklang zu bringen, wurde als sittliche Verfehlung angeprangert.

Westliche Selbstverstümmelung

Die Saat solcher selbstzerstörerischer Ernte ist aufgegangen. Wer immer mit führenden Politikern der Dritten Welt spricht, die sich in Wort und Tat als Freunde des Westens verstehen und bestätigen, wird mit der gleichen Klage konfrontiert: Warum, so bin ich in unzähligen Gesprächen gefragt worden, unterstützt der Westen bevorzugt seine Feinde, während er für seine Freunde politisch und wirtschaftlich so wenig und nur überhebliche Belehrungen im Übermaß übrig hat? Das Ergebnis solcher westlicher Selbstverstümmelung ist bekannt: Obwohl die weltweite Last der Entwicklungshilfe zum allergrößten Teil von den Industrienationen der freien Welt - einschließlich Japans - getragen wird, werden diese von den Ländern der Dritten Welt immer wieder auf die Anklagebank gesetzt, während es im Falle des von Moskau gesteuerten kommunistischen Blocks genau umgekehrt ist: Die Leistungen der Sowjetunion und ihrer Satelliten an konkreter Entwicklungshilfe sind - mit Ausnahme der Lieferung von Waffen und Revolutionsideologien - im Vergleich zum Beitrag des Westens minimal, dennoch aber gewinnt der Kreml in den Entwicklungsländern ständig an Einfluß und marschiert meinungsbildend vorweg, wenn es um Angriffe aus der Dritten Welt gegen den Westen geht.

Die OECD hat für das Jahr 1978 eine Übersicht an geleisteter Entwicklungshilfe erstellt, die zeigt, daß hier der Beitrag der Sowjetunion geradezu lächerlich ist. Insgesamt wurden weltweit in diesem Jahr 24,5 Milliarden Dollar an Entwicklungshilfe geleistet, wovon 19,8 Milliarden auf die westlichen Industrieländer, einschließlich Japans, entfielen. Dies entspricht einem Gesamtanteil von 81,2 Prozent aller Leistungen. Der Ostblock, zuzüglich Jugoslawiens, wendete im gleichen Jahr 1978 für Entwicklungshilfe 570 (!) Millionen Dollar auf, was einem Anteil an den weltweiten Leistungen für diesen Zweck von ganzen 2,3 Prozent entspricht. Auf die Sowjetunion wiederum entfällt ein Anteil von nicht einmal 1 Prozent! Im Vergleich dazu erbrachte die Bundesrepublik Deutschland 8,1 Prozent aller 1978 weltweit geleisteten Entwicklungshilfe.

Mit der westlichen Lust am Untergang muß es ein Ende haben. Die weltpolitische und die weltwirtschaftliche Lage hat sich zu dramatisch zugespitzt, als daß diese kurzsichtige Politik der Selbstzerstörung weitergetrieben werden könnte.

Den Freund vor dem Feind bevorzugen – diese einfache Lebensregel muß auch weltweit wieder Geltung gewinnen. Dies schließt ein, daß wir den Ländern der Dritten Welt, die auf unserer Seite stehen, ob schon offen oder noch im verborgenen, die Gewißheit geben, daß sie im Falle der Not von uns nicht im Stich gelassen werden. Sicherlich leidet der Westen hier immer noch – und sicher noch lange – an den Nachwirkungen des Vietnam-Krieges. Dessen Ende, die faktische amerikanische Kapitulation und die Auslieferung des langjährigen Bündnispartners Südvietnam an den kommunistischen Norden, dazu die verheerenden Folgen für Kambodscha und Laos und für den gesamten südostasiatischen Raum – all dies weckt begreiflicherweise wenig Neigung, auf die westliche Karte zu setzen.

Noch hatten sich die Auswirkungen des Vietnam-Debakels nicht verflüchtigt – daß sie es je ganz tun werden, muß füglich bezweifelt werden –, als die Vorgänge im Iran die Zweifel an der Zuverlässigkeit des Westens, in Gestalt seiner Führungsmacht Amerika, eine kaum weniger große Erschütterung brachten. Die Art, wie von Washington aus – gelähmt bis wohlwollend – zugesehen wurde, als in einem langsamen Prozeß der Schah entmachtet und gestürzt wurde und an seine Stelle das unberechenbare Chaos mit all seinen katastrophalen Folgen trat, hat den Zweifel an der Handlungsfähigkeit der Vereinigten Staaten noch tiefer und größer werden lassen. Wenn bei der OPEC-Konferenz von Caracas im Dezember 1979 schwindelerregende Ölpreiserhöhungen beschlossen wurden, wenn sich dort die militanten Radikalen durchsetzen konnten und nicht die maßvollen, auf Zusammenarbeit mit dem Westen bedachten und an wirtschaftlicher Vernunft orientierten Kräfte wie beispielsweise Saudi-Arabien, so liegt dies auch daran, daß letztere durch das Versagen des Westens an Einfluß verloren haben. Wenn im Lager jener ölproduzierenden Länder, die über Jahre hinweg zu Recht als prowestlich eingestuft werden konnten, bohrende Fragen nach der Zuverlässigkeit westlicher Freundschaft gestellt werden, weil das Beispiel des Schah und des Iran schreckt, so ist dies so unverständlich nicht. Die Besetzung der Botschaft der Vereinigten Staaten und die Geiselnahme ihrer Insassen in Teheran, der rücksichtslose Einmarsch der Sowjetarmee in Afghanistan – beweist das alles nicht, das es 5 Minuten vor 12 ist, daß es höchste Zeit ist, die Achtung vor den Vereinigten Staaten und vor Europa wiederherzustellen, wenn nicht die letzten Dinge schlimmer sein sollen als die ersten?

Die Länder des freien Europa haben wenig Anlaß, anklagend auf die Amerikaner zu weisen. Vielmehr müssen sich die Europäer – und mit ihnen die Deutschen – fragen lassen, was sie in den vergangenen Jahren und Jahrzehnten ernsthaft zur Bewältigung weltpolitischer Krisen beigetragen haben, sie müssen sich fragen lassen, wie sie auf amerikanische Appelle reagiert haben. Vor allem aber die europäischen Linken, die Sozialisten aller Art und jeder Schattierung, müssen daran erinnert werden, daß sie durch jahrelange antiamerikanische Kampagnen und in nahtloser Übereinstimmung mit kommunistischen Tendenzen die Führungsmacht der freien Welt entscheidend mit verunsichert haben.

Wir haben noch alle vor Augen und vor Ohren, wie große Teile der heutigen Bonner Regierungspartei SPD die treibenden Kräfte der gegen Washington gerichteten Vietnam-Aktionen waren. Es dürfte aber unbestritten sein, daß für die amerikanische Kapitulation in Vietnam mit ihren verhängnisvollen Folgen auch die bittere Einsicht Amerikas ausschlaggebend war, in dieser kritischen Situation vom Rest der westlichen Welt weitgehend allein gelassen worden zu sein. Ähnliches gilt für den Iran. Sicher hat hier auch Amerika versagt – aber was hat Europa getan? Es war wieder die europäische Linke, die durch systematische, in aller Regel durch keinerlei Fakten belegte Stimmungsmache gegen den Schah eine eindeutig prowestlich eingestellte Regierung moralisch sturmreif geschossen hat. Heute schweigen sowohl die Vietnam- als auch die Schah-Demonstranten, nachdem das Unheil eingetreten ist – ein Unheil sowohl für die Menschen in Vietnam und im Iran, für deren Interessen man zu demonstrieren vorgab, als auch für die Lebensinteressen des Westens selbst.

Propheten sind selten beliebt. Als ich schon vor Jahren darauf hinwies, daß nach meinem Urteil, gewonnen aus den Lehren der Geschichte und aus persönlicher politischer Erfahrung, die achtziger Jahre zum dritten Krisenschwerpunkt unseres Jahrhunderts werden könnten, erntete ich weitgehend Unverständnis. Inzwischen hat hier die Meinung umgeschlagen. Ich habe früher und in bedrohlicher Weise recht bekommen, als ich es selbst erwartet hatte. Die Lage der Weltenergieversorgung setzt einen Akzent, der gefährlicher nicht sein könnte. Offen wird von Verteilungskämpfen, ja von Verteilungskriegen, die auf uns zukommen könnten, gesprochen.

Die Lage zu Beginn des neuen Jahrzehnts ist düster, die Analyse der weltweiten Entwicklungen und Zusammenhänge muß sorgenvoll stimmen. Verantwortungsbewußte Politik aber, eine Politik, die sich der Sicherheit, dem Frieden und der Freiheit verpflichtet weiß, kann es nicht bei der Diagnose bewenden lassen. Wege zur Heilung müssen gesucht werden, und solche Wege gibt es.

Nur wer Mut hat und Mut zeigt, macht Mut. Mut aber muß wieder als eine entscheidende Tugend freiheitlicher Politik in den ihr gebührenden Rang eingesetzt werden. Für den Westen muß die Zeit ängstlichen Lavierens, ohnmächtigen Treibenlassens und feiger Anpassung endgültig vorbei sein. Dies ist er nicht nur sich selbst und seinen Völkern, dies ist er seiner geschichtlichen Verantwortung gegenüber der Welt schuldig.

Wenn gemeinsames Handeln im Hinblick auf die weltpolitische Lage im Krisengürtel von Afghanistan bis Südafrika für notwendig und richtig erkannt wird – und es muß für notwendig und richtig erkannt werden! –, so muß es zwischen den Vereinigten Staaten von Amerika und Europa wieder zu einer Arbeitsteilung in weltpolitischer und regionaler Verantwortung kommen. Henry Kissinger hat darauf schon vor sieben Jahren hingewiesen, ist aber mit seinem Vorschlag bei den Europäern auf Unverständnis und Ablehnung gestoßen.

Nach den Lektionen, die der Westen seither hinzunehmen hatte, nach dem Zusammenbruch ostpolitischer Hoffnungen, nach dem Zutagetreten der Wahrheit über Entspannung als Lüge und Wirklichkeit muß sich der Westen endlich darauf einstellen, daß die Sowjetunion wegen ihrer weltrevolutionären Zielsetzungen an der Erregung von Krisen und am Schüren von Gefahrenherden ständig interessiert ist – es sei denn, daß die von ihr herbeigeführten Gefahren sich gegen sie selbst richten könnten.

Weltpolitische Gefahrenherde liegen im Fernen Osten, in Lateinamerika, im Nahen und Mittleren Osten sowie in Afrika. Im Fernen Osten ist China entschlossen zu verhindern, daß sich eine regionale Hegemonialmacht der sowjetischen Vormacht etabliert. Peking wird, wenn notwendig, einen weiteren Beweis für diese Entschlossenheit liefern. Die lateinamerikanischen Probleme können nicht, wie manche im Westen zu glauben scheinen, durch Dauerkritik an Chile, Argentinien oder Brasilien bewältigt werden. Die USA und Europa müssen zusammenwirken, weil die Vereinigten Staaten, nicht ohne eigene Schuld, dort in der Vergangenheit zu viele Emotionen gegen sich angesammelt haben. Diese funktionierende Zusammenarbeit der freien Welt in ihrer europäischen und in ihrer amerikanischen Säule ist aufgefordert, um in den Krisengebieten des Mittleren Ostens und des südlichen Afrikas das Aufkommen globaler Konflikte und Brände zu verhindern.

Im begonnenen Jahrzehnt steht die Politik des Westens auf dem unerbittlichen Prüfstand härtester politischer und wirtschaftlicher Herausforderungen. Der Ausweg schöner und unverbindlicher Worte, mit denen man sich in der Vergangenheit aus der Verantwortung glaubte reden zu können, ist endgültig versperrt. Die freie Welt muß den Beweis erbringen, daß ihr oberstes Ideal, die Freiheit, in der politischen Praxis die Kraft hat, Krisen zu bewältigen und Katastrophen zu verhindern.

Der Westen muß seine weitgehend verlorene politische Führungskraft zurückgewinnen. Er muß vor allem auch in der Dritten Welt Vertrauen als Partner und Freund gewinnen, auf dessen Wort Verlaß ist. Wir in der freien Welt haben alle politischen und wirtschaftlichen Möglichkeiten, drohendes Unheil abzuwenden. Wir müssen nur konsequent, überzeugend und glaubwürdig bereit sein, diese Möglichkeiten einzusetzen. Wir müssen uns auf die Fähigkeiten, die wir haben, besinnen. Wir müssen uns unserer Kraft und unserer Leistungen wieder bewußt werden. Wir müssen verlorenes Selbstvertrauen wiederaufbauen.

Wir müssen zeigen, daß nur die freiheitliche Politik des Westens in der Lage ist, der Welt Sicherheit, Frieden und Freiheit zu geben. Dieser politische Gleichklang von Sicherheit, Frieden und Freiheit ist der Jahrhundertauftrag, vor dem wir in den achtziger Jahren stehen. Ich bin bereit, meinen Beitrag dazu zu leisten.

Register